Dale L. Nish

Das Drechslerbuch

Otto Maier Ravensburg

Herrn Eckart Strupp, Herrn Peter Reinhold, Fa. Flottjet (Bild 1, 2) und Fa. Killinger (Bild 3, 8, 10, 13, 14, 15, 16, 17) seien für die Hilfe bei der Entstehung des Buches gedankt.

Es wird darauf hingewiesen, daß für sämtliche, in diesem Buch beschriebenen und gezeigten Arbeiten die Unfallverhütungsvorschriften der Gewerblichen Berufsgenossenschaften, insbesondere die „UVV-Maschinen und Anlagen zur Be- und Verarbeitung von Holz und ähnlichen Werkstoffen (VBG 7 j)" zu beachten sind. Auskünfte erteilen alle Gewerbeaufsichtsämter und Gewerblichen Berufsgenossenschaften.

Die Originalfassung erschien unter dem Titel
„Creative Woodturning":

1987 Ravensburger Buchverlag Otto Maier GmbH
Übersetzung und Bearbeitung: Fritz Bonhagen, Ottershausen
Umschlagfoto: Norbert Kögler
Satz: Fotosatz Ruderer, Grünkraut
Gesamtherstellung: Himmer, Augsburg
Printed in Germany

91 90 89 88 9 8 7 6

ISBN 3-473-42328-9

Inhalt

Die Drechselbank

Das Drechseln gilt als eines der ältesten Verfahren, bei dem eine Maschine eingesetzt wird. Dieses Verfahren vereinigt die Maschinenkraft mit den handwerklichen, künstlerischen und gestalterischen Fähigkeiten des Drechslers. Aufgrund dieser Kombination bietet die Drechselbank vielseitige und interessante Möglichkeiten. Sie ist eine der wenigen holzbearbeitenden Maschinen, mit denen sich Produkte von A–Z als Endprodukte herstellen lassen. Nach der Norm wird die Drechselbank als Drehbank für Holz bezeichnet. Der geläufige Ausdruck ist jedoch „Drechselbank".
Durch die Verbindung maschineller Arbeit mit handwerklichem Geschick entstehen formschöne Drechselarbeiten. Bitte achten Sie u. a. darauf, enganliegende Arbeitskleidung zu tragen, Augen- bzw. Gesichtsschutz, bei längerem Haar: Haube.
Die Kunst des Drechselns erfordert Übung und Erfahrung, denn die Qualität des fertig bearbeiteten Werkstücks zeigt sich an der Werkzeugführung des Drechslers. Einige Grundkenntnisse der Formgebung sind ebenfalls notwendig, um mustergültige und formschöne Gegenstände anzufertigen. Das Gefühl für Formen, die Kenntnisse der Holzeigenschaften und die Übung machen schon bald aus dem Anfänger einen geschickten Drechsler.
Mit der Übung kommt die Sicherheit beim Drechseln, und schnell ist der Laie in der Lage, form- und wertbeständige Gegenstände herzustellen.
Mittlerweile sind die meisten Drechsler in der holzbearbeitenden Industrie beschäftigt. Ein Grund dafür ist, daß heute modernste Holzdrehautomaten – die mit einer solchen Präzision arbeiten, wie sie nur schwer von Hand zu erzielen ist – innerhalb einer Stunde mehrere tausend Drehstücke produzieren können. Dennoch ist die Kunst des Drechselns immer noch unentbehrlich für Modellbauer, Möbelrestauratoren und natürlich Hobby-Drechsler.

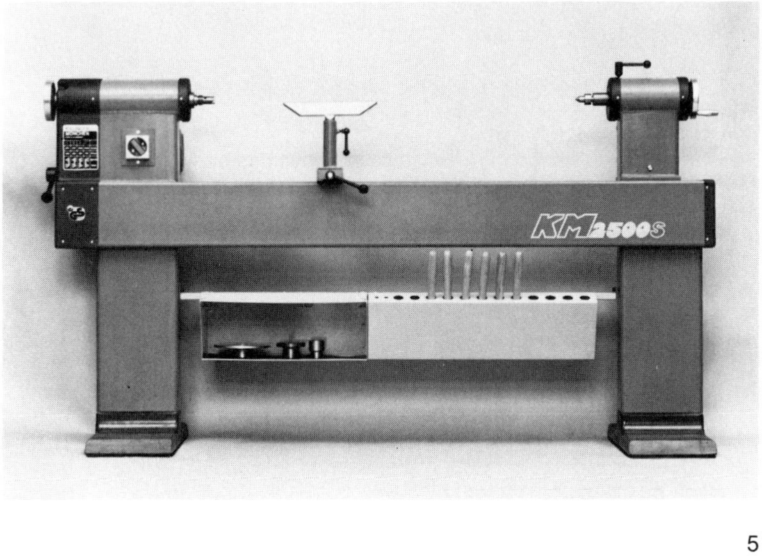

Bild 1 und **2**
Die Größe einer Drechselbank hängt von zwei Faktoren ab:
- Die maximale Länge eines Werkstücks richtet sich nach der Spitzenweite der Drechselbank (maximale Entfernung zwischen den Körnerspitzen).
- Der maximale Durchmesser eines Werkstücks richtet sich nach der Spitzenhöhe der Drechselbank (Entfernung von der Wangenoberkante bis zur Mittelachse der Drehspindel). Der maximale Durchmesser entspricht der doppelten Spitzenhöhe.

Bild 3
Es gibt eine Riesenauswahl an Drechselbänken. Die Drechselbank in der Standardausführung wird jedoch am häufigsten benutzt. Auch diese gibt es in einer Vielzahl von Modellen. Einige der Standarddrechselbänke sind mit einem gekröpften Bett ausgerüstet. Diese Besonderheit dient zum Querholzdrehen, da sich der maximale Werkstückdurchmesser von 300 mm beim Normalbett auf 430 mm beim gekröpften Bett erhöht (Durchschnittswerte).

Bild 4
Der Antrieb einiger Drechselbänke erfolgt mittels Treibriemen auf Stufenscheiben, die eine Umschaltung auf verschiedene Geschwindigkeiten ermöglichen.
Im allgemeinen betragen die Geschwindigkeiten bei vier Stufenscheiben etwa 900, 1300, 2100 und 3200 Umdrehungen pro Minute.

Andere Drechselbänke wiederum arbeiten mit variablen Stufenscheiben unterschiedlichen Durchmessers, die je nach gewählter Drehzahl zum Einsatz kommen. Diese Stufenscheiben laufen unsichtbar hinter einer Schutzvorrichtung.

Drehzahlen der Drechselbänke

Es gibt mehrere Möglichkeiten, die Drehzahlen einer Drechselbank zu kontrollieren. Bei der Anschaffung ist es vorteilhaft, eine Maschine auszuwählen, bei der mit der niedrigsten Drehzahl, etwa 350 Umdrehungen pro Minute, der Drechselvorgang begonnen werden kann. Die ideale Geschwindigkeit beim Drechseln kann nicht ohne weiteres bestimmt werden, da mehrere wichtige Faktoren eine entscheidende Rolle spielen:

- Länge und Durchmesser des Werkstücks beim Längsdrehen
- Durchmesser und Stärke des Materials beim Querholzdrehen
- Art der Werkstückbefestigung auf der Planscheibe
- Werkstücke aus verleimten Hölzern

Man sollte jedoch beachten, daß die eigentliche Geschwindigkeit des Werkstücks von seinem Durchmesser und der Drehzahl der Maschine abhängt.
Beachten: Die zulässige max. Umfangsgeschwindigkeit (V) des Werkstücks beträgt 30 m/s.

Berechnungsformel:

$$V = \frac{\text{Durchmesser (mm)} \times \text{Spindeldrehzahl (U/min.)} \times 3{,}14}{1.000 \times 60}$$

Werden zwei Werkstücke mit unterschiedlichem Durchmesser bei gleicher Drehzahl bearbeitet, passiert das Werkstück mit dem größeren Durchmesser das Werkzeug viel schneller als das Werkstück mit dem kleineren Durchmesser.

Es ist nicht notwendig, mit hohen Drehzahlen zu arbeiten. Erfolgreiches Drechseln hängt nicht von hohen Drehzahlen ab, sondern resultiert allein aus der richtigen Anwendung der Werkzeuge.

Obwohl es üblich ist, bei der Feinbearbeitung die Geschwindigkeit zu erhöhen, ist dennoch Vorsicht geboten, denn besonders bei verleimten Werkstücken kann es leicht zu Unfällen kommen.

Schleifarbeiten lassen sich erfolgreich mit der gleichen Geschwindigkeit abschließen, mit der zuvor das Werkstück bearbeitet wurde. Ein Hauptproblem beim Schleifen besteht darin, daß Reibungswärme entsteht, die bei erhöhter Geschwindigkeit zunimmt.

Das Langholzdrehen

Damit keine Vibration und kein unrunder Lauf beim Werkstück auftreten, werden Langhölzer oder Werkstücke mit geringem Durchmesser bei niedrigen Drehzahlen gedrechselt. Bei hohen Drehzahlen würde das Material, ähnlich wie ein Springseil, nach unten durchhängen. Dadurch werden Langhölzer kürzer, werden möglicherweise aus den Körnerspitzen geschleudert und können schlimme Unfälle verursachen.

Solange Material mit großem Durchmesser nicht ausbalanciert und zylindrisch ist, muß es, insbesondere beim Schruppen, bei niedrigen Drehzahlen gedreht werden. Oft befindet sich ein größeres Werkstück nicht in der Schwebe, und sein großes Gewicht verursacht übermäßige Vibrationen, die zum Herausschleudern des Werkstücks führen können. Sobald das Werkstück maßgerecht ist und sich in der Schwebe befindet, kann die Geschwindigkeit etwas erhöht werden.

Das Querholzdrehen

Der Durchmesser und die Stärke eines Werkstücks sind für die Wahl der Geschwindigkeit bedeutend. Um übermäßige Vibrationen zu vermeiden, die bei schweren, unwuchtigen Werkstücken unvermeidlich sind, müssen dicke Werkstücke mit großem Durchmesser erst einmal bei niedrigster Drehzahl vorgedreht werden. Nachdem der Schruppvorgang beendet ist, kann die Drehzahl leicht erhöht werden, obwohl in vielen Fällen der Drechselvorgang (nach DIN auch „Drehen“ genannt) mit der niedrigen Anfangsdrehzahl abgeschlossen werden kann, besonders bei Werkstücken mit mehr als 127 bis 150 mm Durchmesser.

Bei der Ermittlung einer gefahrlosen Geschwindigkeit spielt die Befestigungsmethode des Materials auf der Planscheibe eine wichtige Rolle. Wird das Material mit kurzen Schrauben oder durch Papierverleimung auf der Planscheibe befestigt, muß es bei niedriger Drehzahl bearbeitet werden, denn diese Befestigungsmethoden sind nicht die sichersten. Arbeitet man jedoch mit größter Sorgfalt, können keinerlei Probleme auftreten.

Auch die Bearbeitung von Werkstücken mit großem Durchmesser auf der Außendrehvorrichtung erfolgt immer bei möglichst niedriger Drehzahl. Aber auch bei niedrigster Drehzahl kann das Werkstück selbst hohe Drehzahlen erreichen. Beim Außendrehen kann die außerhalb vom Maschinenbett befindliche Werkzeugauflage nicht die Sicherheit bieten wie eine direkt am Bett befestigte Auflage. Darüber hinaus muß ihre Position ständig im Auge behalten werden, um einen Kontakt mit dem Werkstück zu vermeiden.

Werkstücke aus verleimten Hölzern

Das Drechseln dieser Werkstücke erfordert eine sorgfältige Verleimung ohne jeglichen Schwachpunkt, da sonst das Werkstück, aufgrund der entstehenden Zentrifugalkraft, „explodieren“ kann. Werkstücke aus verleimten Hölzern müssen immer bei niedriger Drehzahl gedreht werden. Unterschiedlicher Faserverlauf und unterschiedliche Härtegrade beim Schichtholz können ebenfalls Probleme verursachen, die bei Massivholz nicht auftreten. Bis zur Beherrschung der Grundtechniken sollte der Laie ausschließlich mit massivem Material arbeiten.

Bild 5 Der Spindelkasten

Dieser ist der wichtigste Bestandteil einer Drechselbank. Der Maschinenantrieb der Drechselbank befindet sich im Spindelkasten. Der im Maschinenbett ruhende Spindelkasten enthält die Spindel zur Aufnahme des Vierzacks.

Bei manchen Drechselbänken (nach DIN Drehmaschinen genannt) sind Antriebsmotor und Drehzahlregelung im Spindelkasten untergebracht. Bei einigen Modellen gehört eine Riemenscheibe zum Spindelkasten.

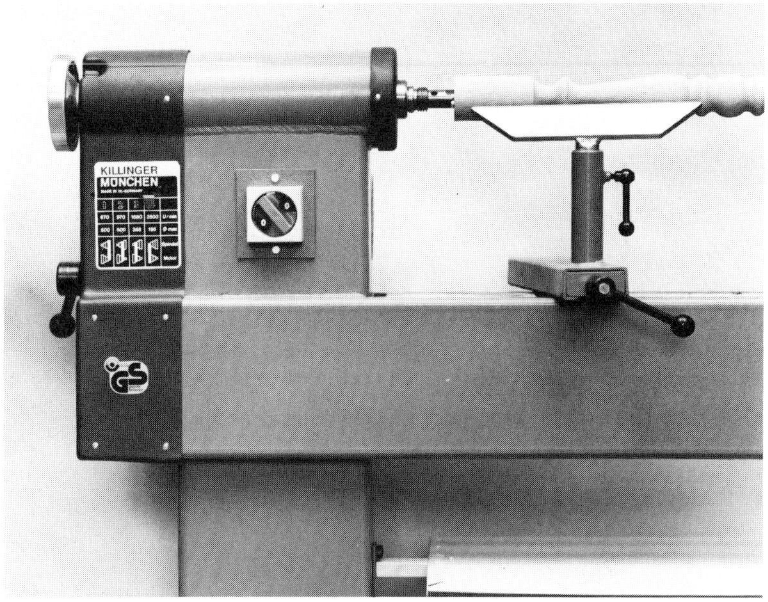

Bild 6 Der Reitstock

Der Reitstock, der verschiebbar zwischen den Wangen der Maschine sitzt, läßt sich in jeder beliebigen Entfernung zum Spindelkasten festklemmen.

Zum Reitstock gehören die Pinole zur Aufnahme von Körnerspitzen, das Handrad und die Schnellspannung.

Beim Zurückdrehen der Pinole mit dem Handrad wird die jeweilige Körnerspitze automatisch ausgestoßen.

Bild 7 Das Bett

Das Bett ist der tragende Teil einer Drechselbank. Im Drechselbankbett ruht der Spindelkasten und laufen Reitstock und Untersatz. Das Bett ist auf gußeisernen Böcken oder auf einem Unterbau befestigt.

Untersatz und Werkzeugauflage

Der Untersatz kann an jeder gewünschten Stelle auf dem Bett fixiert werden. Zur Aufnahme der Werkzeugauflage ist der Untersatz mit einer Bohrung versehen. Nach Bedarf läßt sich die drehbare Werkzeugauflage höher oder niedriger einstellen.

Drechselbankzubehör

Bild 8 Vierzack oder Mitnehmerspitze

Beim Langholzdrehen wird diese Spitze in das Innengewinde der Drehspindel gedreht. Der Vierzack überträgt die Drehbewegung der Spindel auf das Werkstück. In der Regel ist es ein Vierzack mit einer Zentrierspitze und vier Zacken, der in die Hirnholzkante des Werkstücks eingeschlagen wird.

Bild 9 Die starre oder „feste" Körnerspitze

Gewöhnlich ist es eine Körnerspitze mit Morsekonus, die in die Pinole des Reitstocks gesetzt wird. Weil sie unbeweglich ist, das heißt keine Drehbewegungen auf das Werkstück überträgt, wird sie auch als „feste" Körnerspitze bezeichnet. Um ein Warmlaufen zu vermeiden, muß bei dieser Spitze Öl zugegeben werden.

Bild 10 Die mitlaufende Körnerspitze

Zur Reduzierung der erzeugten Wärme beim Langholzdrehen wird eine kugelgelagerte, mitlaufende Körnerspitze verwendet. Durch die Kugellagerung werden Geräusche und Wärme auf ein Minimum reduziert.

Werkzeugauflagen

Die Werkzeugauflagen oder auch Handauflagen gibt es in verschiedenen Formen und Größen.

Bild 11

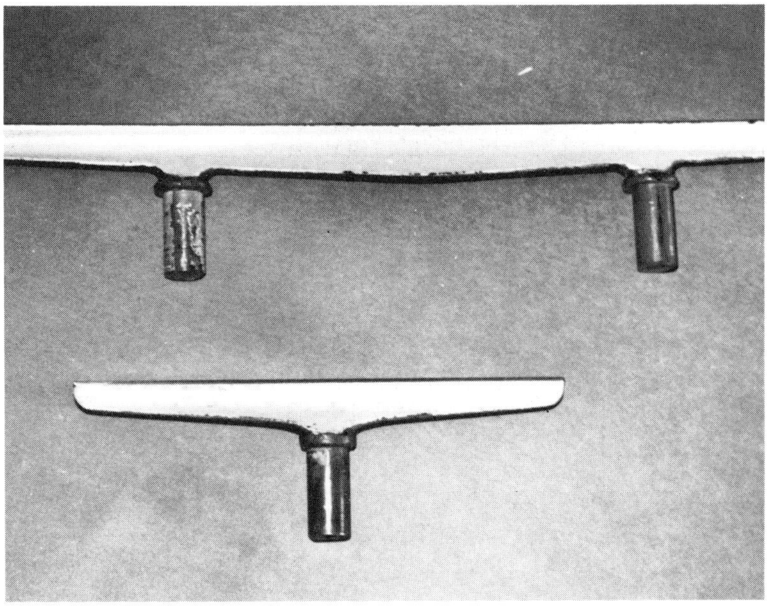

Vorwiegend werden Werkzeugauflagen mit 300 mm Länge verwendet. Mit diesen lassen sich die meisten Drechselarbeiten durchführen.

Beim Drechseln von sehr langen Werkstücken kann eine doppelte Handauflage (600 mm Länge) sehr nützlich sein. Für die doppelte Handauflage sind jedoch zwei Untersätze erforderlich.

Bild 12

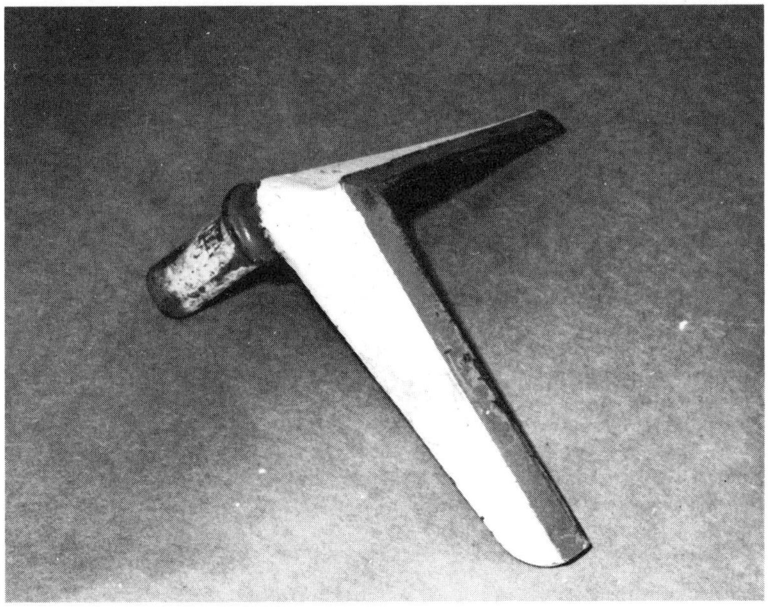

Für das Querholzdrehen kann sich die Anschaffung einer rechtwinkligen Handauflage lohnen. Ohne die Auflage und den Untersatz verändern zu müssen, lassen sich Hirn- und Seitenfläche gleichzeitig bearbeiten.

Diese Werkzeugauflage eignet sich besonders beim Drechseln großer Schalen. Für jeden einzelnen Drechselvorgang lassen sich Werkzeugauflagen nach Maß anfertigen.

Bild 13 Planscheibe

Es ist eine Metallscheibe mit einer Gewindenabe, die auf die Drehspindel gesetzt wird. Die Werkstücke werden mit Schrauben auf der Planscheibe befestigt. Je nach Bauart der Drechselbank und je nach Werkstückumfang gibt es Planscheiben mit unterschiedlichem Durchmesser.

Bild 14 Das Scheibenfutter mit Holzschraube

Im Prinzip handelt es sich hier um eine kleine Planscheibe mit einer hervorstehenden Holzgewindeschraube. Das Scheibenfutter eignet sich besonders gut zum schnellen Aufspannen von kleineren Werkstücken. Bei größeren Werkstücken und bei hohen Drehzahlen ist dieses Futter nicht empfehlenswert.

Bild 15 Das Zahnkranzbohrfutter

Das auf einem Kegeldorn sitzende Bohrfutter wird entweder in die Drehspindel oder in die Pinole des Reitstocks gesetzt. Neben den verschiedenen Holzbohrern lassen sich auch kleinere, zylindrische Werkstücke einspannen. Derartige Bohrfutter haben gewöhnlich eine Spannweite von 13 bis 16 mm.

Bild 16 Einschlagfutter zum fliegenden Drehen

Das Werkstück wird, entsprechend dem jeweiligen Futter-Innendurchmesser, konisch angedreht und in das Futter eingeschlagen. Danach kann fliegend, ohne Körnerspitze gedrechselt werden.

Bild 17 Das Dreibackenfutter

Dieses Futter wird hauptsächlich in der Metalldreherei benutzt. Zum Festhalten von zylindrischen Werkstücken ist es recht brauchbar. Das Werkstück ist automatisch zentriert, sobald sich die Backen spannen.

Bild 18 Die Schleifwalze

Hierbei handelt es sich um einen elastischen Gummizylinder, der auf einem Kegeldorn sitzt. Ein Schleifband aus Sandpapier wird über die Walze gezogen. Durch Festziehen der Mutter dehnt sich das Gummi nach außen und spannt das Schleifband sicher und fest auf dem Zylinder. Schleifwalzen gibt es in den verschiedensten Größen und Ausführungen. Sie eignen sich besonders gut zum Schleifen von profilierten Werkstückoberflächen.

Bild 19 Spanndorn für Schleifscheiben und dergleichen

Er besteht aus zwei Spannscheiben, die auf einem Kegeldorn mit Gewinde sitzen. Der Kegeldorn wird in die Drehspindel gesetzt. Verschiedene Scheiben, wie zum Beispiel Schwabbelscheiben, Stahldrahtrundbürsten oder Schleifscheiben, lassen sich auf dem Dorn festspannen. Zur Sicherung des Spanndorns sollte vorsichtshalber eine Körnerspitze als Gegenhalter in die Reitstockpinole gesetzt werden. Dadurch wird ein mögliches Herausschleudern beim Schleifen, Polieren oder Bürsten verhindert.

Die Meßwerkzeuge

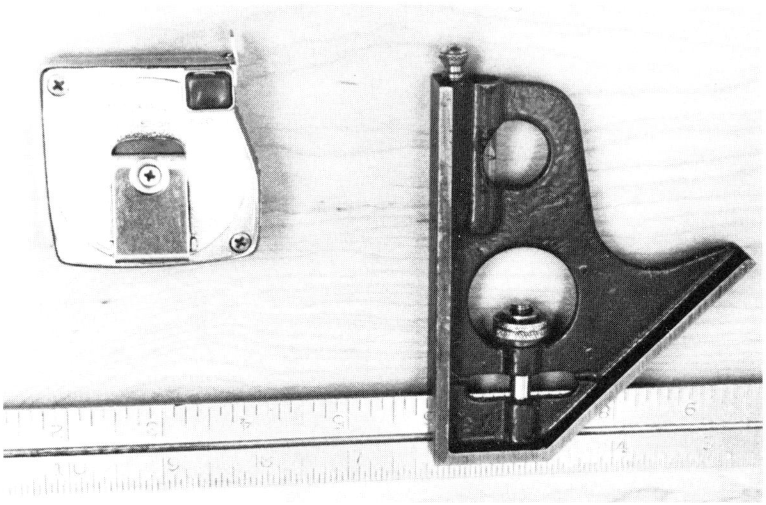

Bild 20 Das Lineal

Zum Messen von Entfernungen wird entweder ein Stahllineal oder ein Maßband benutzt.

Es ist empfehlenswert, immer von einer Werkstückseite aus sämtliche Entfernungen zu messen. Dadurch werden Meßfehler, die möglicherweise durch eine Anhäufung winziger Abweichungen entstehen, auf ein Mindestmaß reduziert.

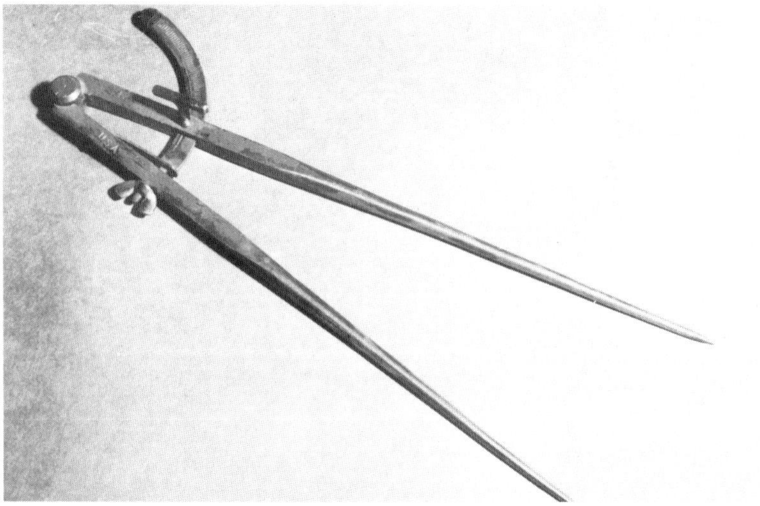

Bild 21 Der Stechzirkel

Der Stechzirkel besitzt zwei Stahlspitzen. Er dient zum Messen und Abstecken von Entfernungen und zum Anreißen von Kreisen auf Werkstücken, zum Beispiel beim Querholzdrehen.

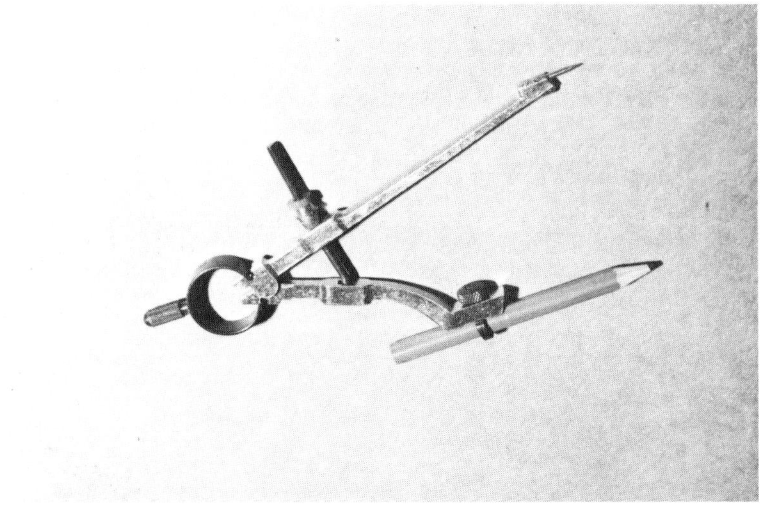

Bild 22 Der Bleistiftzirkel

Er unterscheidet sich vom Stechzirkel dadurch, daß ein Bleistift die Stelle einer Stahlspitze einnimmt.

Der Bleistiftzirkel wird zum Zeichnen von Kreisen, zum Zentrieren der Werkstücke oder zum Markieren von Entfernungen auf einem Werkstück verwendet.

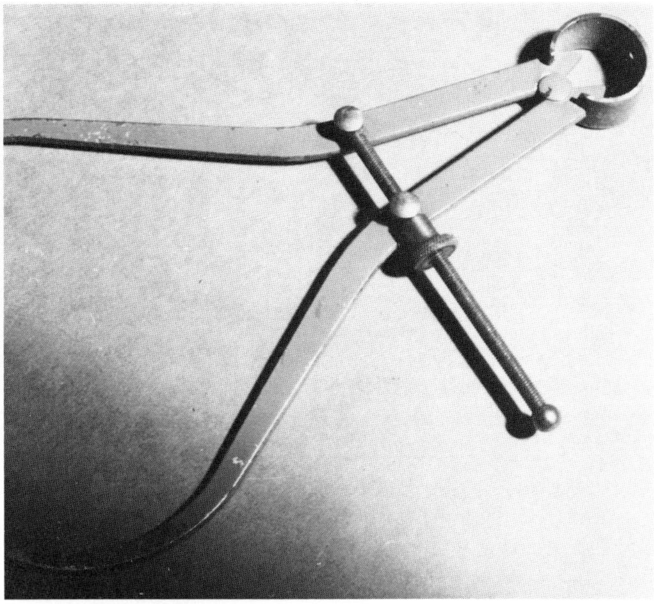

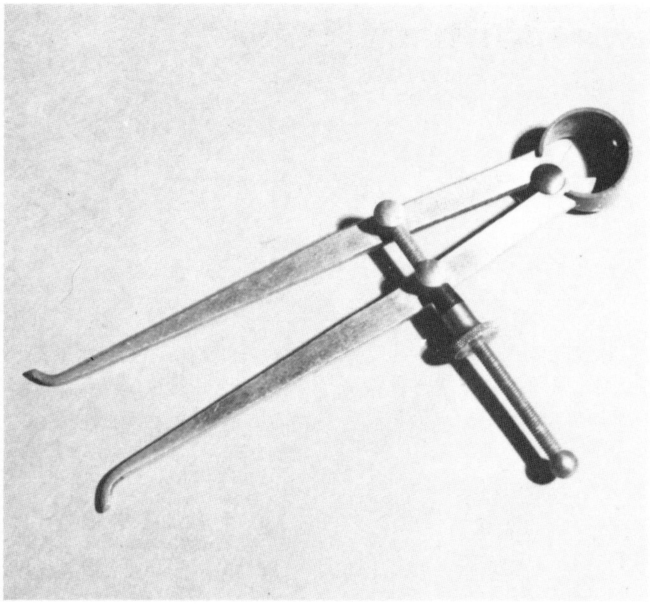

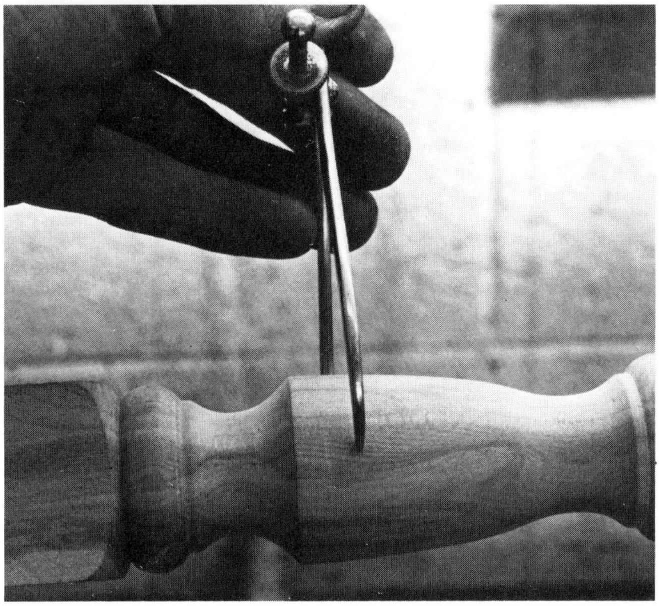

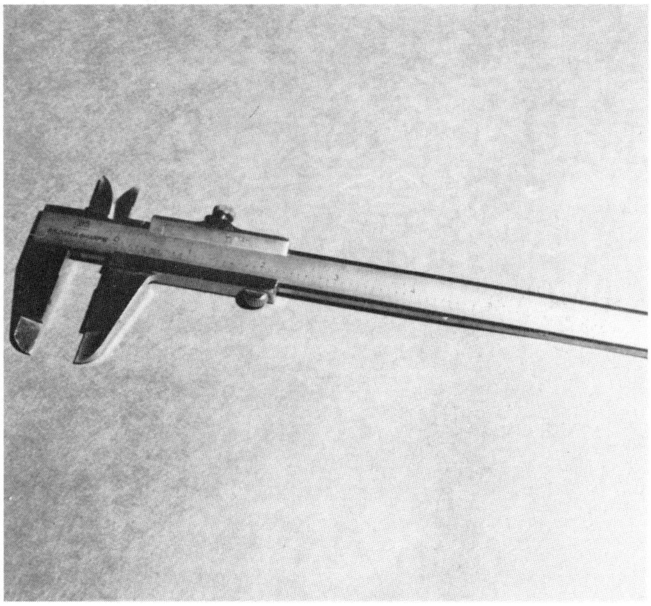

Bild 23 Taster

Mit dem Außen- oder Federgreiftaster werden hauptsächlich die Durchmesser von zylindrischen Werkstücken gemessen.

Im allgemeinen wird am laufenden Werkstück gemessen. In diesem Fall müssen die Stahlspitzen des Tasters abgerundet sein, damit die Spitzen nicht im Werkstück hängenbleiben oder es anreißen.

Bild 24

Beim Messen eines Durchmessers sollte sich der Taster immer im rechten Winkel zum Werkstück befinden.

Nie den Taster mit Druck über ein Werkstück schieben! Beim Anlegen muß sich der Taster leicht über das Werkstück schieben lassen; sollte das nicht der Fall sein, muß noch weiteres Material abgetragen werden, bis der entsprechende Durchmesser erreicht ist.

Bild 25

Der Innen- oder Federlochtaster dient zum Messen von Bohrungen und Hohlkörpern, wie zum Beispiel Pokalen, Schalen oder Bilderrahmen.

Das Messen mit dem Innentaster wird nur am stillstehenden Werkstück vorgenommen.

Bild 26

Die Schieblehre ist ein Meßwerkzeug, das normalerweise in der Metallverarbeitung benutzt wird. Aufgrund ihrer Genauigkeit und einfachen Handhabung ist die Schieblehre auch für den Drechsler ein sehr nützliches Meßinstrument.

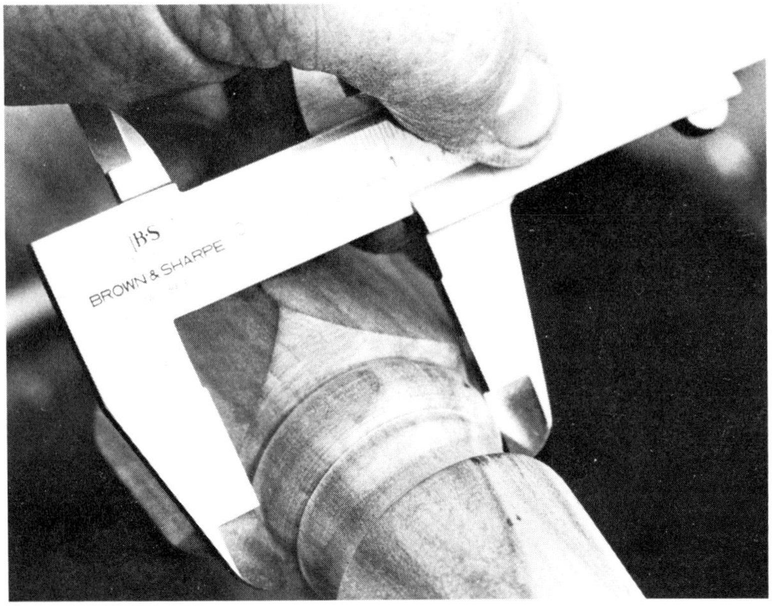

Bild 27

Der Außendurchmesser eines Werkstücks wird mit der Schieblehre gemessen.

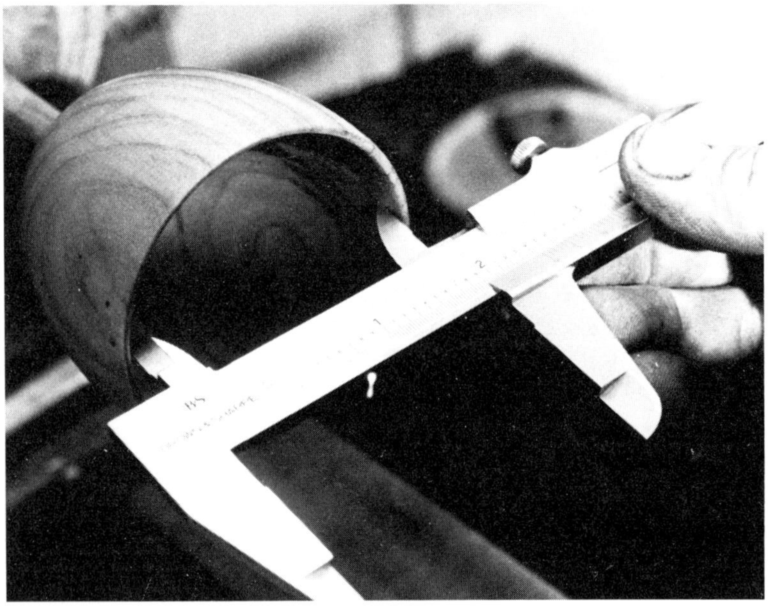

Bild 28

Gewölbte Flächen, Lochtiefen und Innendurchmesser werden ebenfalls mit der Schieblehre gemessen.

Bild 29

Stufenblöcke mit Maßeinteilung. Beim Drechseln großer Stückzahlen sind diese Stufenblöcke nützlich. Der Abstand zwischen den einzelnen Stufen beträgt 3 mm.

Mit Hilfe der Stufenblöcke läßt sich eine Schieblehre schnell und äußerst genau auf die jeweilige Abmessung einstellen.

Die Drechselwerkzeuge

Bild 30 Die Röhre, auch Hohlmeißel genannt

Das am häufigsten benutzte Drechselwerkzeug ist die Röhre. Mit ihr wird das Werkstück auf eine zylindrische Form geschruppt. Zum Drehen von Hohlkehlen bei Langholz oder zum Vordrehen bzw. Ausdrehen von Werkstücken beim Querholzdrehen wird die Röhre ebenfalls eingesetzt. An der Außenwölbung sind die Röhren mit abgeschrägten Kanten bzw. Seitenfasen versehen. Der Winkel der Seitenfasen beträgt etwa 30° oder die doppelte Werkzeugstärke. Die Röhre besitzt eine runde Schneide, die bis in die Seitenfasen reicht. Gewöhnlich sind die Röhren in den Größen 6 bis 26 mm erhältlich, am gebräuchlichsten sind 12-mm-Röhren.

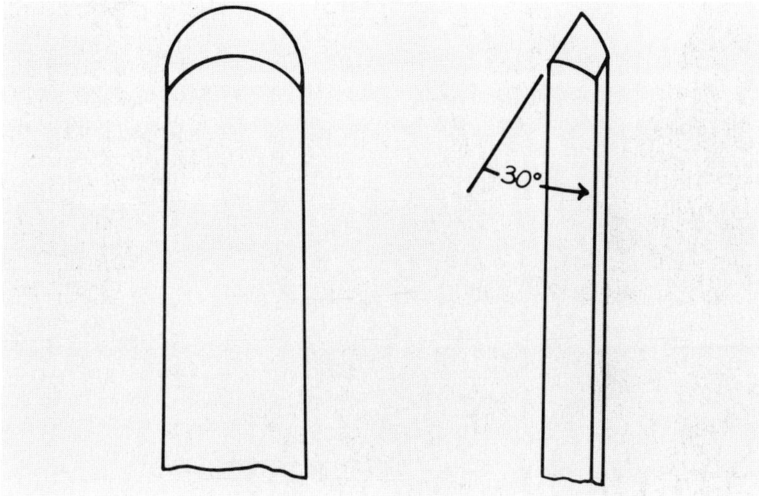

Bild 31 Der Flachmeißel

Dieser Flachmeißel besitzt eine schräge Schneide, die 70° zur Mittelachse angeschliffen ist.
Meist sind Flachmeißel beidseitig angeschliffen. Eine Schneidfase ist dabei etwa doppelt so lang wie die Stärke der Klinge.

Mit dem schrägen Flachmeißel werden Kerben, Rund- und Kegelformen geschnitten. Zum Schlichten von runden Abstufungen oder zylindrischen Werkstücken wird er ebenfalls benutzt. Der Flachmeißel wird entweder zum Schneiden oder zum Schaben verwendet.

Einige Flachmeißel werden als linker oder rechter Meißel bezeichnet. Hierbei handelt es sich um einseitig angeschliffene Meißel, die nur zum Schaben eingesetzt werden. Flachmeißel gibt es in den Größen 4 bis 40 mm. Die gebräuchlichsten Größen sind 12 und 26 mm.

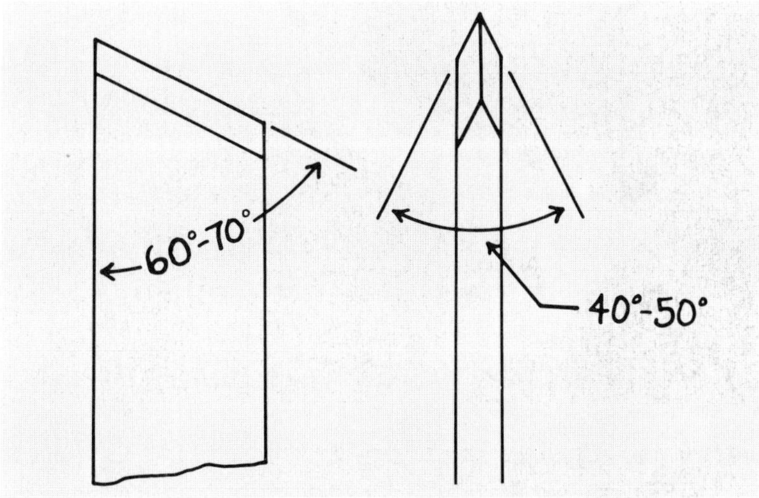

Bild 32 Der Abstechstahl

Er dient zum Einstechen von tiefliegenden schmalen Platten oder Nuten. Das Schnittbild weist eine flache rechteckige Form auf. Der Klingenquerschnitt ist größer als der Schneidenquerschnitt des Abstechstahls. Die Stärke des Querschnitts bestimmt die Schnittbreite, die gewöhnlich 4 bis 6 mm beträgt. Der trapezförmige Querschnitt verringert die entstehende Reibung und verhindert ein Ausglühen von Werkzeug und Werkstück. Der Abstechstahl, der einen schabenden Schnitt ausführt, ist in den Größen 4 bis 26 mm erhältlich.

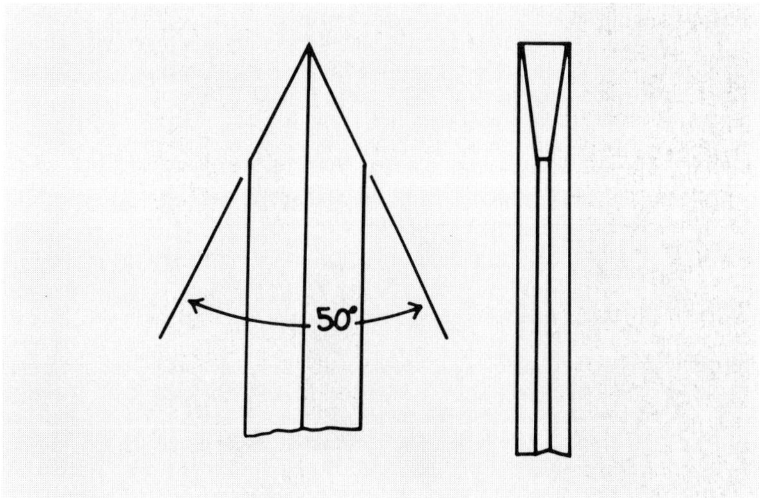

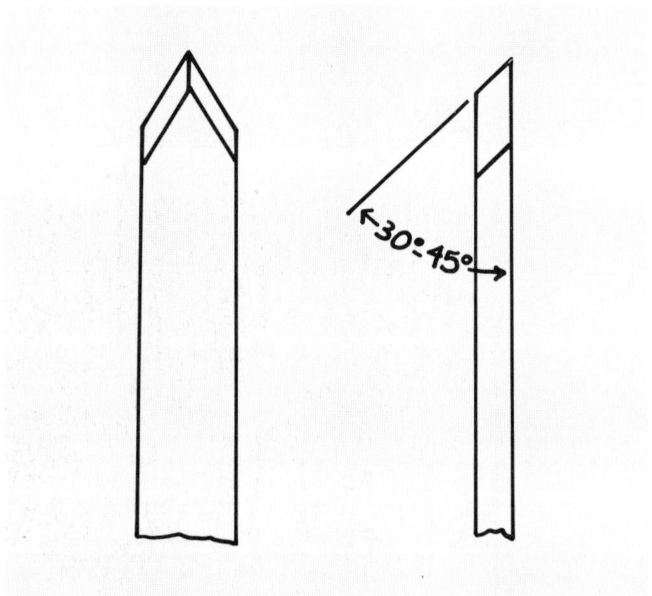

Bild 33 Der Schrotstahl

Der Schrotstahl ist ein Werkzeug zum Schaben und wird gewöhnlich beim Querholzdrehen eingesetzt. Bei Langholz wird er zum Drehen von Hohlkehlen verwendet. Bei Querholz benutzt man den Schrotstahl für gewölbte Formen, zum Beispiel für Holzschalen. Mit diesem Werkzeug werden die Werkstücke im allgemeinen roh vorgedreht. Dennoch benutzt man oft einen scharfgeschliffenen Stahl, um eine glatte Oberfläche zu erzielen. Der Schrotstahl hat eine runde Schneide, die bis zu den Seitenkanten reicht. Die Fase eines Schrotstahls ist gewöhnlich mit 40° angeschliffen. Schrotstahle gibt es in verschiedenen Größen, am gebräuchlichsten sind die Größen 4 mm, 6 mm und 12 mm.

Bild 34 Der Spitzstahl

Der Spitzstahl ist ebenfalls ein Werkzeug zum Schaben und wird ähnlich wie ein linker oder rechter schräger Flachmeißel verwendet. Die Spitze und beide Fasen sind mit 30° angeschliffen. Die normale Größe für einen Spitzstahl ist 12 mm. Aus einem alten Flachmeißel oder Schlichtstahl lassen sich jedoch Spitzstahle in verschiedenen Größen zurechtschleifen.

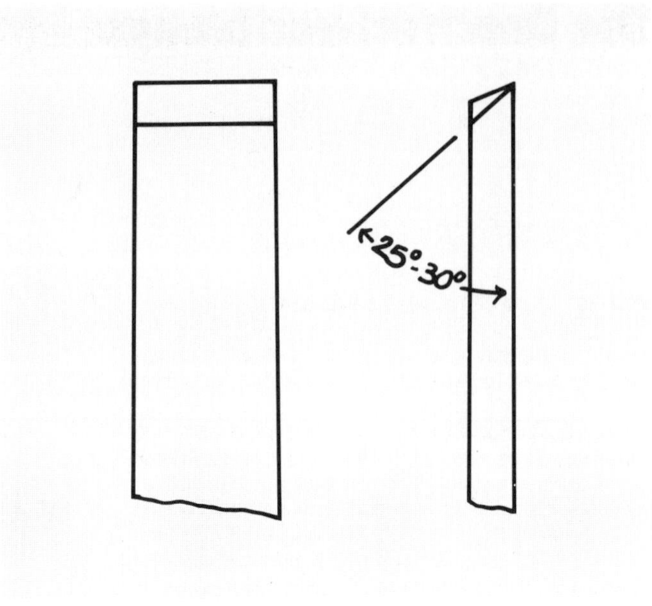

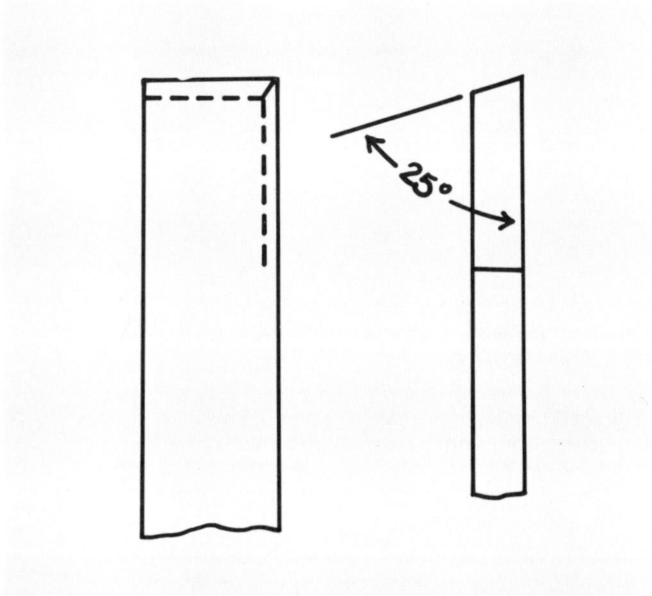

Bild 35 Der Schlicht- oder Flachstahl

Er ist ein Werkzeug zum Schaben. Der Schlichtstahl dient, wie sein Name schon sagt, in erster Linie zum Schlichten von geraden oder gewölbten Flächen. Die Schneidfase ist mit 25° einseitig angeschliffen. Es gibt sie in vielen Größen, üblich sind Stahle von 12 und 20 mm Größe.

Bild 36 Der modifizierte Schlicht- oder Flachstahl

Hierbei handelt es sich um einen umgewandelten Schlichtstahl. An der Schneide ist er in einem Winkel von 5 bis 10° schräg zur Mittelachse angeschliffen. Der Stahl hat eine etwa 4 bis 5 mm lange Seitenfase. Fase und Seitenfase sind mit 25 Grad angeschliffen. Der modifizierte Schlichtstahl ist entweder als linker oder rechter Stahl angeschliffen. Beim Querholzdrehen werden diese Stahle zum Schruppen benutzt. Während mit dem linken Schlichtstahl die Außenfläche eines Werkstücks roh gedreht wird, benutzt man den rechten Schlichtstahl zum Bearbeiten von gewölbten Flächen bei Hohlformen. Beide Stahle schneiden sowohl mit der Spitze als auch mit der Seite. Die übliche Größe ist 26 mm.

Das Schärfen der Werkzeuge

Drehwerkzeuge benutzt man entweder zum Schneiden oder zum Schaben. Eine Voraussetzung für fachgerechtes Drechseln ist ein einwandfreies, scharfgeschliffenes Werkzeug.

Die Werkzeuge werden geschliffen, um wieder eine scharfe und schartenfreie Schneide zu bekommen. Nach dem Schleifen werden die Werkzeuge auf einem Abziehstein abgezogen. Das Schärfen eines Werkzeuges kann jedoch gleich auf dem Abziehstein erfolgen, ohne daß ein vorangehendes Schleifen erforderlich ist.

Geschliffen wird auf einer abgerichteten Schleifscheibe oder einem Schleifstein. Man schleift immer von der Spitze der Schneide zum Absatz hin, also gegen das Eisen, dadurch wird eine feine, gleichmäßige Schneidfase erzielt.

Das Abziehen der Werkzeuge erfolgt auf einem Öl- oder Arkansasstein, der in verschiedenen Körnungen erhältlich ist. Man beginnt das Abziehen auf einem groben Stein und beendet es auf einem feinen Stein. Die Abziehsteine werden mit Petroleum befeuchtet, das als Kühlschmiermittel wirkt und gleichzeitig Schleif- und Metallteilchen vom Stein fernhält.

Bild 37

Röhren werden in der Regel mit einer Fase von 30° angeschliffen.

Zuerst wird die Fase der Röhre geprüft. Im Falle einer Abweichung von mehr als 2 bis 3° oder bei einer schartigen Schneide muß die Fase neu angeschliffen werden.

Bild 38

Den Ballen des Werkzeugs an den laufenden Schleifstein halten.

Es empfiehlt sich, zuerst die Ballenkante leicht an den Schleifstein zu drücken. Anschließend wird das Werkzeugheft ein wenig angehoben, damit der Ballen in seiner ganzen Fläche anliegt.

Bild 39

Die Röhre wird auf dem Schleifstein hin und her gedreht. Dabei ist immer darauf zu achten, daß die Fase in ihrer ganzen Fläche ständig anliegt.

Das Schleifen so lange fortsetzen, bis die richtige Fase wiederhergestellt bzw. die Schneidkante scharf ist.

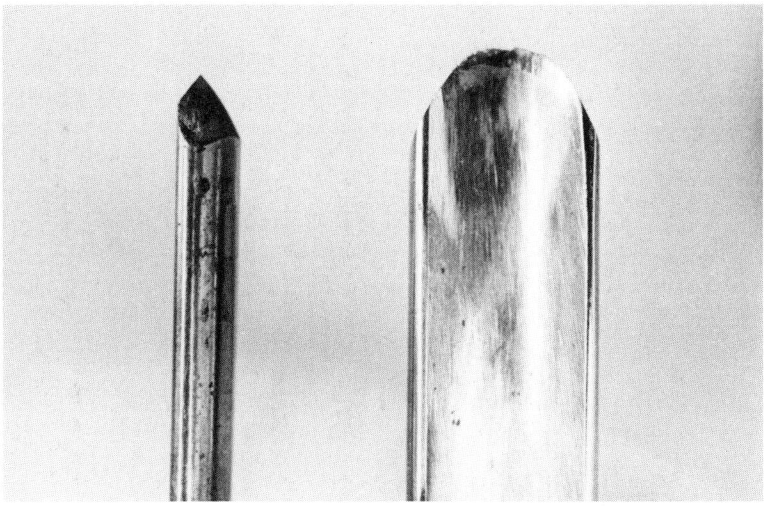

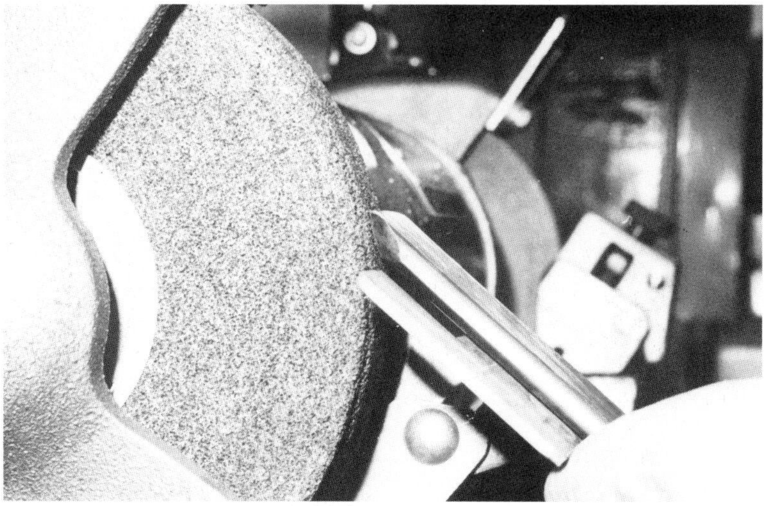

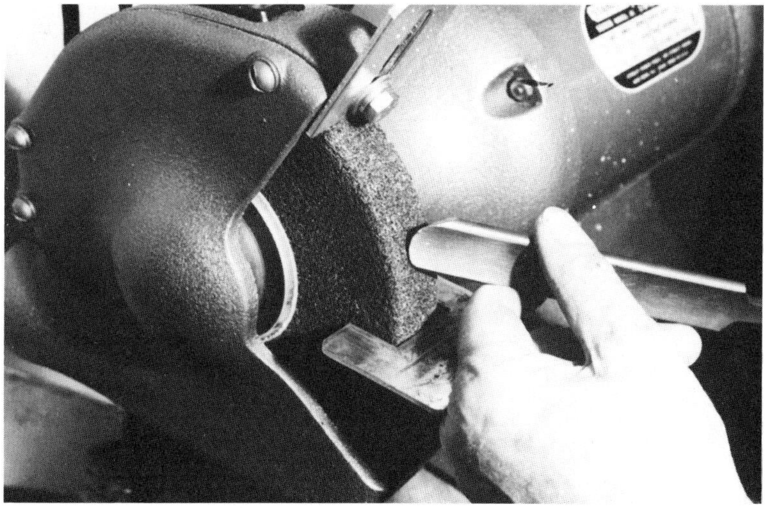

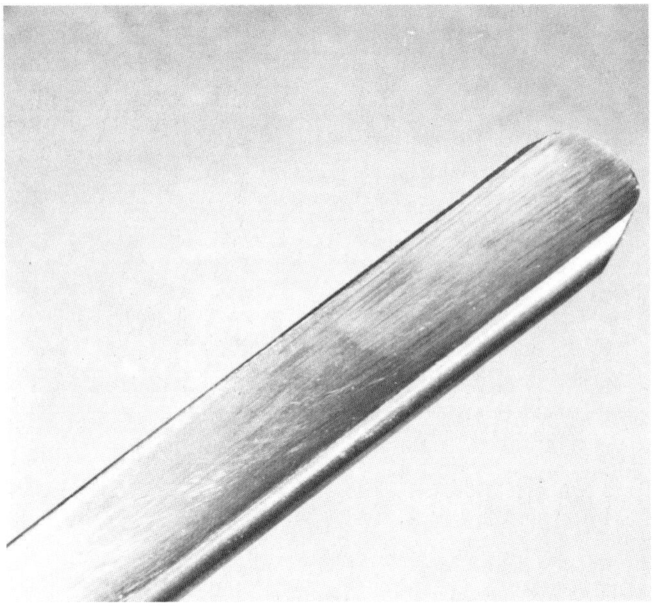

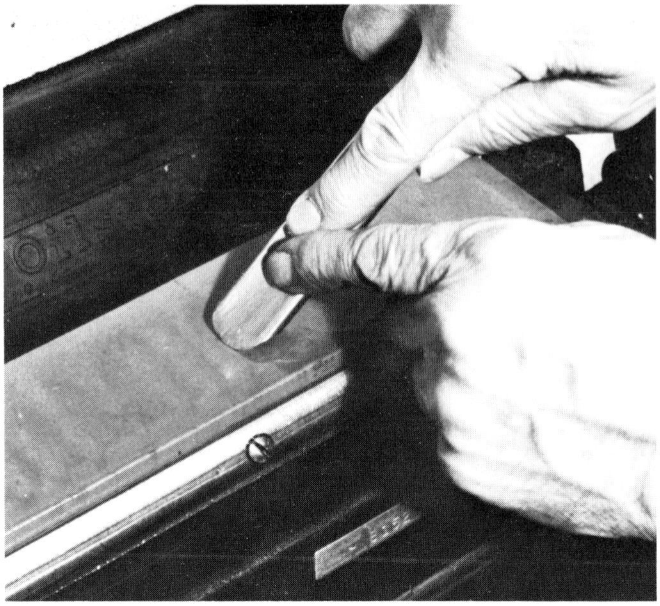

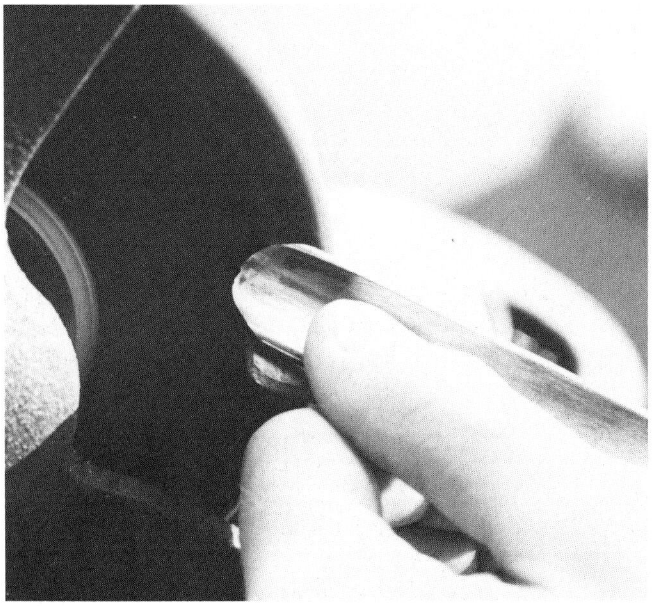

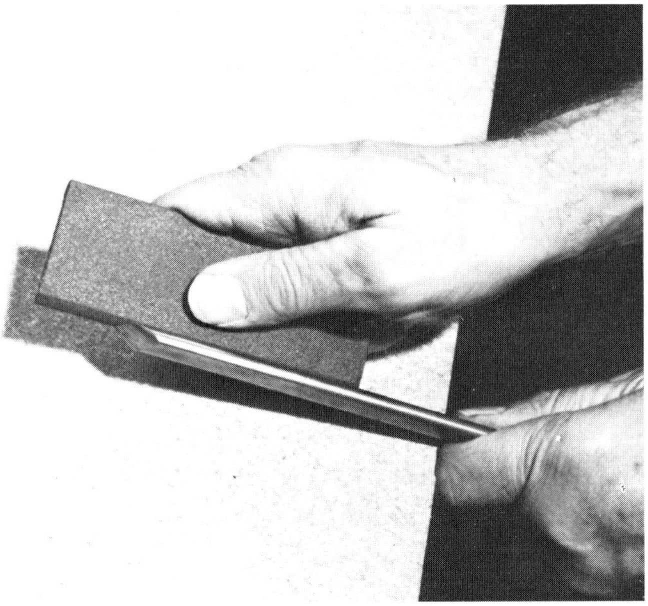

Bild 40

Die Schneidkante sorgfältig prüfen.

Bei angebläuten Schneiden muß man den Schleifvorgang fortsetzen.

Die Ecken der Schneide müssen gleichmäßig in die Seitenfasen übergehen.

Die Schneide sollte eine ovale Form aufweisen. Obwohl kleine Röhren im Querschnitt elliptischer sind und auch eine längere Schneidfase besitzen, werden sie auf die gleiche Weise geschliffen.

Bild 41

Auch auf der Stirnseite der Schleifscheibe lassen sich Röhren schärfen.

Die Röhre wird auf die Auflage gelegt und hin und her gedreht.

Bild 42

Etwas Petroleum auf den Ölstein geben.

Zum Abziehen wird die Fase der Röhre auf den Ölstein gedrückt.

Die Röhre in kreisförmigen Bewegungen über den Stein ziehen; dabei wird sie gleichzeitig nach links und nach rechts gedreht.

Es wird so lange abgezogen, bis sich ein kleiner Grat an der Schneide bildet.

Bild 43

Für die hohle Seite einen entsprechenden Stein benutzen.

Die gewölbte Kante des Steins in die Wölbung einsetzen. Dabei muß mindestens ein Drittel des Steins über die Schneidkante hinausragen.

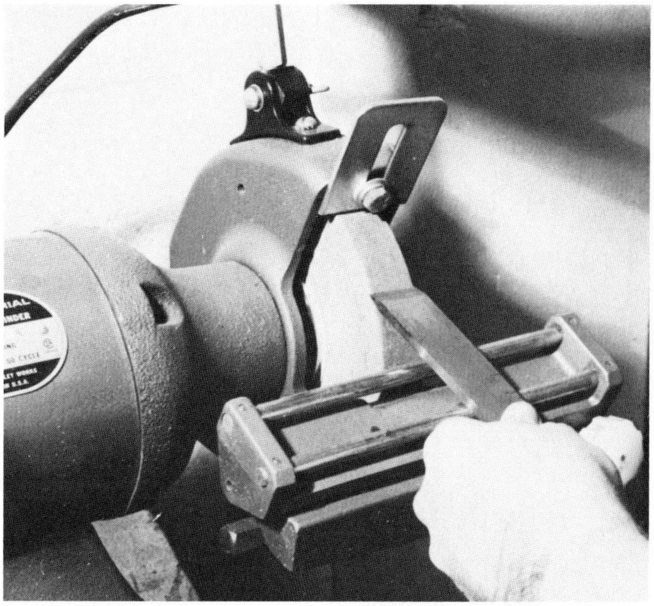

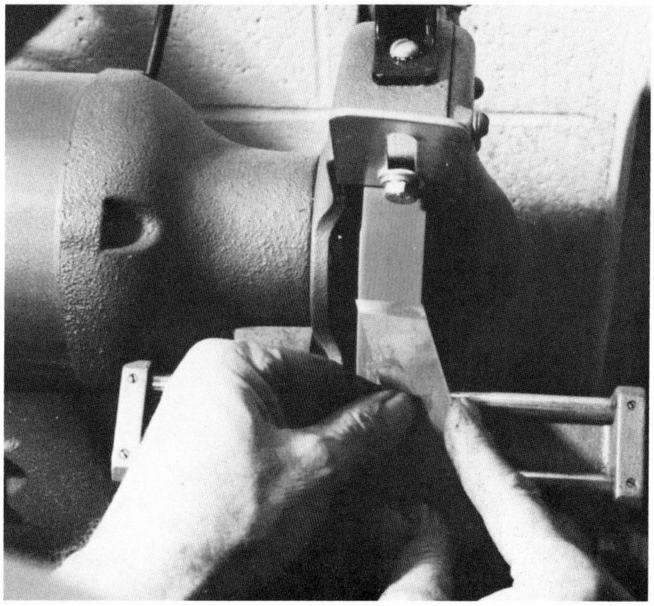

Bild 44

Den Grat an der Schneide durch Herunterziehen des Steins entfernen.
Man muß darauf achten, daß der Abziehstein immer vollständig anliegt, sich parallel zur Klinge befindet.
Den Vorgang so lange wiederholen, bis der Grat entfernt ist.

Anmerkung: Die Röhre kann ohne vorangehendes Schleifen abgezogen werden. Jedoch muß sie nach jedem Schleifen unbedingt abgezogen werden.

Bild 45

Besonders zum Schlichten muß der Flachmeißel einwandfrei geschliffen sein. Ein Flachmeißel mit unterschiedlich angeschliffenen Fasen verfängt sich möglicherweise im Werkstück und wird mitgerissen.
Mit einem Flachmeißel, dessen Schneidfasen mit 20 bis 25° angeschliffen wurden, lassen sich die meisten Drechselarbeiten ausführen.
Der Seitenwinkel sollte etwa 70° betragen.

Bild 46

Zum Schleifen der Fasen wird der Meißel im 90°-Winkel an den Stein gehalten.

Es empfiehlt sich, zuerst nur die Ballenkante an den Stein zu drücken und anschließend das Werkzeugheft ein wenig anzuheben, damit der ganze Ballen anliegt.

Bild 47

Den Meißel in der abgebildeten Position an den Stein halten und ihn über den Stein langsam hin und her schieben.

Die Fase muß gerade oder leicht hohl angeschliffen werden.

Bild 48

Nachdem die Fase mit dem richtigen Winkel angeschliffen wurde, schleift man die Rückseite.

Das Schleifen auf keinen Fall übertreiben.

Wenn die Schneide blau anläuft, muß weitergeschliffen werden.

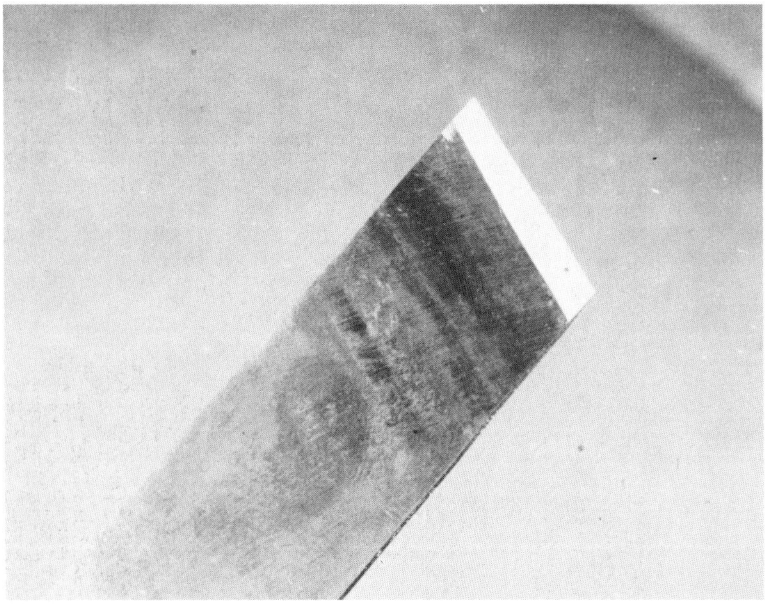

Bild 49

Der Schleifvorgang muß beendet werden, sobald das Metall an der Schneide wegzubrechen droht und die angebläuten Stellen verschwunden sind.

Bild 50

Den Ölstein mit etwas Petroleum befeuchten.

Die Fase des Meißels flach auf den Stein drücken.

Den Flachmeißel dann in kreisförmigen oder 8-förmigen Bahnen auf dem Stein abziehen. Dabei den Meißel immer flach andrücken.

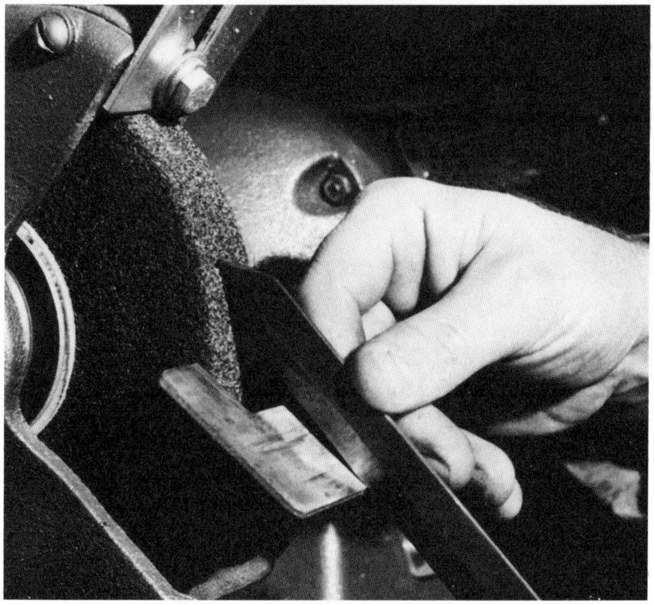

Bild 51

Bildet sich ein kleiner Grat an der Schneide, wird der Meißel gedreht und auf der Rückseite abgezogen.

Es wird so lange abgezogen, bis die Schneide einwandfrei ist.

Bild 52

Da mit dem Abstechstahl eine mehr schabende Wirkung erzielt wird, muß der Stahl oft geschärft werden. Das Schaben erfordert eine sehr scharfgeschliffene Schneide.

Beim Abstechstahl sollten die Fasen im Winkel von 25° angeschliffen sein.

Bild 53

Den Ballen an die laufende Schleifscheibe halten.
Dann das Heft so weit anheben, bis der ganze Ballen anliegt.

Bild 54

Den Stahl mit leichtem Druck auf der Schleifscheibe hin und her bewegen.

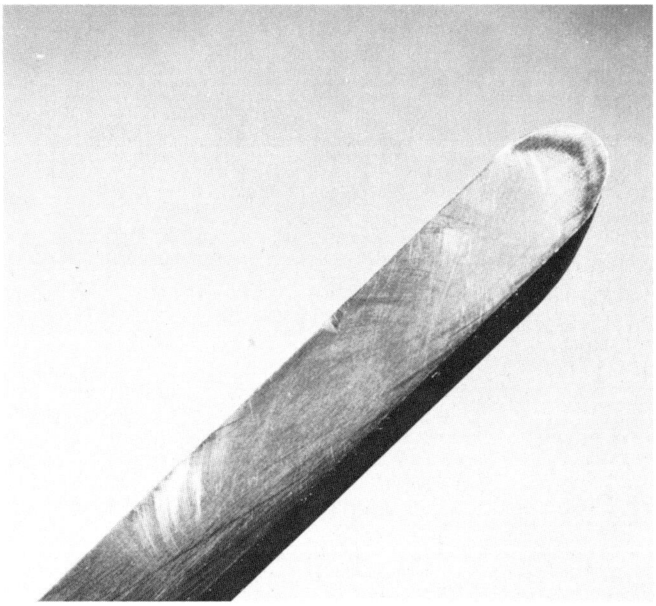

Bild 55

Die Fasen werden so lange geschliffen, bis sich ihre Spitze genau in der Mittellinie der Klinge befindet.
Nur wenn die Spitze genau in der Mittellinie liegt, ist der erforderliche Freiwinkel vorhanden (Freiwinkel: Spielraum zwischen Werkstück und Schneide).
Die Schneide prüfen.
Bei schartigen oder angebläuten Stellen ist der Schleifvorgang fortzusetzen.

Bild 56

Zum Abziehen des Stahls wird etwas Petroleum auf den Ölstein gegeben.
Die Fase fest auf den Stein drücken; dabei ist zu beachten, daß die Fase mit ihrer ganzen Fläche anliegt.

Das Werkzeug muß sich immer im steilen Winkel zum Stein befinden.

Bild 57

Den Stahl mit kreis- oder 8-förmigen Bewegungen auf dem Stein abziehen.

Die ganze Fläche der Fase muß ständig anliegen.

Sobald sich ein kleiner Grat an der Schneide bildet, wird die andere Fase abgezogen.

Wenn dieser Grat entfernt ist, muß die Schneide scharf sein.

Bild 58

Auch der Schrotstahl ist ein Werkzeug zum Schaben und muß daher häufig geschliffen werden.

Die mit einem Winkel von 30 bis 40° angeschliffene Schneide sollte eine etwas ovale Form aufweisen.

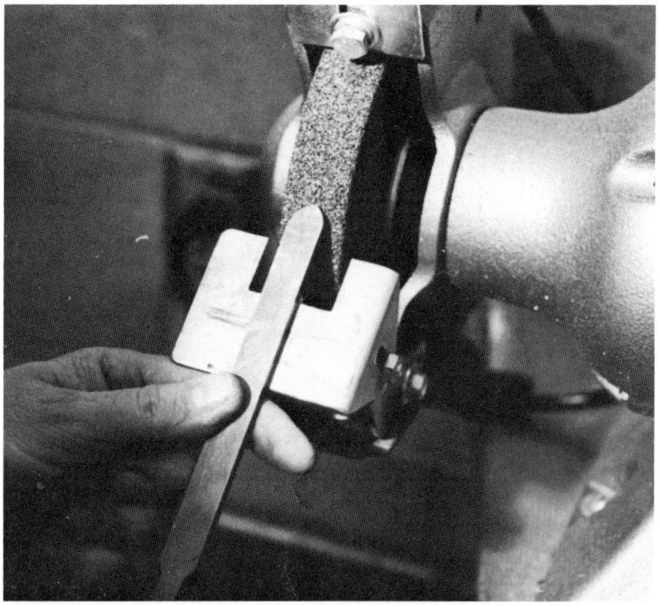

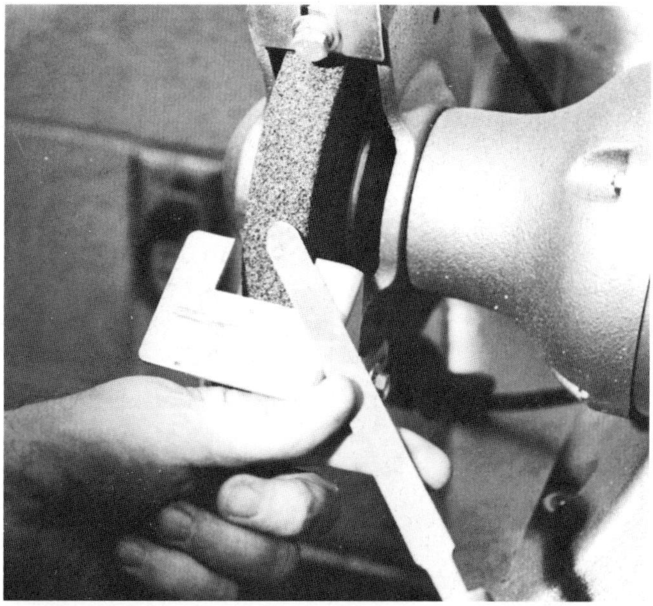

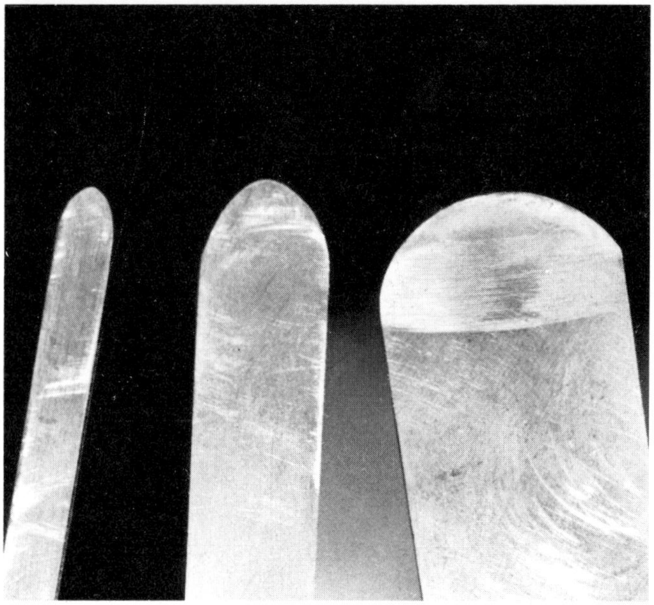

Bild 59

Die Ballenkante an den laufenden Stein halten, dann das Heft so weit anheben, bis der ganze Ballen anliegt.

Bild 60

Wenn die Fase ganz anliegt, zieht man das Heft nach links und schleift den linken Teil der Schneide von der Mitte nach der Seitenkante.

Ebenso schleift man anschließend die andere Hälfte der Schneide, nur wird jetzt der Stahl von außen nach innen geschoben.

Bild 61

Falls notwendig, den Schleifvorgang wiederholen.

Die ganze Fläche der Fase muß immer anliegen.

Die leicht ovale Form der Schneide darf beim Schleifen nicht verlorengehen.

Die Schneidkante sollte soweit wie möglich in die Seitenkanten überlaufen.

Bild 62

Bei kleinen Schrotstahlen ist eine längere Fase sowie eine mehr ellipsenförmige Schneidkante erforderlich.

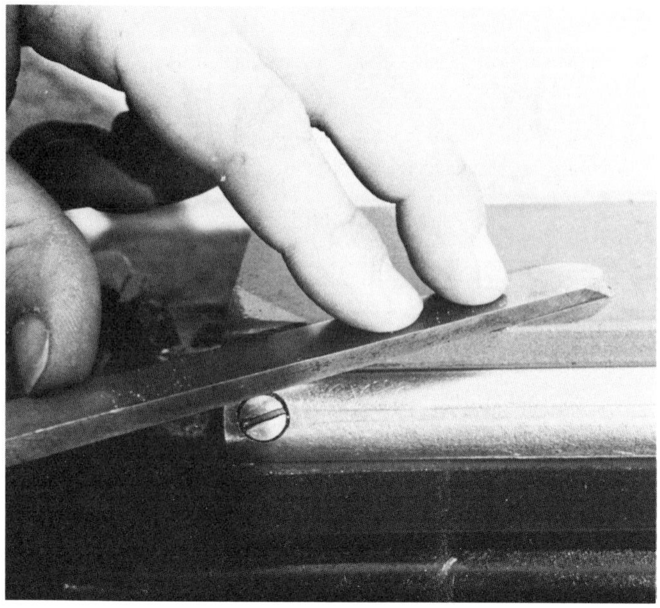

Bild 63

Den Abziehstein mit etwas Petroleum befeuchten.

Die Fase flach auf den Stein drücken.

Bild 64

Den Schrotstahl auf dem Stein hin und her drehen.

Die Fase muß dabei immer flach anliegen.

So lange abziehen, bis sich ein kleiner Grat an der Schneide bildet.

Bild 65

Den Schrotstahl mit der flachen Seite auf den Stein legen.

Den Stahl mit kreisförmigen Bewegungen oder auch hin und her über den Stein reiben.

Nachdem der feine Grat entfernt ist, muß der Stahl scharf und gebrauchsfertig sein.

Bild 66

Auch der Schlichtstahl wird zum Schaben verwendet, deshalb muß auch er ständig scharfgeschliffen sein.

Die Schneidkante beim Schlichtstahl verläuft rechtwinklig zur Werkzeugachse, der Ballen selbst kann jedoch leicht gewölbt sein. Der Ballen ist im Winkel von 25 bis 30° angeschliffen.

Bild 67

Die Fase mit ihrer ganzen Fläche an die laufende Schleifscheibe halten.

Die Schneidkante und die Schleifscheibe müssen dabei einen rechten Winkel bilden.

Mit leichtem Druck das Werkzeug auf der Schleifscheibe hin und her bewegen.

An der Schneidkante etwas mehr Metall wegschleifen, dadurch bekommt die Fase eine leichte Außenwölbung.

Bild 68

Die Schneidkante immer wieder überprüfen.

Bei einer schartigen oder angebläuten Schneide muß man weiterschleifen.

So lange weiterschleifen, bis die Schneide einwandfrei ist.

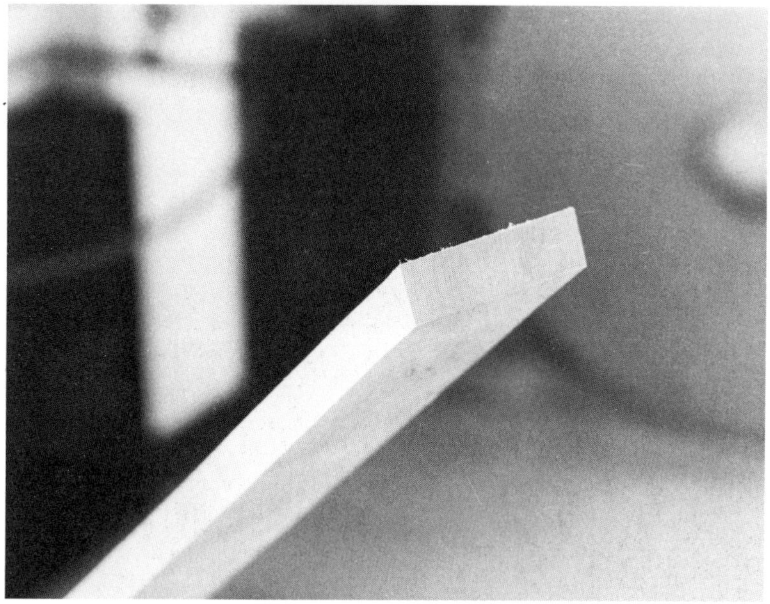

Bild 69

Den Ölstein befeuchten.

Die Fase flach auf den Ölstein drücken.

Den Stahl mit kreis- oder 8-förmigen Bewegungen abziehen; dabei muß die Fase ständig anliegen.

Sobald sich ein feiner Grat bildet, wird das Abziehen unterbrochen.

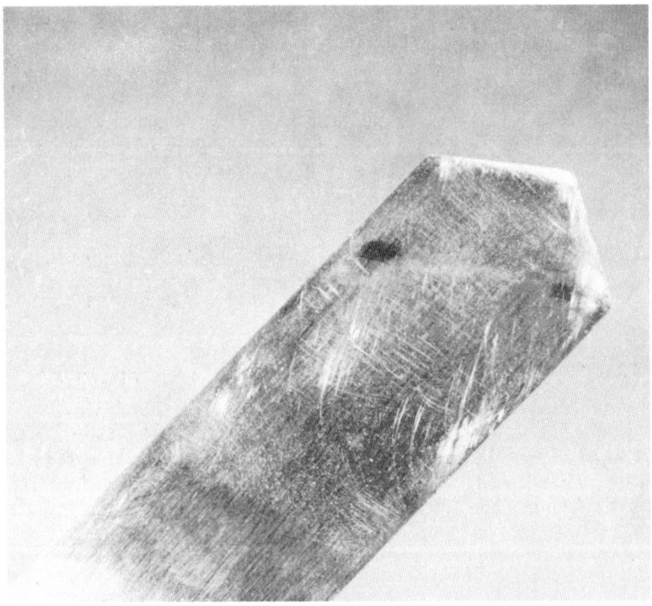

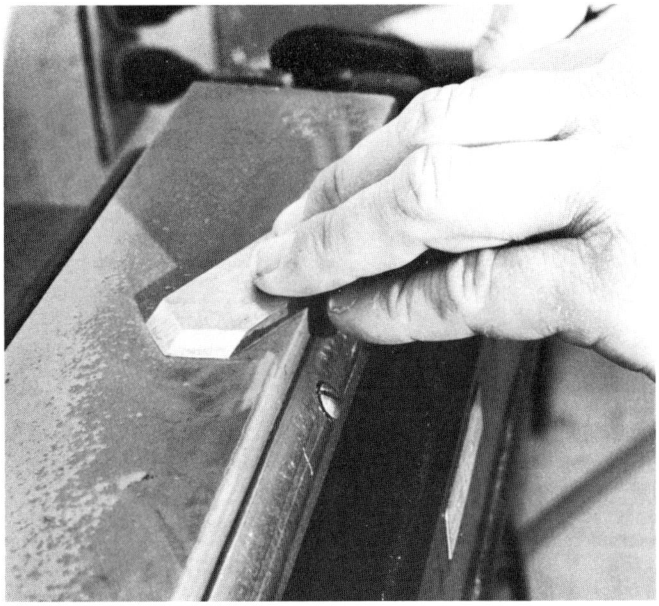

Bild 70

Den Schlichtstahl flach auf den Ölstein legen.

Den Stahl auf dem Stein hin und her bewegen oder kreisen lassen.

Nachdem der Grat entfernt ist, muß das Werkzeug scharf und gebrauchsfertig sein.

Bild 71

Der Spitzstahl ist ebenfalls ein Werkzeug zum Schaben und muß daher häufig geschliffen werden.

Beide Schneidkanten und beide Fasen sind mit 30 Grad angeschliffen.

Bild 72

Beim Schleifen müssen beide Schneidkanten im rechten Winkel zur Schleifscheibe stehen.

Die Fasen müssen in ihrer ganzen Fläche anliegen.

Mit leichtem Druck das Werkzeug auf der Scheibe hin und her bewegen.

Bild 73

Die Schneide immer wieder überprüfen.

Bei schartigen oder angebläuten Stellen ist das Schleifen fortzusetzen.

So lange schleifen, bis man mit der Fase zufrieden ist.

Anschließend den Spitzstahl auf die übliche Weise abziehen.

Anmerkung: Die Länge der beiden Schneidkanten muß gleich sein.

Schneiden oder Schaben?

Welche Methode eignet sich besser? Oft befinden sich Anfänger und Fortgeschrittene in diesem Dilemma. – Im nachfolgenden Abschnitt werden zwar die Vor- und Nachteile beider Methoden beschrieben, aber es bleibt eine ganz individuelle Entscheidung.

Das Schneiden

Seit vielen Generationen ist das Schneiden die allgemein anerkannte Methode beim Drechseln. Die Techniken, sorgsam gehütete Geheimnisse der Drechsler, gingen immer vom Vater auf den Sohn über. Das Schneiden ist die älteste, sauberste und schnellste Methode. Bis zur völligen Beherrschung muß man viel Geduld aufwenden und ständig üben. Zum Schneiden werden hauptsächlich Flachmeißel und Röhren verwendet. Alle flachen, kegelförmigen und gewölbten Werkzeugabschnitte werden durch Schneiden mit dem Flachmeißel geglättet. Sämtliche Rundformen einschließlich der Rundstäbe werden nach der Schneidmethode mit der Röhre geformt. Die wichtigsten Arbeiten beim Drechseln werden mit diesen beiden Werkzeugen ausgeführt.

Wo immer es möglich ist, benutzt der Drechsler die Schneidmethode. Die Zufriedenheit über die eigene Leistung nach dem Beherrschen der Schneidmethode wird von Meisterdrechslern als Freude empfunden. Dieses Ziel sollte jeder Anfänger vor Augen haben.

Das Schaben

Die Schabmethode wird hauptsächlich im Modellbau angewendet. Sie ist ein neueres Verfahren, das von der Gießindustrie zur Herstellung von maßgenauen Modellen im Formenbau entwickelt wurde. Auch hier ist der Flachmeißel ein wichtiges Werkzeug. Als linker oder rechter Meißel ausgeführt, ist er gewöhnlich nur mit einer Fase angeschliffen. Weitere Werkzeuge zum Schaben sind Spitz- und Schlichtstahl. Auch nach der Schabmethode lassen sich alle flachen, kegelförmigen und gewölbten Werkstückabschnitte mit den genannten Werkzeugen formen. Alle Rundformen werden mit dem Schrotstahl gedreht.

Die Technik des Schabens kann man sich schnell und leicht aneignen. Im Gegensatz zum Schneiden ist das Schaben ein langsameres Verfahren, darüber hinaus muß das Werkstück intensiver geschliffen werden. Durch das Schaben entstehen äußerst maßgenaue Werkstücke, da sich die Spanabnahme genau kontrollieren läßt. Wer nur hin und wieder drechselt, wird feststellen, daß sich mit der Schabmethode zufriedenstellende Ergebnisse erzielen lassen.

Bei der Herstellung von Möbeln spielt das Drechseln nur eine geringfügige Rolle; hier ist das Schaben wahrscheinlich die beste Methode, denn meist werden nur ein paar Stücke für den Eigengebrauch benötigt.

Mit wenig Praxis und geringem Holzverlust kann man einfache Gegenstände herstellen. Kurzum, die Wahl der Methode ist jedem selbst überlassen. Beide Methoden werden von der Industrie, Lehreinrichtungen und Hobbywerkern angewendet. Um jedoch ein professioneller Drechsler zu werden, muß man die schwierige Kunst des Schneidens lernen.

Materialauswahl und Vorbereitung der Werkstücke

Drechselholz muß von guter Qualität sein, das heißt ohne jegliche Fehler, wie zum Beispiel Querrisse, Oberflächenrisse oder Aststellen. Fehlerhaftes Holz neigt zum Splittern und wird dadurch zum Risiko für Mensch und Maschine. Nur ein qualifizierter und erfahrener Handwerker sollte mit Werkstücken aus verleimten Hölzern arbeiten.

Auch darf nur erstklassiger Leim verwendet werden, vor dem Drehen ist die Abbindezeit des Leims unbedingt einzuhalten. Im Gegensatz zu Werkstücken aus Massivholz müssen Werkstücke aus verleimten Hölzern immer bei niedrigster Drehzahl bearbeitet werden, denn möglicherweise ist eine der Leimfugen fehlerhaft.

Bild 74

Das hier abgebildete Material eignet sich nicht zum Drechseln. Alle Ast- und Rißstellen vom Material absägen oder anderes Material benutzen.

Bild 75

Für das Drechseln von Langholz muß das Material mindestens vorher auf eine Vierkantform zugeschnitten werden.

Bei Material von 63 mm Dicke ist das der einzige zu beachtende Punkt.

Bei Material mit mehr als 63 mm Dicke zieht man auf den Hirnholzkanten die Diagonalen zur Festlegung des Mittelpunktes.

Mit einem Bleistiftzirkel beschreibt man dann auf beiden Hirnholzkanten einen Kreis. Der Kreisdurchmesser entspricht dabei der Seitenlänge des Werkstücks.

Bild 76

Den Schnittwinkel der Kreissäge auf 45 Grad einstellen.

Das Werkstück so anlegen, daß sich das Abfallstück an der Außenkante der Säge befindet.

Das Werkstück abkanten, dabei immer am Riß sägen.

Für die Arbeiten an der Kreissäge sind die Unfallverhütungsvorschriften unbedingt einzuhalten. Der hier gezeigte Vorgang verdeutlicht, wie unvorsichtig manche Drechsler arbeiten: Eine Nachahmung ohne Spaltkeil und Spanhaube wäre lebensgefährlich!

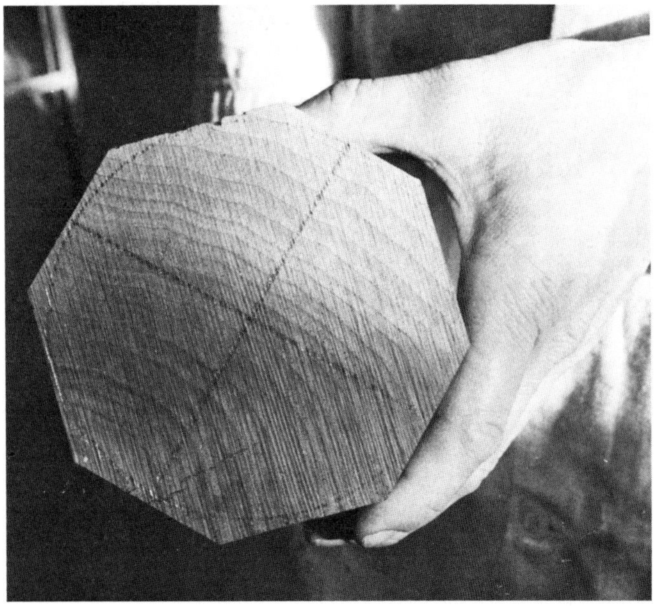

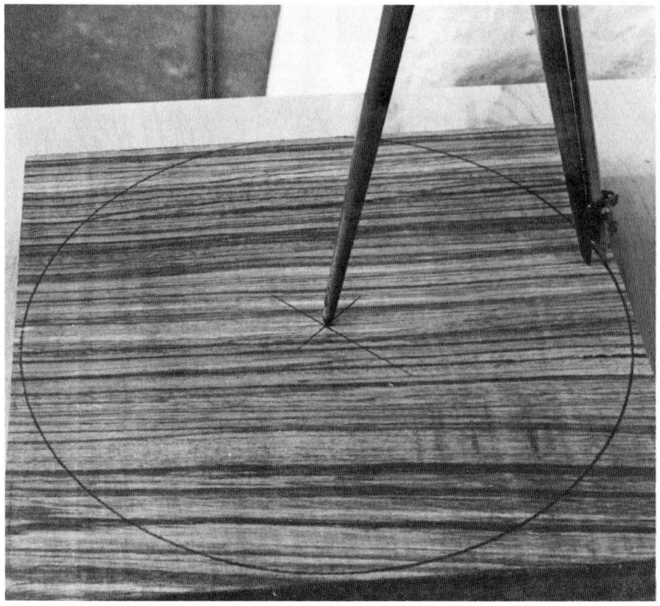

Bild 77

Durch die fast achteckige Form werden die Vibrationen verringert. Dadurch kann man besser und mit höheren Geschwindigkeiten arbeiten (und Zeit sparen).

Bild 78

Auch für das Drechseln von Querholz muß man das Material vorher roh zuschneiden.

Eine Werkstückfläche wird plangehobelt und glattgeschliffen.

Bild 79

Den gewünschten Kreis aufzeichnen, zum Ausrichten etwa 6 mm zugeben.

Bild 80

Mit der Bandsäge das Werkstück roh aussägen, dabei immer außen am Riß bleiben.

Anschließend kann man das Werkstück auf einer Planscheibe befestigen.

Oft ist es erforderlich, auf einem ungleichmäßig geformten Rohling den Mittelpunkt zu ermitteln. Zwar läßt sich der Mittelpunkt durch die zeitraubende empirische Methode ermitteln, aber durch ein wenig angewandte Geometrie wird das Problem schneller gelöst: Wird ein rechtwinkliges Dreieck in einen Kreis gezeichnet, dann befindet sich der Kreismittelpunkt genau auf der halben Länge der Hypotenuse.

Folgende Methode ist schnell und zuverlässig:

Bild 81

Einen Anschlagwinkel auf den Rohling legen. Die drei Berührungspunkte des Anschlagwinkels an der Werkstückkante werden markiert.

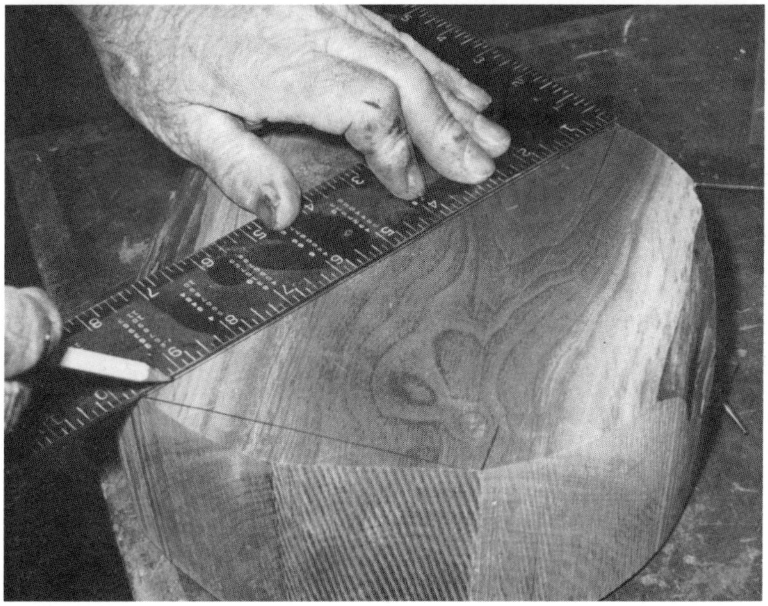

Bild 82

Von Punkt 1 nach Punkt 3 eine Linie ziehen.

Diese Linie ist die Hypotenuse.

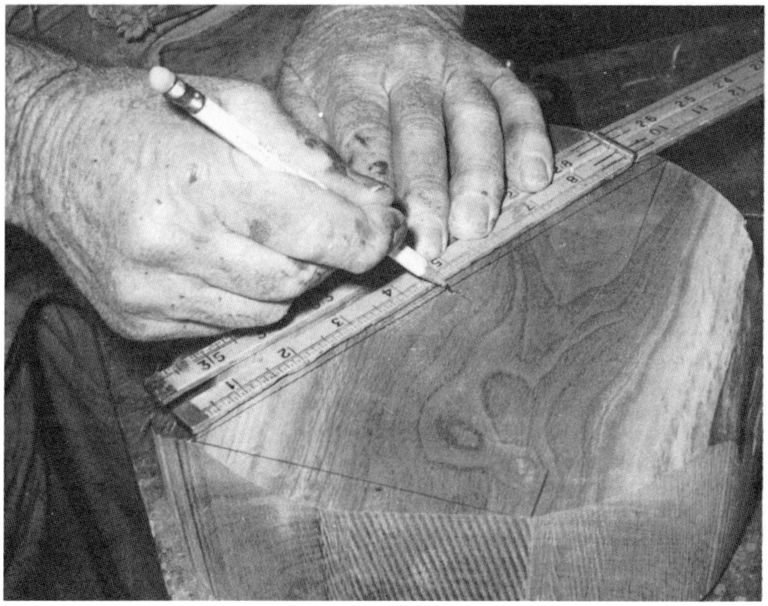

Bild 83

Die Länge der Hypotenuse ermitteln.

Die Hypotenuse halbieren und den Punkt anreißen.

Schon ist der Mittelpunkt gefunden.

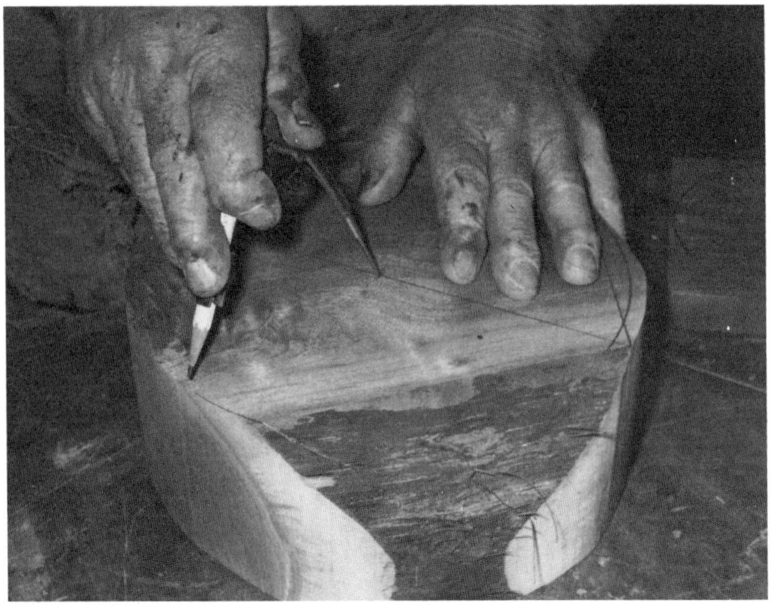

Bild 84

Mit einem Radius, welcher der kürzesten Entfernung vom Mittelpunkt zur Kante entspricht, den Zirkel ansetzen und einen Kreis ziehen.

Bild 85

Das Werkstück müßte dann etwa so markiert sein.

Bild 86

Mit der Bandsäge wird das Werkstück anschließend roh ausgesägt.

Langholzdrehen: Das Zentrieren und Einspannen von Werkstücken

Einer der ersten Schritte beim Drechseln von Langholz ist das Zentrieren des Werkstücks. Hier muß man sehr genau arbeiten, damit eine größtmögliche Zylinderform aus dem Rohling gedreht werden kann. Wird das Werkstück nicht exakt zentriert, entstehen durch die Unwucht allzu starke Vibrationen, die zum Herausschleudern des Werkstücks führen können.

Die einwandfreie Zentrierung von Werkstücken ist sehr wichtig, weil sich sonst das Werkstück nicht symmetrisch dreht.

In der Regel wird folgendermaßen verfahren:

Bild 87

Nach der Auswahl des Holzes wird das Werkstück roh zugesägt. Zur Länge wird etwa 25 mm und zur Stärke etwa 3 bis 6 mm zugegeben. Werkstücke mit rechteckigen Querschnitten werden jedoch gewöhnlich genau auf Maß geschnitten bzw. zurechtgehobelt.

Die Hirnholzkanten rechtwinklig schneiden, die Mittelpunkte wie folgt markieren.

Für die Arbeiten an der Kreissäge sind die Unfallverhütungsvorschriften unbedingt einzuhalten. Der hier gezeigte Vorgang verdeutlicht, wie unvorsichtig manche Drechsler arbeiten: Eine Nachahmung ohne Spaltkeil und Spanhaube wäre lebensgefährlich!

Bild 88

An beiden Hirnholzkanten die Diagonalen ziehen. Bei rechteckigen oder quadratischen Hirnholzkanten ist das die beste Methode zur Ermittlung des Mittelpunktes.

Bild 89

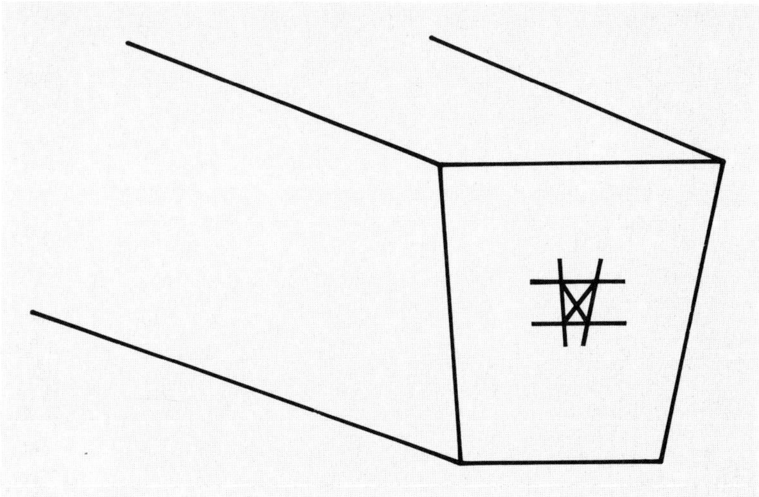

Bei ungleichförmigen Werkstücken werden die Hirnholzkanten wie im Bild markiert. Zuerst halbiert man die Breite und die Höhe des Werkstücks und gibt auf beiden Seiten der Mitte 3 bis 6 mm dazu.

Dann werden auf den Hirnflächen die entsprechenden Linien gezogen; die Außenflächen des Werkstücks dienen dabei als Führungen.

In der entstandenen Fläche werden dann die Diagonalen gezogen, die sich genau im Mittelpunkt schneiden.

Bild 90

Eine Hirnfläche für die Aufnahme des Vierzacks bestimmen.

Mit einer Säge beide Diagonalen etwa 3 mm tief einsägen.

Bild 91

Das Werkstück auf eine feste Unterlage stellen.

Mit einem Stempel oder Dorn in den Mittelpunkt beider Hirnflächen eine Vertiefung mit einem Durchmesser von etwa 1,5 bis 2 mm schlagen.

Bild 92

Um den Vierzack nicht zu beschädigen, wird er mit einem Holzhammer in die Hirnfläche geschlagen. Die Spitze und Zacken des Vierzacks müssen sich im Mittelpunkt und in den Einschnitten befinden.

Bild 93

Entweder die Hirnfläche oder die starre Körnerspitze mit einem Schmiermittel bestreichen.

Als Schmiermittel verwendet man Wachs, Seife, Talg oder Öl. Bei Öl besteht jedoch die Gefahr, daß es in das Holz eindringt und es verfärbt.

Den Spindelfeststeller lösen und die Reitstockspindel etwa 25 mm herausdrehen.

Bild 94

Der Vierzack mit dem aufgespannten Werkstück wird in die Drehspindel gesteckt.

Bild 95

Den Reitstockfeststeller lösen.

Den Reitstock zum Werkstück schieben und dort wieder festspannen.

Die Körnerspitze in den vertieften Mittelpunkt setzen.

Bild 96

Die Reitstockspindel so weit herausdrehen, bis die Körnerspitze fest im Holz sitzt.

Dann das Handrad etwa zu 1/8 Umdrehung zurückdrehen. Das verringert den Druck der Spitze auf das Werkstück und schützt vor allzu starker Reibung am Berührungspunkt.

Bild 97

Den Spindelfeststeller wieder festspannen.

Dann dreht man das Werkstück mit der Hand, um zu prüfen, ob das Werkstück fest zwischen den Spitzen sitzt und sich frei drehen läßt.

Bild 98

Den Spannhebel für den Untersatz der Werkzeugauflage lösen. Die Werkzeugauflage so einstellen, daß sie sich etwa 3 mm von jedem Werkstückende befindet.

Die Einstellung prüfen, dazu das Werkstück mit der Hand drehen.

Den Untersatz wieder festspannen.

Bild 99

Den Spannhebel für die Werkzeugauflage lösen.

Die Werkzeugauflage 3 mm oberhalb der Werkstückachse einstellen.

Das Werkstück wieder mit der Hand drehen, um zu prüfen, ob keine der vier Werkstückkanten an der Werkzeugauflage hängenbleibt.

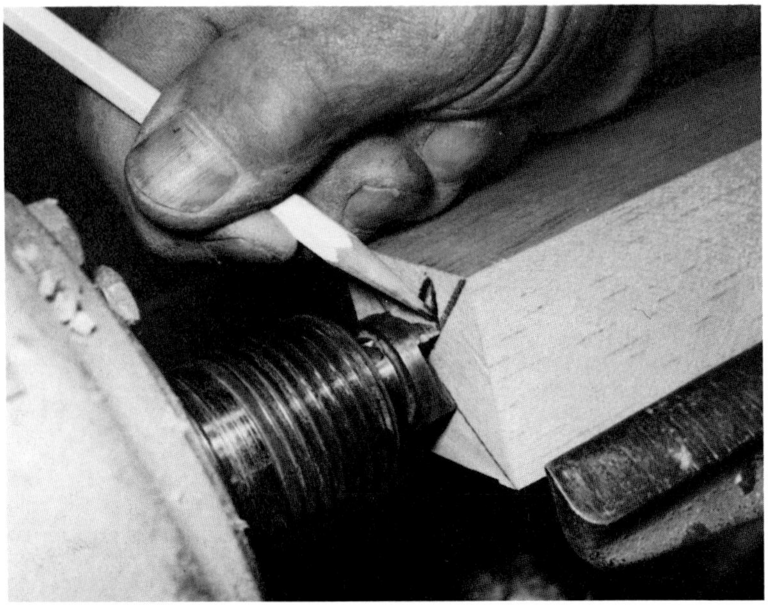

Bild 100

Oft muß das Werkstück vor der Fertigstellung ausgespannt werden. In solch einem Fall wird die Hirnfläche mit Hilfe einer auf dem Vierzack angebrachten Markierung entsprechend markiert.

Beim Wiedereinspannen einfach Markierung auf Markierung setzen

Langholzdrehen: Das Drehen einer Zylinderform

Bild 101

Das Werkstück einspannen.

Etwa 3 mm Abstand zwischen Werkstück und Auflage einhalten.

Bild 102

Mit der Röhre wird ein Werkstückende rundgedreht. Dabei immer in das überschüssige Ende schneiden.

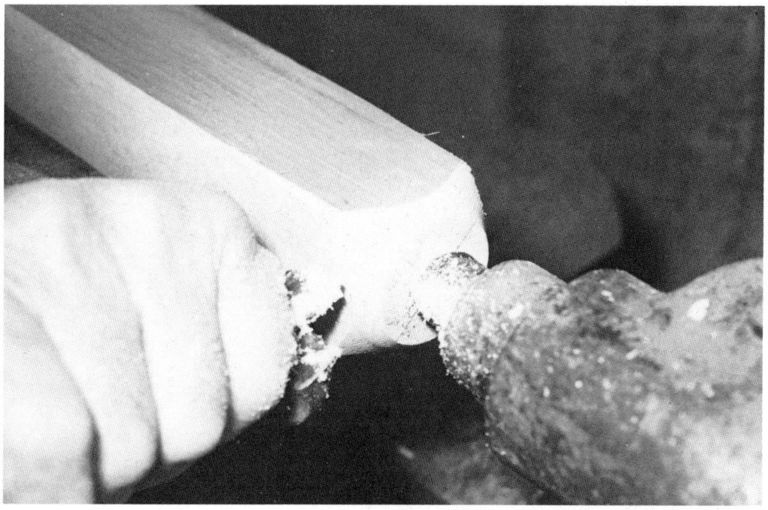

Bild 103

Das Ende so weit abrunden, bis der größte Durchmesser der Zylinderform erreicht ist.

Dann den Umfang mit einem Bleistift markieren.

Bis zu dieser Markierung muß das Material abgetragen werden, um eine zylindrische Form zu erhalten.

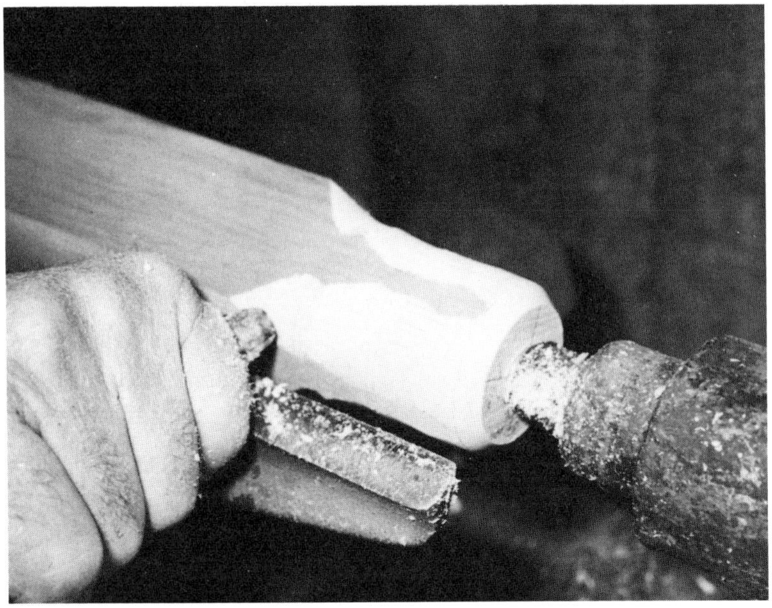

Bild 104

Den Motor einschalten. Mit einer Reihe von leichten Schruppschnitten beginnen.

Bild 105

Jeder Schnitt sollte etwa 40 bis 50 mm lang sein. Der Anfänger sollte nur mit leichten Schnitten arbeiten. Mit zunehmender Praxis und Geschicklichkeit werden die Schnitte größer.

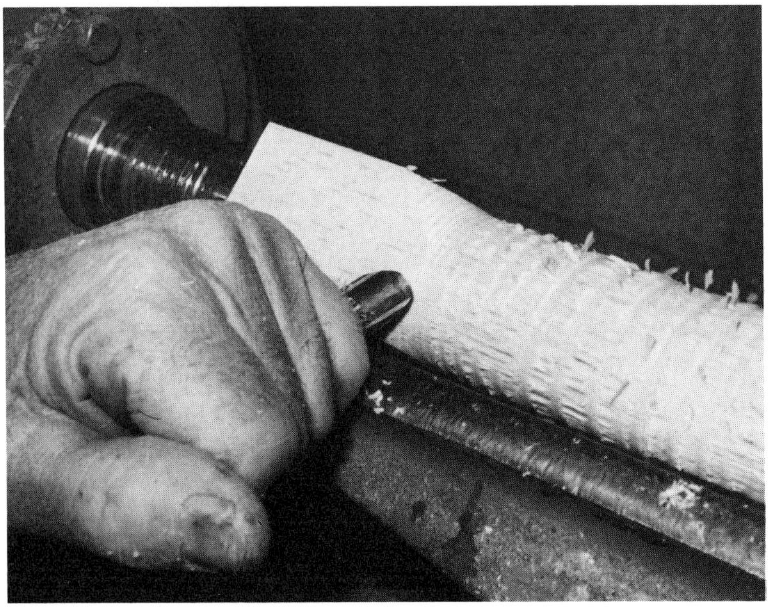

Bild 106

Etwa 40 bis 50 mm vor dem linken Werkstückende aufhören.

Bild 107

Die Röhre umsetzen und vom linken Werkstückende wieder zurück zum rechten Ende schneiden.

Diesen Vorgang so lange wiederholen, bis das Werkstück zylindrisch ist.

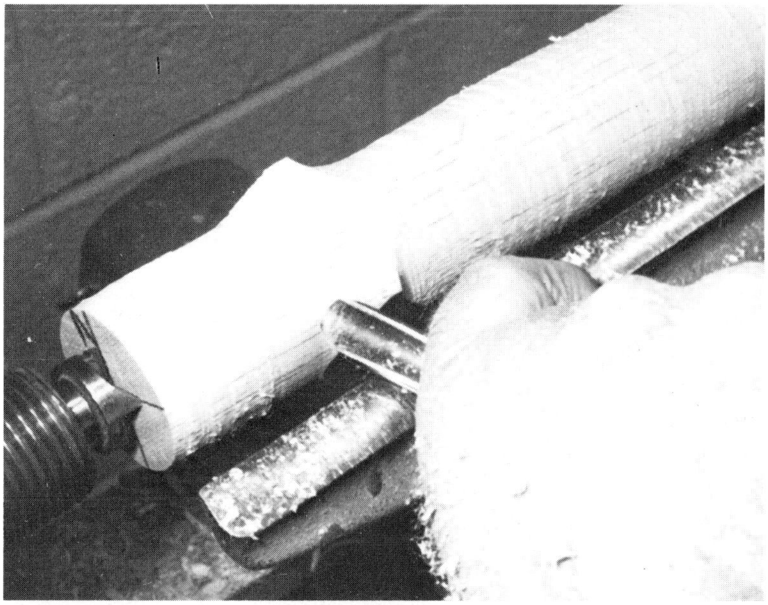

Bild 108

In einem Arbeitsgang die Röhre in der Schneidposition von links nach rechts am Werkstück entlangführen.

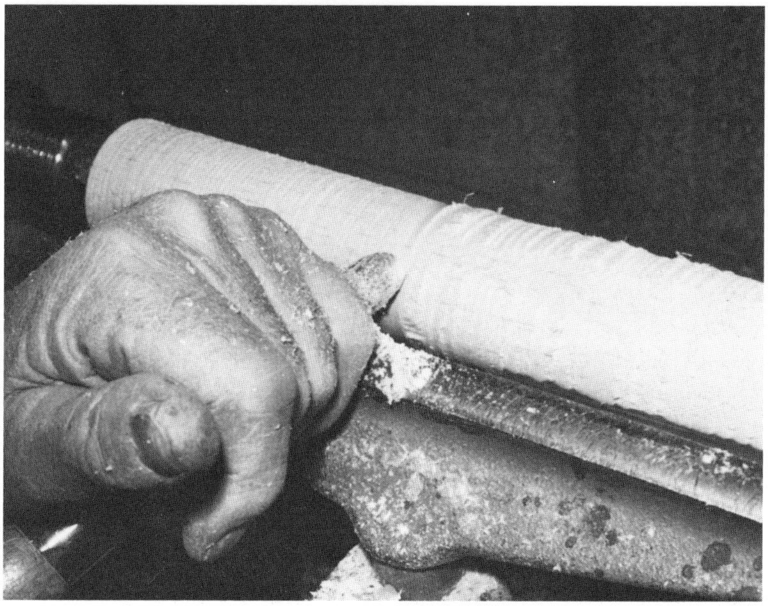

Bild 109

Sobald das Werkstück zylindrisch ist, erhöht man die Drehgeschwindigkeit (die Geschwindigkeit richtet sich nach dem Zylinderdurchmesser).

Zum Schluß nochmals am Werkstück entlangschneiden. Danach kann mit dem Entwerfen der Grundformen begonnen werden.

Das Schlichten eines Zylinders

Bild 110

Den Zylinder auf sein Rohmaß drehen.

Die Werkzeugauflage 3 mm oberhalb der Werkstückachse einstellen.

Den Meißel im 25-bis-30-Grad-Winkel zum Werkstück halten; der Ballen liegt auf.

Bild 111

Der Ballen wird so aufgelegt, daß die Schneidkante nur im unteren Drittel Späne abträgt.

Beim Schneiden in der Gegenrichtung wird der Meißel in entgegengesetzter Haltung angelegt.

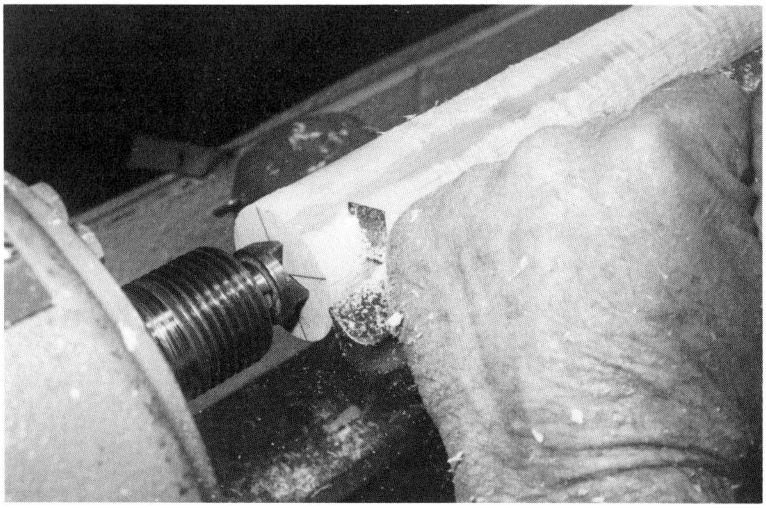

Bild 112

Zuerst wird von links nach rechts jeweils ein 25 bis 50 mm breiter Abschnitt geschlichtet.

Das ist notwendig, damit sich der Meißel nicht im Werkstück verfängt.

Bild 113

Den Meißel fest umfassen und einmal leicht am Zylinder entlangschlichten.

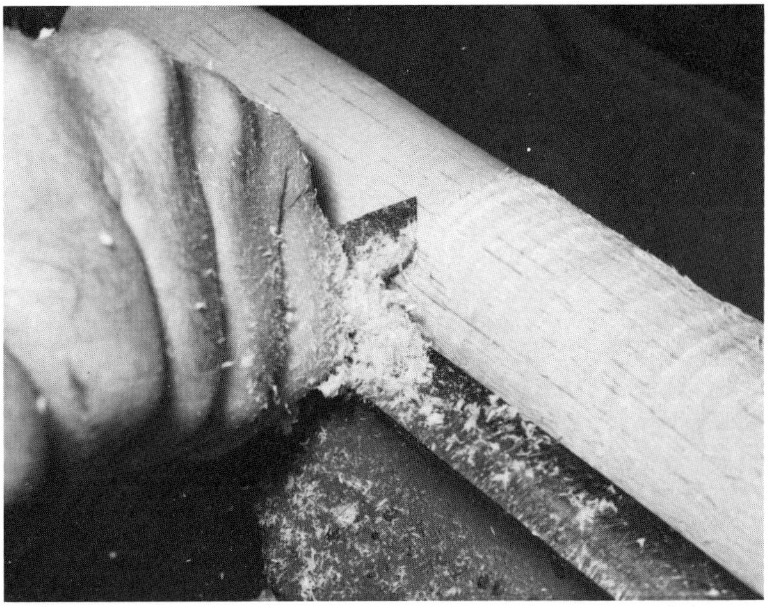

Bild 114

Manchmal sind ein oder zwei Arbeitsgänge erforderlich, um die gewünschte Oberflächengüte zu erzielen.

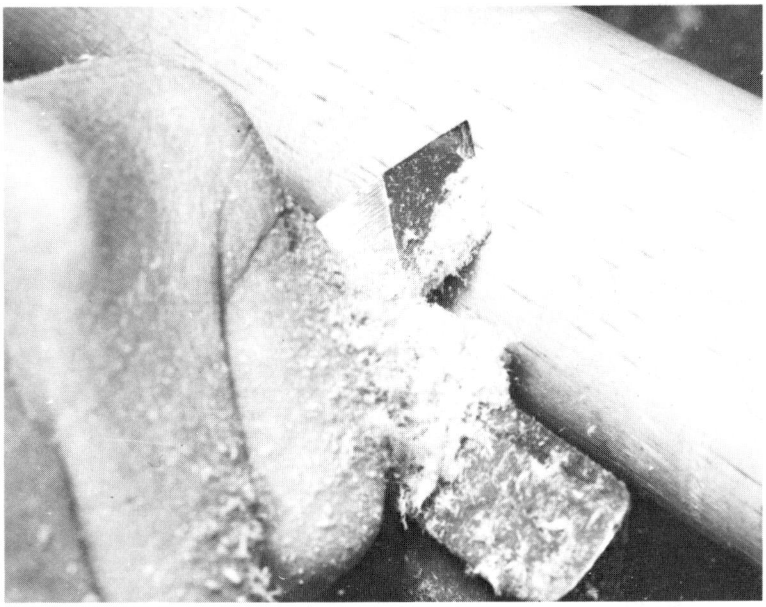

Bild 115

Es ist jedem freigestellt, in welcher Richtung der Zylinder geschlichtet wird, entweder von links nach rechts oder von rechts nach links.

Beim richtigen Schlichten entstehen eher feine Späne als Sägemehl.

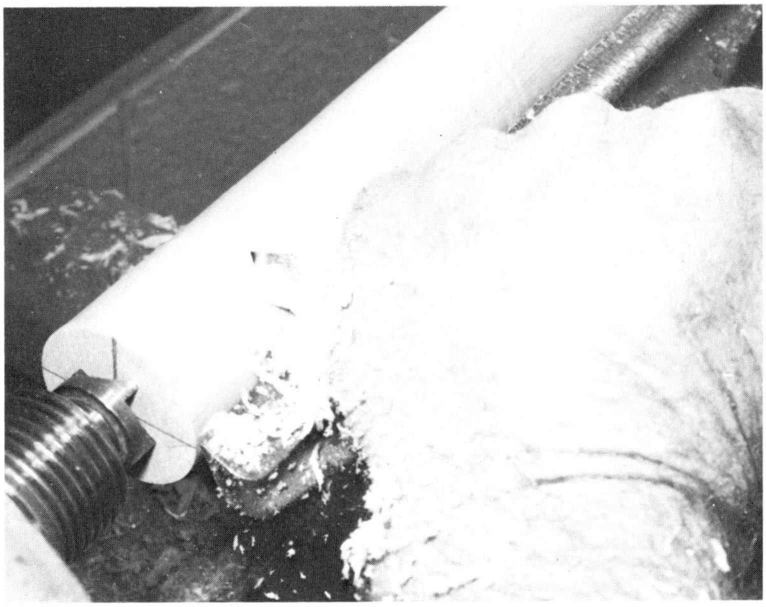

Bild 116

Eine Zylinderform läßt sich aber auch mit einem schrägen Flachmeißel in der Schabhaltung schlichten.

Bild 117

Dann prüfen, ob am Zylinder noch Unebenheiten vorhanden sind.

Gegebenenfalls die Unebenheiten durch Abtragen weiterer Späne beseitigen.

Die Zylinderform anschließend glattschleifen.

Langholzdrehen: Das Ablängen mit dem Abstechstahl

Für senkrechte Einschnitte den Abstechstahl benutzen. Er wird hauptsächlich zum Ablängen von Werkstücken, zum Einstechen von tiefliegenden Platten und Nuten und zum Plandrehen von Hirnholzkanten verwendet.

Bei richtiger Anwendung kann mit dem Abstechstahl eine schneidende Wirkung erzielt werden. Das erreicht man, wenn man nach dem Anlegen das Werkzeugheft um 5 bis 10 Grad senkt und den Stahl in das Werkstück drückt. Um den korrekten Schnittwinkel beizubehalten, wird das Werkzeugheft gleich nach dem Einstechen wieder angehoben, da der Werkstückdurchmesser sich ständig ändert.

Dieses Schneiden mit dem Abstechstahl ist im Grunde ein Schaben. Der Abstechstahl muß daher immer mit einer sehr scharfen Schneide versehen sein. Wegen der extremen Wärmebildung beim Schneiden, wodurch die Schneide ausglühen kann, ist besondere Vorsicht geboten.

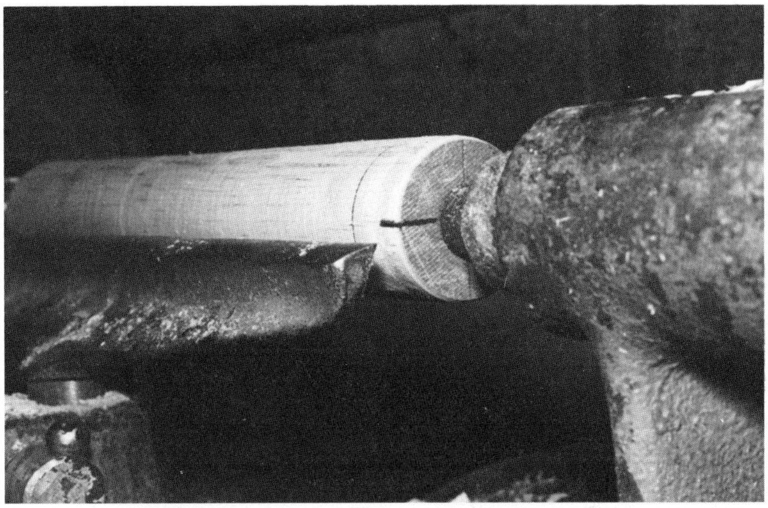

Bild 118

Das Werkstück einspannen. Die Werkzeugauflage genau parallel zur oder etwas oberhalb der Werkstückachse einstellen.

Das Werkstück auf seinen rohen Durchmesser schruppen.

Dann die Drehgeschwindigkeit erhöhen und das Werkstück fertigschlichten.

Bild 119

Den Motor abschalten.

Die Werkzeugauflage 3 mm vor dem Zylinder einstellen.

Ein Werkstückende markieren.

An diesem Punkt eine Linie um den Zylinder ziehen.

Bild 120

Von dieser Linie aus die Werkstücklänge festlegen und markieren.

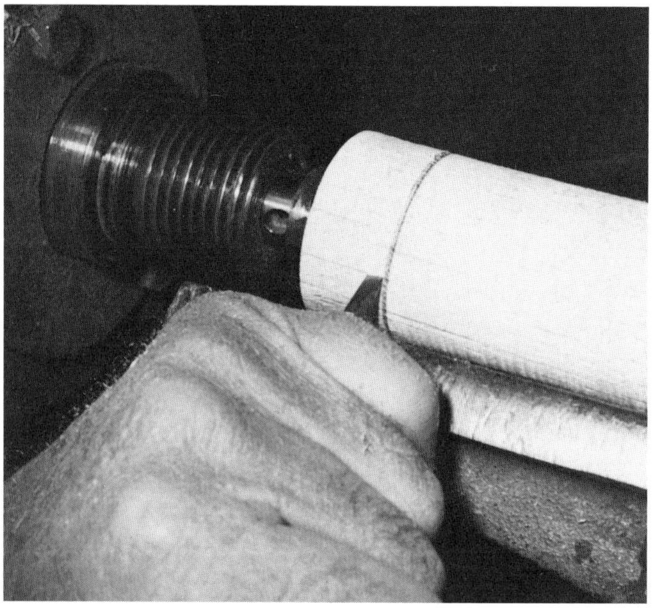

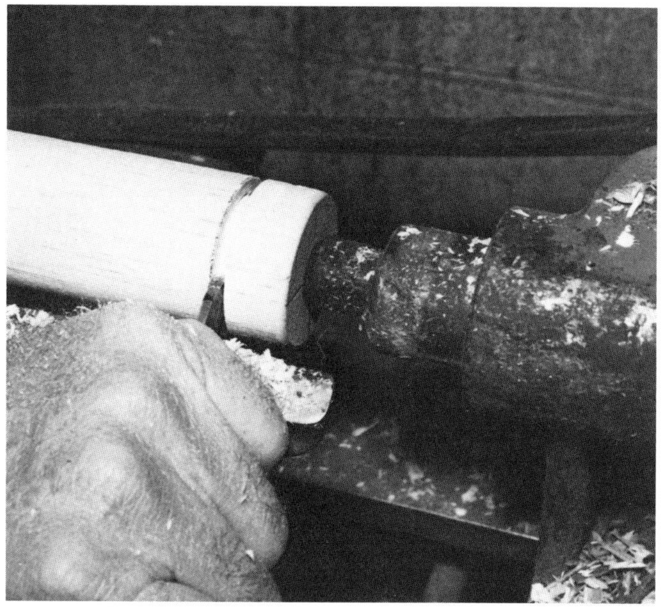

Bild 121

Beide Linien zeigen die endgültige Werkstücklänge an.

Bild 122

Der Abstechstahl muß mit einer sehr scharfen Schneide versehen sein. Gegebenenfalls das Werkzeug schleifen und abziehen.

Den Motor einschalten.

Der Abstechstahl muß immer am Riß schneiden, das heißt der Einstich muß außerhalb vom Werkstück liegen.

Das Werkzeugheft um 5 bis 10 Grad nach unten drücken.

Den Abstechstahl an den Zylinder schieben.

Sobald der Stahl schneidet, wird das Heft wieder angehoben und gleichzeitig die Schneide in das Holz gedrückt.

Bild 123

Den Abstechstahl im Winkel von 90 Grad halten.

Ein Teil der Linie muß am Werkstück bleiben, da es sonst zu kurz wird.

Sollen die Stirnflächen geschlichtet werden, so ist der Einstich mindestens 1,5 mm außerhalb der Markierung anzusetzen.

Die Hirnflächen werden dann mit einem Flachmeißel fertiggeschlichtet.

Bild 124

Am anderen Werkstückende auf die gleiche Weise verfahren.

Langholzdrehen: Das Drehen von Hohlkehlen/Schabmethode

Das Drehen von Hohlkehlen erfolgt entweder durch die Schneid- oder Schabmethode.

Saubere und glatte Hohlkehlen lassen sich sehr schnell durch die Schneidmethode formen, dazu ist jedoch viel Übung erforderlich.

Die genauere Schabmethode, die für das Formen und nachfolgende Schleifen mehr Zeit in Anspruch nimmt, ist vom Anfänger vorzuziehen.

Bild 125

Die Hohlkehle links im Bild wurde durch die Schneidmethode geformt (siehe Kapitel „Langholzdrehen: Das Drehen von flachen und tiefen Hohlkehlen mit der Röhre“, Seite 50).

Die Hohlkehle rechts im Bild wurde durch die Schabmethode mit einem Schrotstahl gedreht.

Bild 126

Die gewünschte Breite der Hohlkehle anreißen.

Bild 127

Mit der Spitze eines Flachmeißels eine Kerbe innen an der Linie einstechen.

Die Kerbe ist zur Bodenmitte der Hohlkehle gerichtet.

Auf der anderen Seite der Hohlkehle ebenfalls eine Kerbe einstechen.

Die angerissenen Linien dabei nicht entfernen.

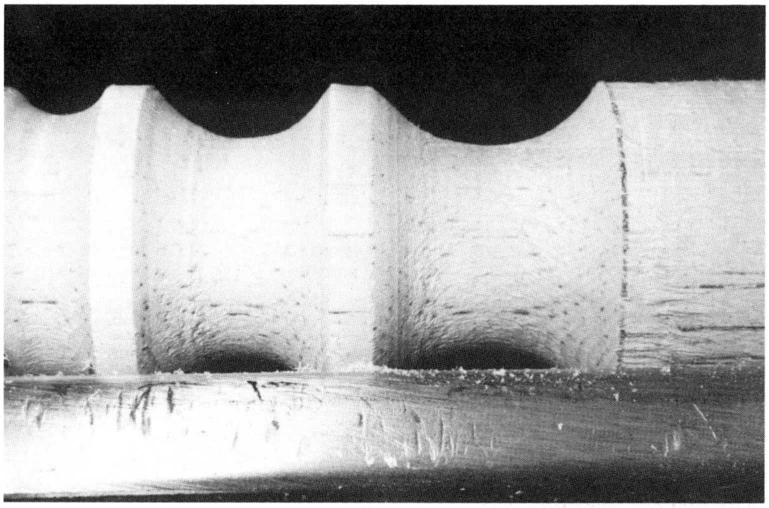

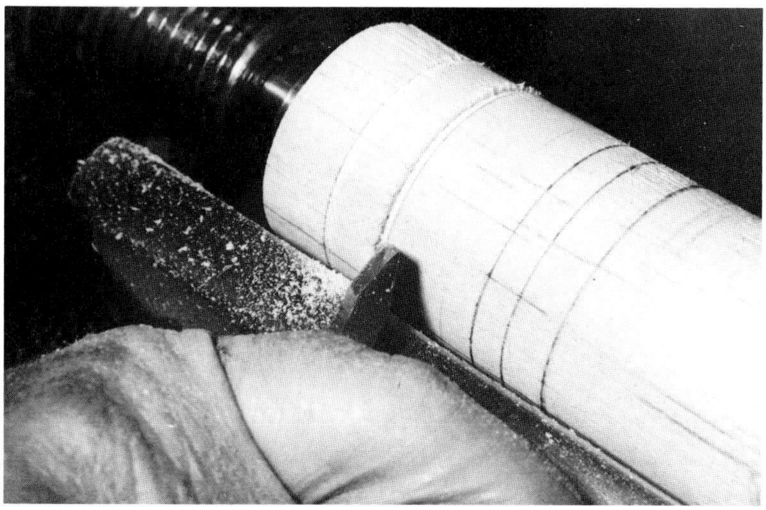

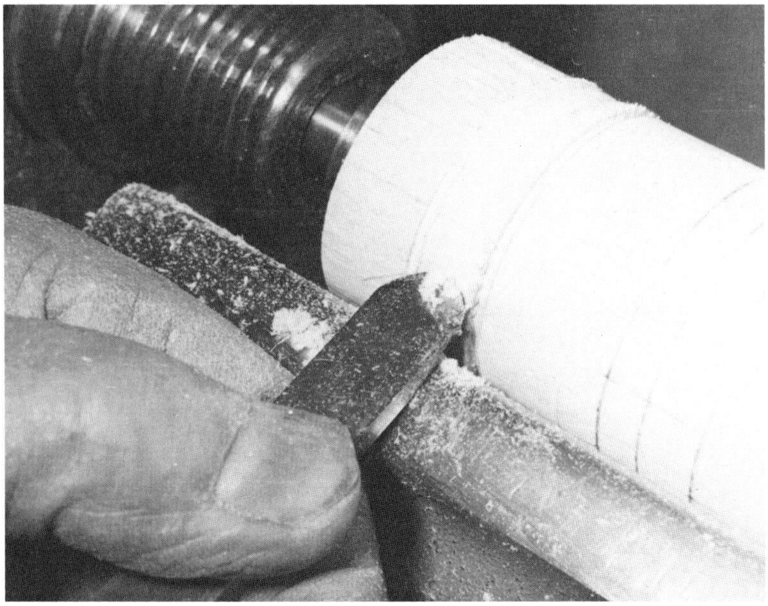

Bild 128

Zum Schaben einen scharfen Schrotstahl wählen, dessen Breite etwa 3 mm kleiner ist als die Hohlkehle.

Im 90-Grad-Winkel den Schrotstahl mit der Ballenseite nach unten auf die Auflage legen.

Den Schrotstahl genau in der Hohlkehlenmitte in das Holz führen, bis die gewünschte Tiefe erreicht ist.

Bild 129

Den Schrotstahl an die Seite der Hohlkehle halten, dabei von der Außenkante zur Hohlkehlenmitte arbeiten.

Bild 130

Die andere Seite der Hohlkehle auf die gleiche Weise bearbeiten.

Immer von der Außenkante zur Mitte schaben, damit das Reißen der Holzfasern auf ein Mindestmaß beschränkt bleibt.

Bild 131

Für kleine Hohlkehlen wird ein schmaler Schrotstahl benutzt.

Bild 132

Außer daß zusätzliche Schnitte erforderlich sind, werden breite Hohlkehlen auf die gleiche Weise geformt.

Bild 133

Beispielhafte Hohlkehlen, mittels Schabmethode geformt.

Langholzdrehen: Das Drehen von Rundstäben/Schabmethode

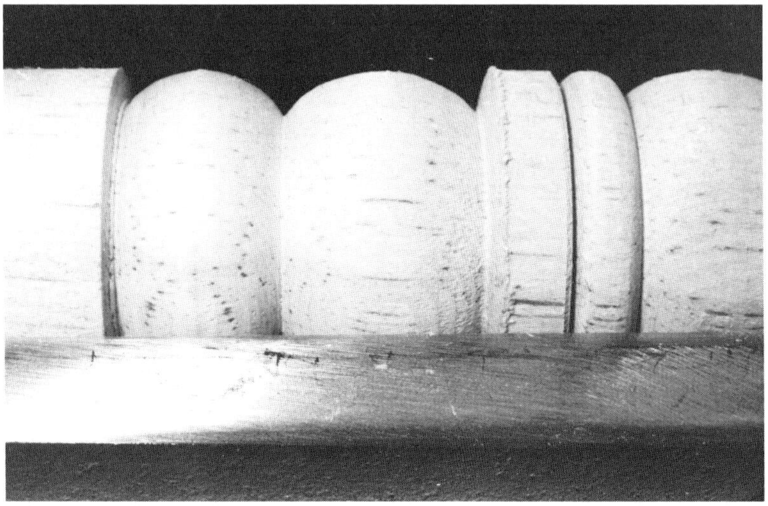

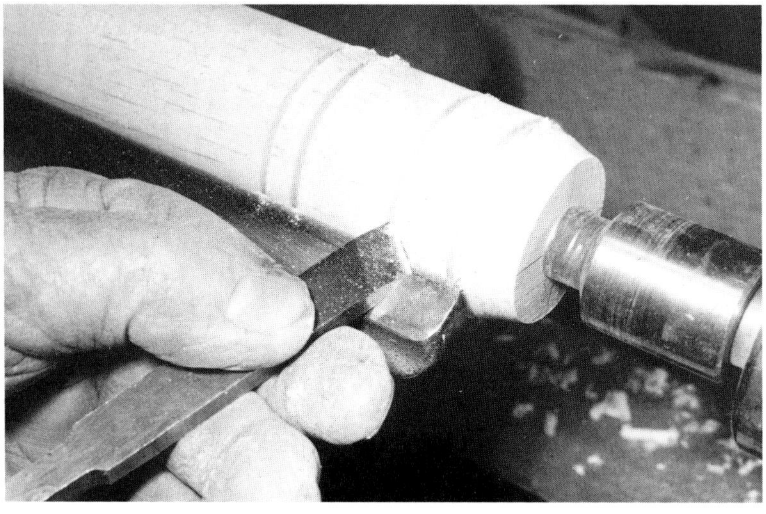

Auch Rundstäbe lassen sich entweder durch die Schneid- oder Schabmethode formen. Für beide Methoden ist ein scharfer, einwandfrei geschliffener Flachmeißel erforderlich.

Durch Anwendung der Schneidmethode lassen sich auch bei den Rundstäben mit einem geringen Zeitaufwand feinere Oberflächen erzielen. Dazu ist jedoch viel Übung erforderlich.

Für den Anfänger empfiehlt sich auch hier die Schabmethode. Sie ermöglicht zwar ein genaueres Drehen, doch das Formen und anschließende Schleifen des Rundstabs nehmen mehr Zeit in Anspruch.

Bild 134

Rundstab Nr. 1 wurde mit der Schneidmethode gedreht (siehe Kapitel „Langholzdrehen: Das Drehen von Rundstäben mit dem Flachmeißel/ Schneidmethode“, Seite 54).

Rundstab Nr. 2 wurde durch die Schabmethode geformt.

Bild 135

So wird es gemacht:

Die Abmessungen der Rundstäbe anreißen.

Mit der Spitze eines Flachmeißels werden an beiden Seiten der Rundstabform Kerben eingestochen.

Bild 136

Den Meißel flach auflegen.

Den Meißel schräg zum Werkstück halten; die Spitze ist dabei zur Kerbenmitte gerichtet.

Bild 137

Die Meißelspitze in die Kerbe schieben, gleichzeitig den Meißel zur Rundstabmitte ziehen.

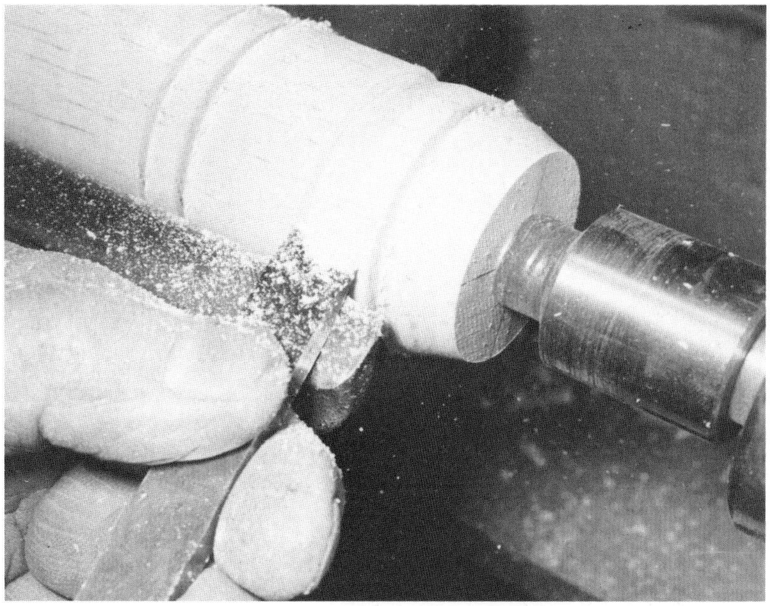

Bild 138

Den Meißel umsetzen und die andere Rundstabseite bearbeiten.

Bild 139

Den Vorgang wiederholen, bis der Rundstab ausreichend geformt ist.

Falls notwendig, kann man während des Formens des Rundstabs die Kerbe vertiefen.

Langholzdrehen: Das Drehen von flachen und tiefen Hohlkehlen mit der Röhre

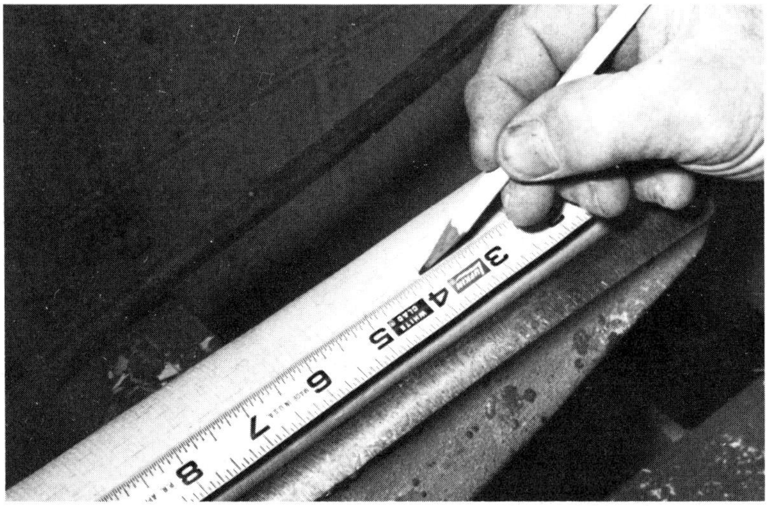

Gewöhnlich wird zum Drechseln von gewölbten Formen die Röhre benutzt. Bei Hohlkehlen unterscheidet man zwischen einer flachen Hohlkehle mit elliptischer Form und einer tiefen Hohlkehle mit runder Form. Beide Formen werden in der Regel in Langholz gedreht. Der Übergang zwischen kleinen und großen Werkstückdurchmessern wird durch die Hohlkehle besonders betont. Wegen ihres gefälligeren Aussehens und ihrer zweckmäßigeren Form wird meist die flache Hohlkehle bevorzugt.
Genaue Kenntnisse über die Anwendungsmöglichkeiten der Röhre sind erforderlich, um mit ihr einwandfrei arbeiten zu können. Unter Beachtung der folgenden Abschnitte und mit einer gewissen Praxis wird man zum Fachmann im Drechseln von Hohlkehlen mit der Röhre.

Eine scharfgeschliffene und gut abgezogene Röhre ist für diese Arbeit sehr wichtig.

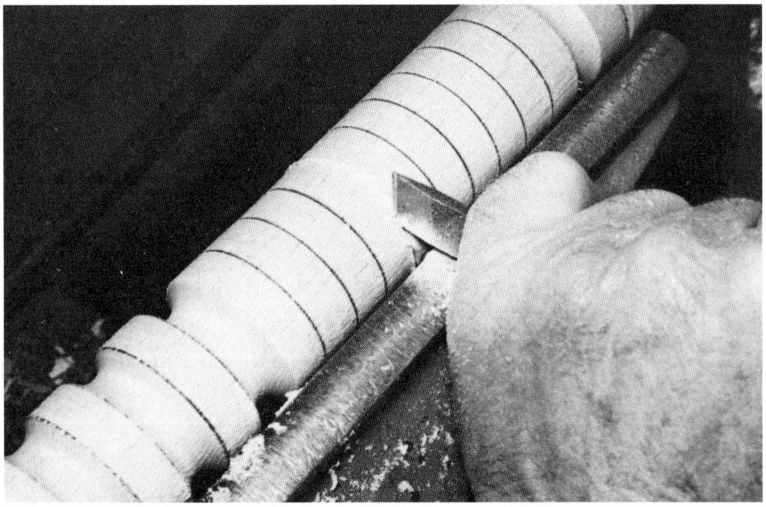

Bild 140

Das Werkstück einspannen, auf zylindrische Form bringen und schlichten.

Die Breite der Hohlkehle oder des Rundstabs anreißen.

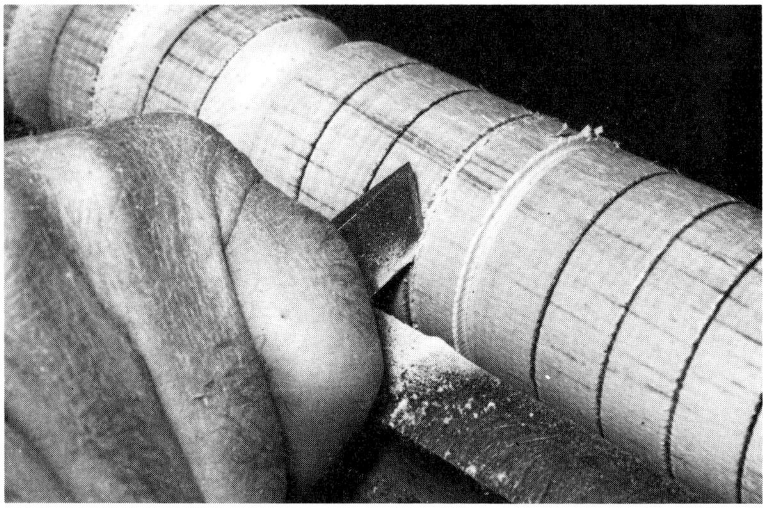

Bild 141

Die Werkzeugauflage parallel zur Werkstückachse einstellen. Einen Abstand von 3 mm einhalten.

Mit der Spitze eines Flachmeißels 3 mm tief schräg zur Hohlkehlenmitte einstechen.

Bild 142

Auf der anderen Seite den gleichen Einstich vornehmen. Diese Einstiche geben der Röhre einen sicheren Halt. Gleichzeitig verhindern sie ein Abrutschen der Röhre.

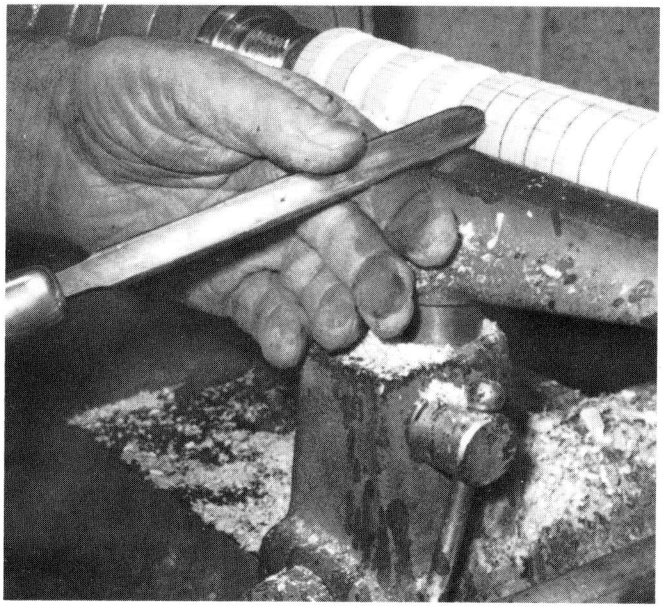

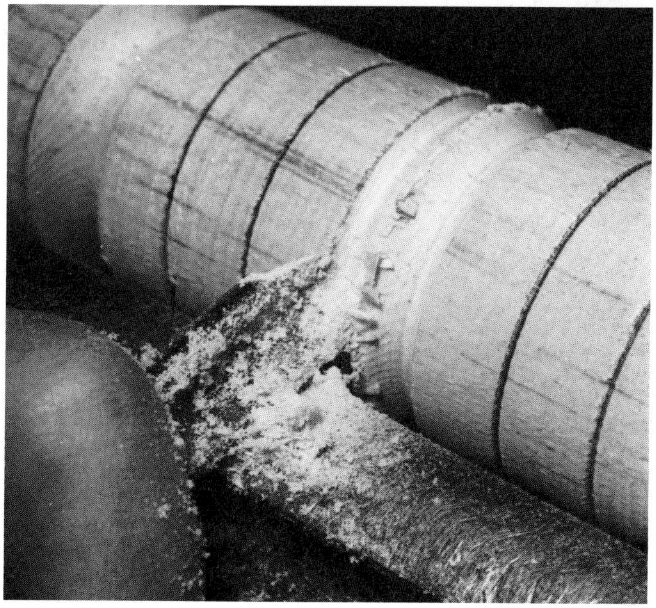

Bild 143

Die Röhre im 25-bis-30-Grad-Winkel zum Werkstück halten.

Bild 144

Das Heft der Röhre befindet sich dabei 10 bis 15 Grad unterhalb der Werkzeugauflage.

Den Motor einschalten und die gewünschte Drehgeschwindigkeit einstellen.

Die Röhre auf ihre Seite legen und den korrekten Winkel einrichten.

Bild 145

Die Spitze der Schneide in den vorhandenen Einstich setzen.

Das Heft der Röhre langsam anheben. Dadurch dringt die Schneide gleichzeitig tiefer in das Holz.

Die Röhre drehen, bis eine kleine Hohlkehle entsteht.

Bild 146

Auf der linken Seite ebenfalls eine kleine Hohlkehle herausdrehen.

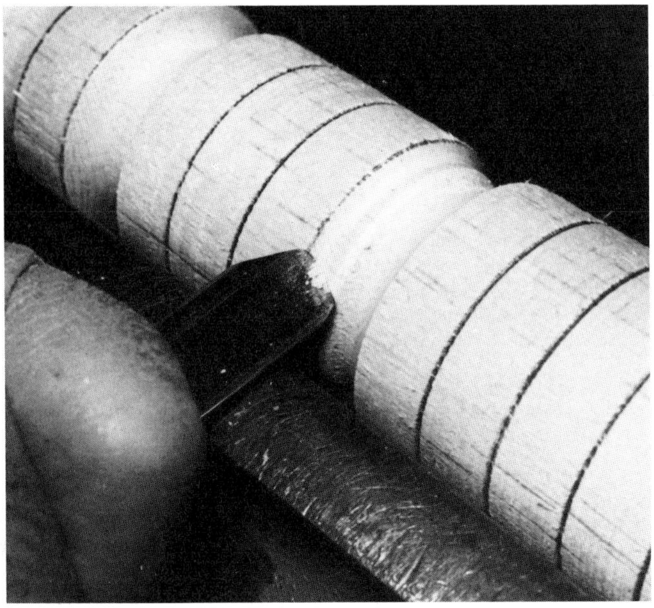

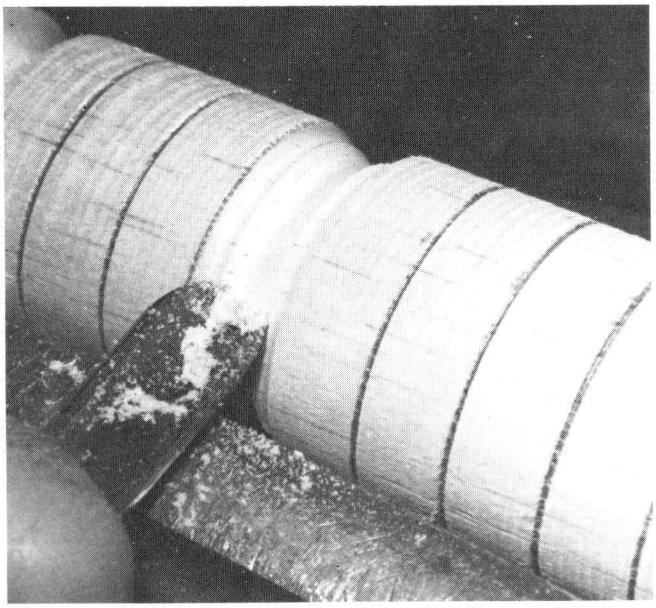

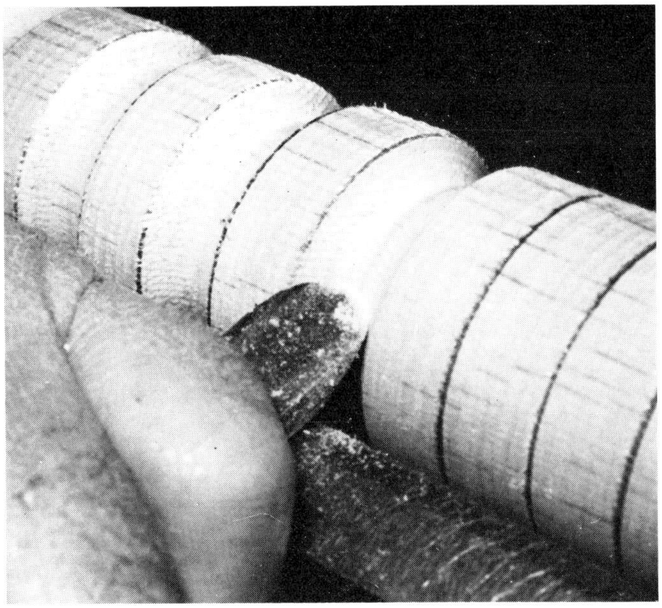

Bild 147

Mit der Röhre auf der linken Seite bleiben.

Die Mitte der Hohlkehle herausschneiden.

Bild 148

Durch diese Folge von Schnitten erhält die Hohlkehle ihre Rohform.

Bild 149

Auf einer Seite der Hohlkehle beginnen.

Mit richtigen Winkeleinstellungen die Röhre seitlich anlegen.

Die Röhre nach vorn schieben, dabei das Heft leicht anheben.

Der Ballen muß ständig auf der Seite der Hohlkehle anliegen. Dadurch läßt sich die Schnittiefe genau kontrollieren.

Bild 150

Während die Röhre nach vorn geschoben wird, dreht man sie, bis sie flach in der Hohlkehle liegt.

Achtung! Nicht über die Hohlkehlenmitte hinausschneiden.

Die rechte Seite der Hohlkehle auf die gleiche Weise drehen.

Die entsprechenden Winkeleinstellungen beachten.

Bild 151

Die Hohlkehle immer abwechselnd, einmal links, einmal rechts, weiter bearbeiten. Folgende drei Punkte sind dabei ständig zu beachten:

- Beim Ansetzen des Schnitts muß immer erst der Ballen der Röhre auf der Hohlkehlenseite anliegen, bevor die Schneidkante in das Holz greift.

- Nachdem die Schnittbreite feststeht, wird immer abwärts, das heißt von der Außenkante zur Hohlkehlenmitte, gearbeitet.

- Übung macht den Meister!

Bild 152

Manchmal muß man prüfen, ob eine tiefe Hohlkehle auch rund ist. Dazu kann man ein Lineal oder ein Winkelmaß benutzen, das in die Hohlkehle gesetzt wird. Die Hohlkehle ist rund, wenn das Winkelmaß an drei Punkten anliegt.

Durch Übung erhält man nach gewisser Zeit ein Augenmaß für die Genauigkeit eines Schnittes. Die Schnittiefe läßt sich durchaus mit Hilfe eines Tasters prüfen. (Ein erfahrener Drechsler kann die erforderliche Tiefe schätzen.) Bei Benutzung eines Tasters erfolgt das Prüfen nur am stillstehenden Werkstück, da sonst die Gefahr besteht, daß der Taster die Oberfläche anreißt.

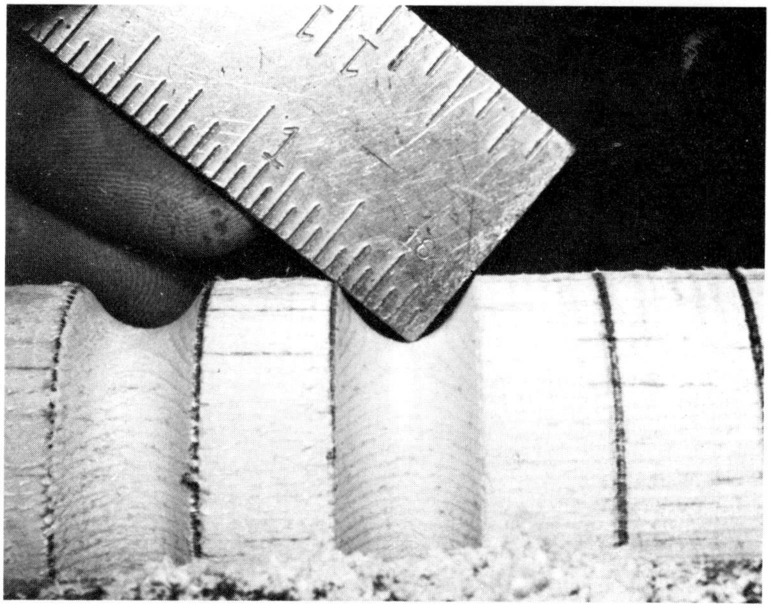

Bild 153

Das Drehen von Hohlkehlen muß immer wieder geübt werden.

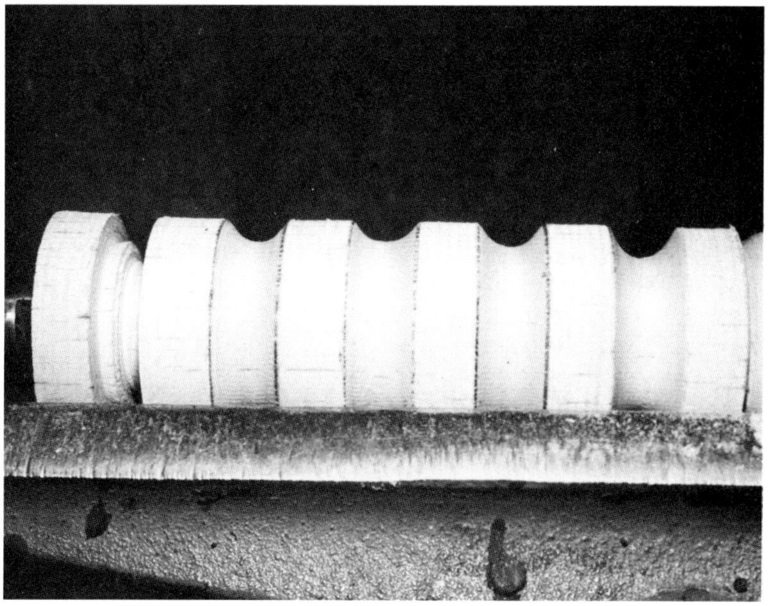

Langholzdrehen: Das Drehen von Rundstäben mit dem Flachmeißel/Schneidmethode

Die Schneidmethode ist das schnellste und sauberste Verfahren zum Drechseln von Rundstabformen. Sie ist schwer zu erlernen und erfordert ständiges Üben. Ein erfahrener Drechsler verwendet fast ausschließlich die Schneidmethode. Durch diese Methode entstehen so feine Oberflächen, daß man anschließend nur wenig oder überhaupt nicht schleifen muß. Die Schneidmethode ist zwar schwer zu erlernen, aber durch ständiges Üben unter Beachtung der einzelnen Verfahrensabschnitte kann auch ein Anfänger diese Technik in kurzer Zeit beherrschen.

Bevor man an einem Stück Weichholz die Theorie in die Praxis umsetzt, sollte man diese Kapitel sorgfältig lesen.

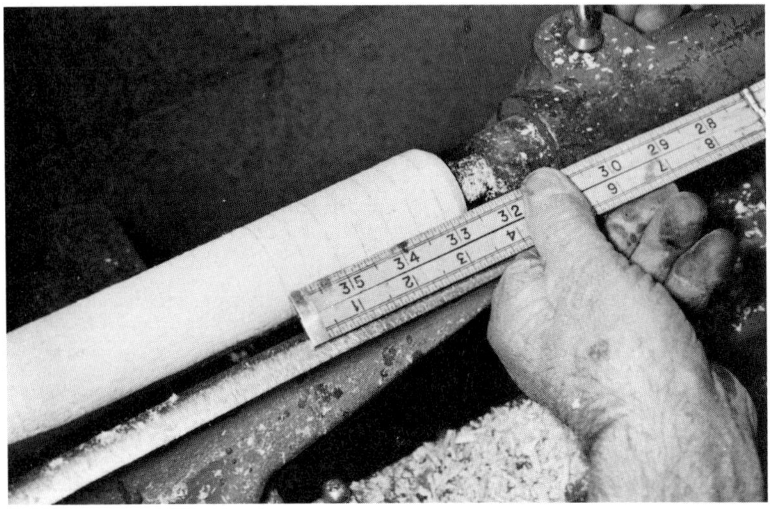

Bild 154

Das Werkstück auf eine zylindrische Form schruppen.

Die Werkstücklänge festlegen.

Die Werkzeugauflage 3 mm vor dem Werkstück und etwas oberhalb der Achse einstellen.

Die Rundstabbreite markieren, die Linien um den Zylinder ziehen.

Bild 155

Den Motor einschalten und die entsprechende Drehgeschwindigkeit einstellen.

Bei breiten Rundstabformen wird mit einem Bleistift die Rundstabmitte leicht angezeichnet. Das ist bei Rundstäben unter 12 mm Durchmesser nicht erforderlich.

Der Flachmeißel muß einwandfrei geschliffen und scharf abgezogen sein.

Den Meißel im Winkel von 90 Grad halten.

Die Spitze befindet sich genau vor der angerissenen Linie. Den Meißel in das Werkstück führen und eine 3 mm tiefe Kerbe einstechen.

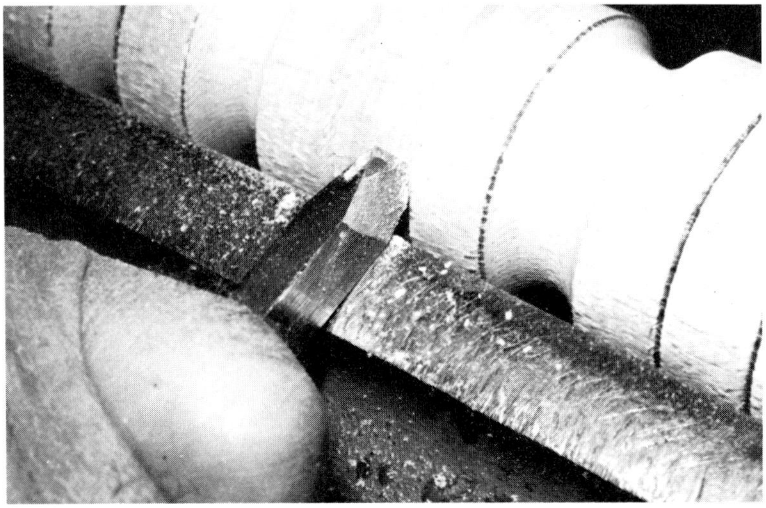

Bild 156

Auf der anderen Rundstabseite die gleiche Kerbe einstechen.

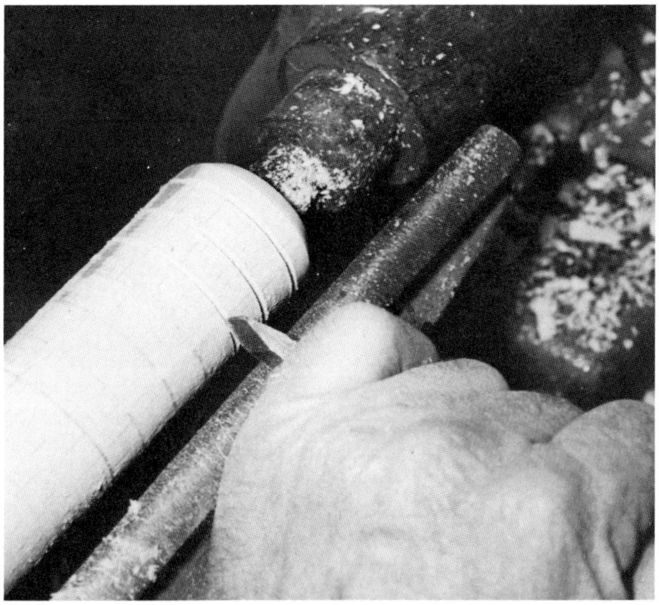

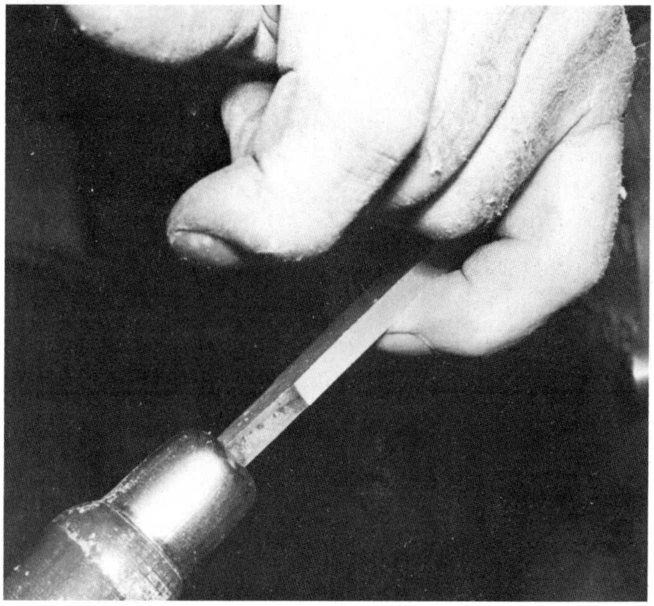

Bild 157

Bei mehreren Rundstäben werden zuerst alle Kerben eingestochen.

Bild 158

Beim Schneiden eines Rundstabs wird der Flachmeißel im 25-30-Grad-Winkel zum Werkstück gehalten.

Bild 159

Das Meißelheft wird nach unten gedrückt, bis das Werkzeug in einem Winkel von 5 bis 10 Grad auf der Auflage liegt.

Bild 160

Den Meißel mit festem Griff halten, der kleine Finger der Hand befindet sich dabei unter dem Eisen und an der Werkzeugauflage.

Bild 161

Die Schneide steht im 45-Grad-Winkel vor dem Werkstück.

Den Meißel so weit nach vorn schieben, bis der untere Teil der Schneide in der Mitte des Rundstabs anliegt.

Der Ballen befindet sich dabei flach am Zylinder, ohne daß die Schneide in das Holz dringt.

Dann das Meißelheft etwas anheben und mit dem Schneiden beginnen.

Bild 162

Sobald die Schneide tiefer eindringt, dreht man den Meißel langsam in die Schnittrichtung.

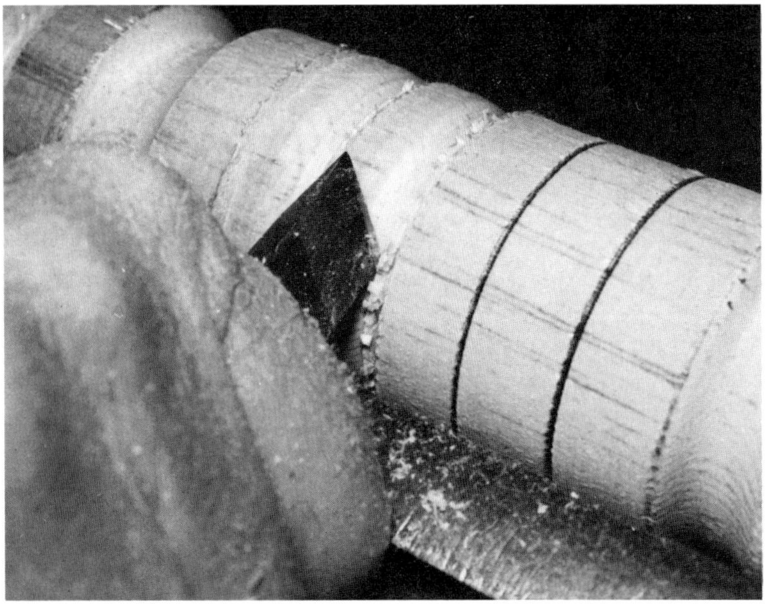

Bild 163

Während der Meißel gedreht wird, hebt man das Heft etwas an und schiebt es nach vorn. Dies alles erfolgt in einem Arbeitsgang.

Bild 164

Der Schnitt ist fertig, sobald sich der Meißel in senkrechter Position befindet.
Soll die Schnittlinie zwischen den Rundstäben noch vertieft werden, sticht man mit der Werkzeugspitze nochmals an der gleichen Stelle etwas tiefer ein.

Bild 165

Die linke Rundstabhälfte wird auf die gleiche Weise bearbeitet wie auf den **Bildern 161** bis **164** dargestellt, nur mit entgegengesetzten Winkeleinstellungen.

Die untere Hälfte der Schneide auf die Rundstabmitte legen.

Bild 166

Den Meißel drehen und nach vorn schieben.

Bild 167

Durch die richtige Meißelführung wird der Rundstab perfekt geformt.

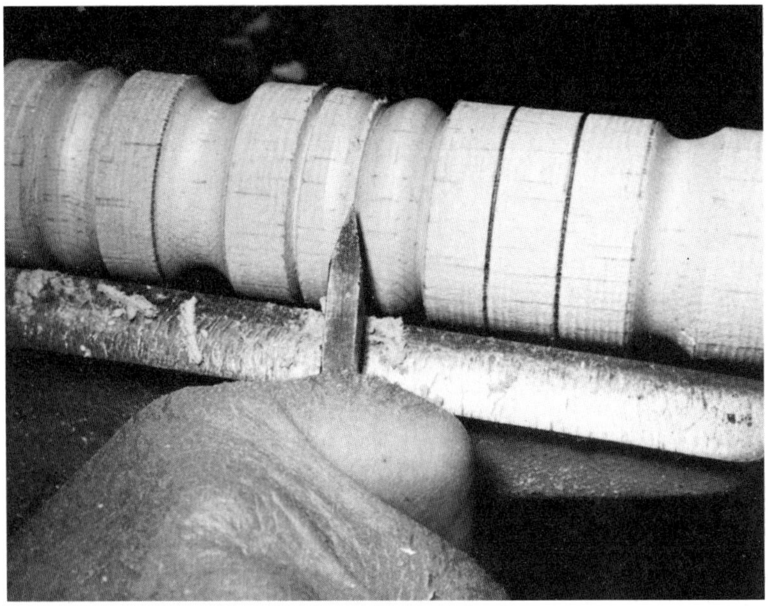

Bild 168

Gefällige Rundstabformen werden das zufriedenstellende Ergebnis sein.

Auch diese Seite ist fertiggestellt, sobald sich der Meißel in senkrechter Position befindet.

Bild 169

Eine Reihe wohlgeformter Rundstäbe, das Ergebnis aus Übung, Geduld und sorgfältiger Arbeit.
Mit dem Flachmeißel und der Schneidmethode einen Rundstab zu formen, ist eine sehr befriedigende Erfahrung. Ein Anfänger wird zwar einige Schwierigkeiten haben, diese aber durch Übung und sorgfältiges Arbeiten überwinden können.
Die häufigsten Fehler bei der Schneidmethode lassen sich zurückführen auf:

- einen falsch angeschliffenen Flachmeißel
- einen stumpfen Meißel
- zu niedrig eingestellte Werkzeugauflagen
- einen falschen Werkzeugeinstellwinkel zum Werkstück.

Tip: Das Drehen von Rundstäben sollte zuerst mit weichem Holz geübt werden, bevor man zum Hartholz überwechselt.

Das Einstechen von Kerben

Bild 170

Die Breite der Kerbe anreißen.

Mit der Meißelspitze eine kleine Kerbe einstechen.

Etwa 3/4 der erforderlichen Tiefe einstechen.

Durch Veränderung des Schnittwinkels wird die Kerbe breiter und ermöglicht dadurch ein tieferes Einstechen.

Bild 171

Mit dem Flachmeißel in der Schneidhaltung werden die Seiten der Kerbe bearbeitet.

Dabei wird so viel Material abgetragen, bis die entsprechende Breite erreicht ist.

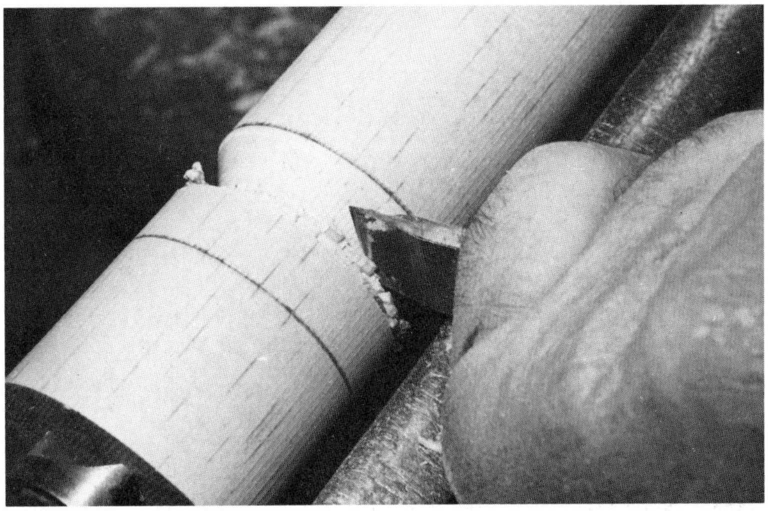

Bild 172

Den Meißel umsetzen und die linke Seite bearbeiten.

Es dürfen nur kleine Späne abgetragen werden.

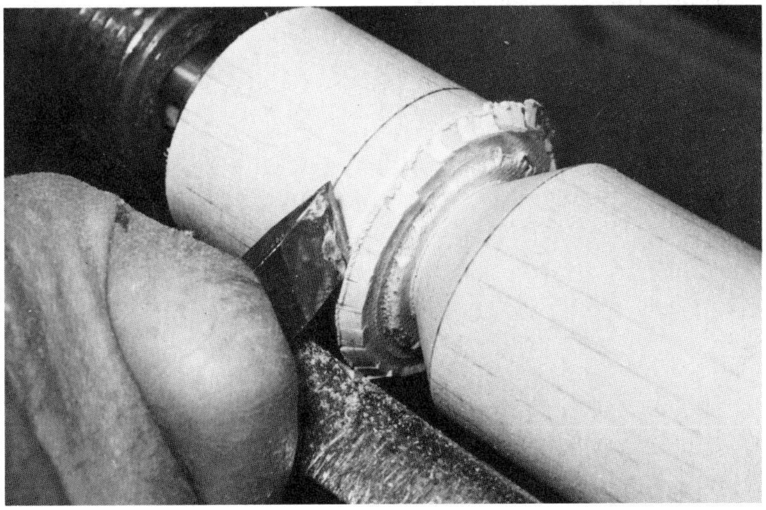

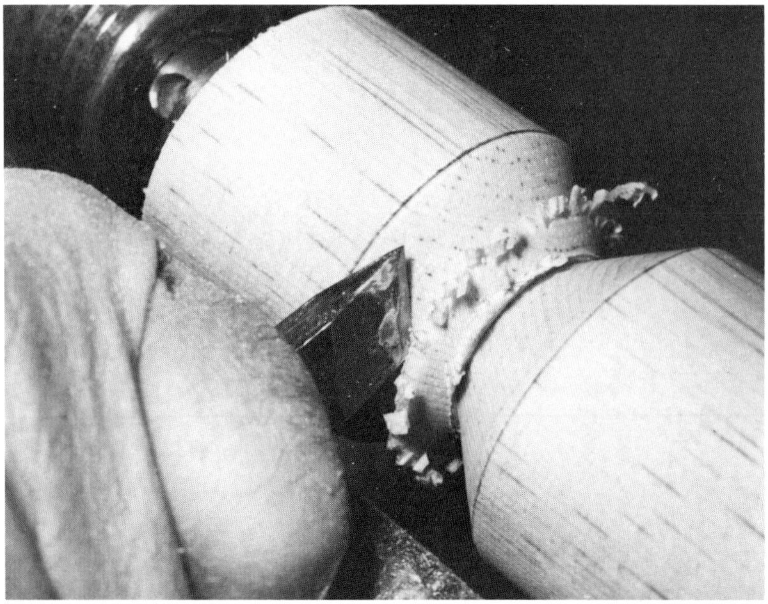

Bild 173

So weit schneiden, bis die endgültige Form erreicht ist.

Bild 174

Diese Kerbe muß anschließend nur noch wenig oder überhaupt nicht mehr geschliffen werden.

Das Schneiden und Schlichten einer Abstufung

Bild 175

Eine mit dem Abstechstahl geformte Abstufung ist oft rauh und muß daher noch geschlichtet werden.

Bild 176

Den Flachmeißel so anlegen, daß seine Spitze etwa 0,8 mm Material abträgt.

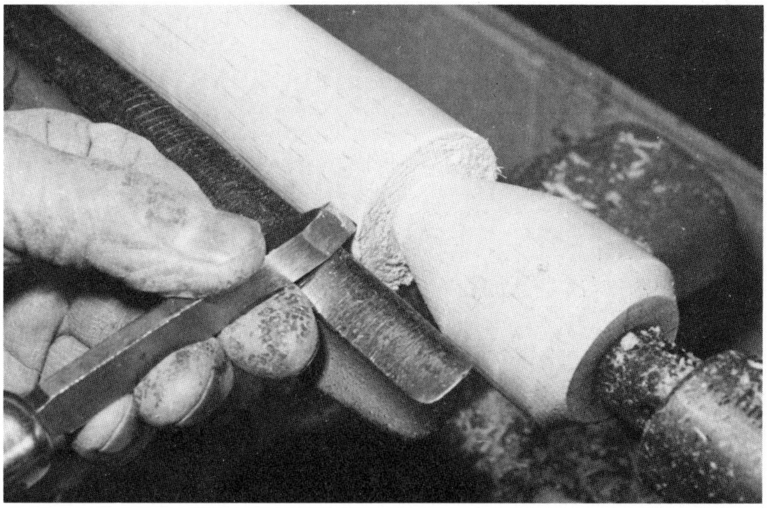

Bild 177

Dabei schneidet nur die Meißelspitze, der Ballen liegt an und dient zur Führung des Werkzeugs.

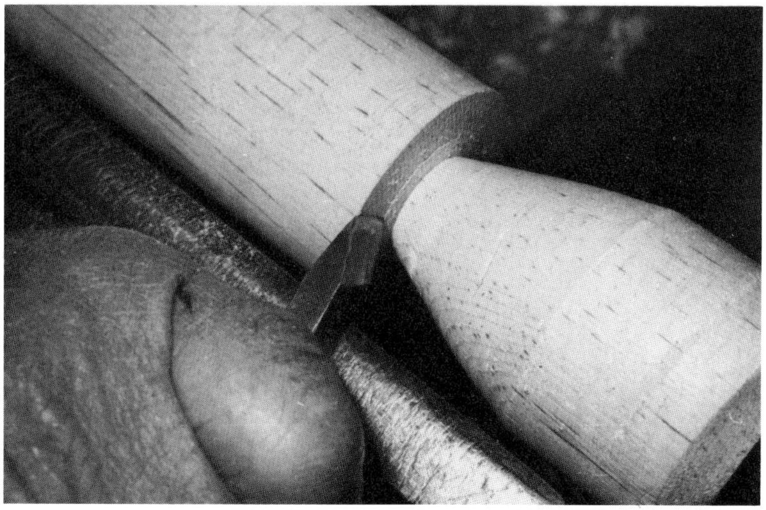

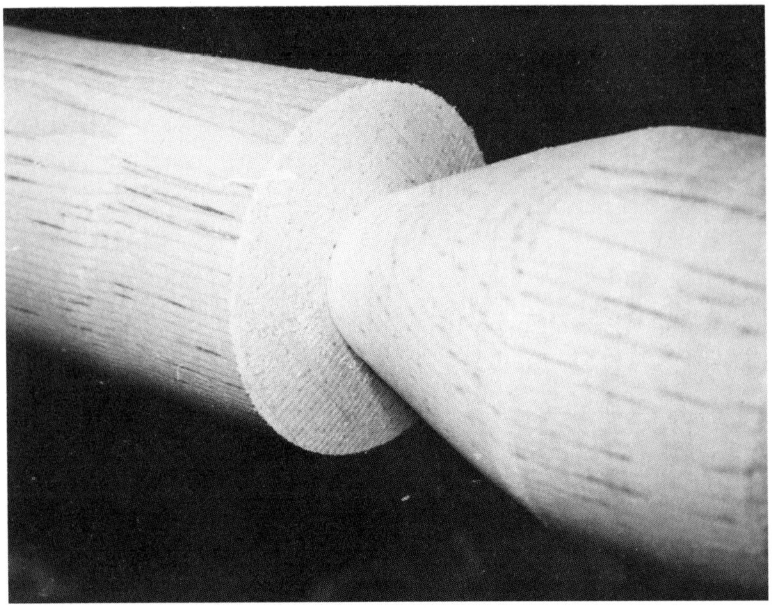

Bild 178

Diese fertige Abstufung ist flach und glatt und muß nur noch wenig geschliffen werden.

Langholzdrehen: Das Drehen einer Kegelform

Bild 179

Mit der Röhre das Werkstück auf seinen rohen Durchmesser schruppen.

Dann mit einem Abstechstahl und einem Taster das große Ende der Kegelform auf den gewünschten Durchmesser bringen.

Bild 180

Das kleinere Ende der Kegelform ebenfalls auf den gewünschten Durchmesser bringen.

Bild 181

Die Kegelform roh vordrehen. Eine 12-mm-Röhre eignet sich dazu besonders gut.

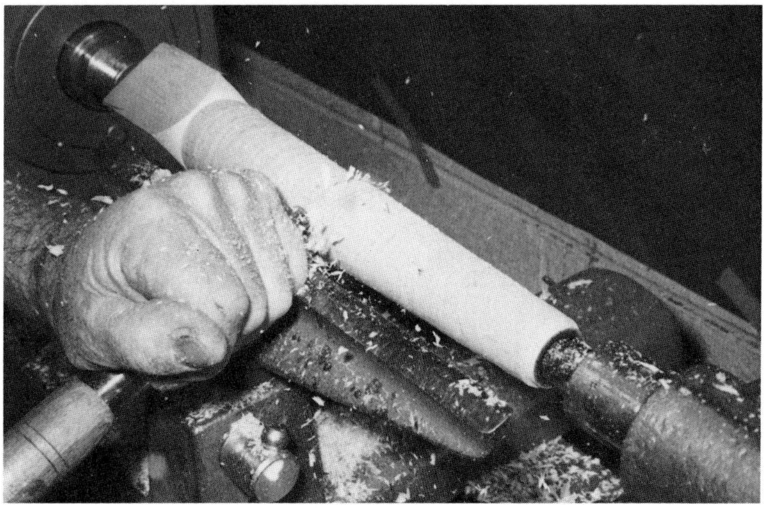

Bild 182

Die vorgedrehte Kegelform sollte sich noch im Rohmaß befinden. Es ist besonders darauf zu achten, daß das Mindestmaß der Kegelform an keiner Stelle unterschritten wird.

Bild 183

Die Kegelform auf Unebenheiten überprüfen.

Gegebenenfalls weiteres Material abtragen.

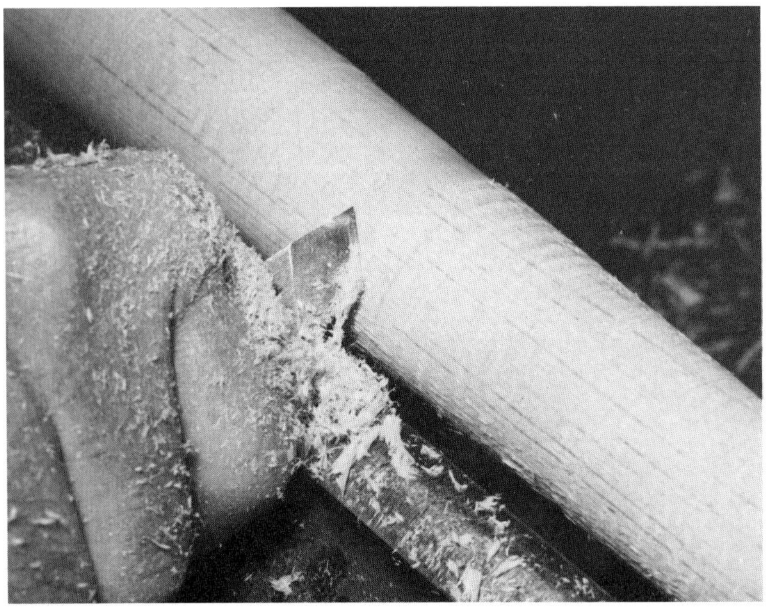

Bild 184

Die Kegelform mit einem Schlichtschnitt glätten.

Bild 185

Mit einem breiten Flachmeißel in der Schabhaltung läßt sich die Kegelform ebenfalls glätten.

Bild 186

Nochmals sorgfältig prüfen, ob noch Unebenheiten vorhanden sind.

Bild 187

Zum Schluß wird die Kegelform mit Sandpapier feingeschliffen.

Langholzdrehen: Drehgüter mit rechteckigem Querschnitt

Für Möbelstücke müssen oft Teile mit rechteckigen Querschnitten gedrechselt werden. Diese Profile findet man häufig bei Tisch- oder Stuhlbeinen und anderen Einrichtungsgegenständen. Derartige Drehstücke müssen sehr sorgfältig entworfen werden. Auch dem Einspannen dieser Werkstücke ist besondere Aufmerksamkeit zu schenken. Das Werkstück, gewöhnlich mit Hohlkehlen, Rundstäben, Rund- und Kegelformen versehen, wird dann auf die übliche Weise gedrechselt. Auch das Abrunden der Kanten bei einem rechteckigen Profil erfordert besondere Aufmerksamkeit. Das geschieht mit einem Flachmeißel in der Schneidstellung, um die bestmögliche Form zu erzielen. Übung ist in manchen Fällen erforderlich, um diesen schwierigen Schnitt an einem fertigen Drehstück auszuführen.

Bild 188

Stuhlbeine wie diese haben gewöhnlich rechteckige Abschnitte. Diese Profile dienen zur Verbindung der Stuhlbeine mit den anderen Stuhlteilen.

Bild 189

Das Werkstück dem größten rechteckigen Querschnitt entsprechend zuschneiden und zurechthobeln. In den meisten Fällen haben die Querschnitte alle die gleichen Abmessungen.

Die rechteckigen Abschnitte sorgfältig entwerfen.

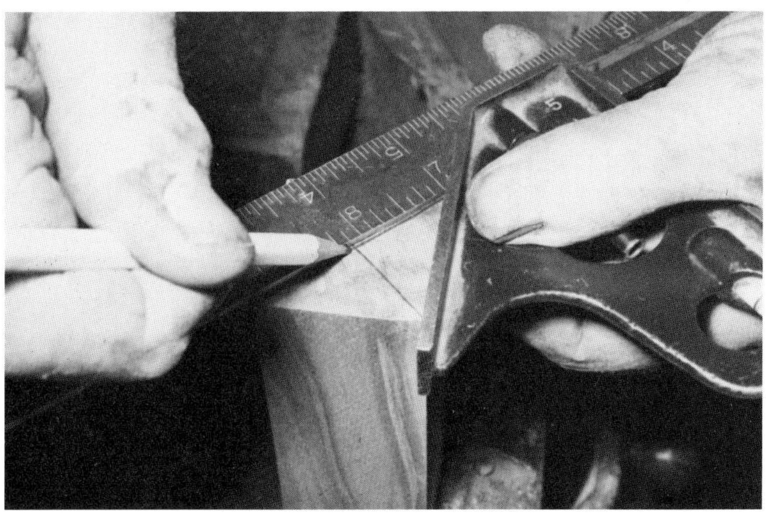

Bild 190

An beiden Hirnholzkanten die Diagonalen ziehen.

Beide Diagonalen müssen sich genau im Werkstückmittelpunkt schneiden, damit sich das Werkstück in der Balance befindet.

Bild 191

Das Werkstück einspannen.

Die Einstellung der Werkzeugauflage prüfen.

Auf der linken Hirnfläche die Umspannmarkierung für die Mitnehmerspitze anbringen.

Bild 192

Die aufgezeichnete Linie wird eingeschnitten.

Dazu legt man den Flachmeißel mit der Spitze auf die Auflage.

Dann den Motor einschalten und den Meißel so weit in das Werkstück führen, bis er durchgehend schneidet.

Bild 193

Den Schnittwinkel des Meißels verändern. Den ersten Einschnitt erweitern, so daß eine Kerbe entsteht.

Bild 194

Den Meißel so an das Werkstück halten, daß sich die Spitze genau über der Werkstückkante befindet.

Die Spitze muß über der Kante stehen, weil sie sonst in das rechteckige Profil gerät und es beschädigt.

Bild 195

Die abgerundeten Flächen des Profils mit einem Schlichtschnitt drehen.

Vor dem Fertigschlichten muß man bei einem tiefen Schnitt etwas vom überschüssigen Material abtragen.

Bild 196

Die zylindrischen Abschnitte mit der Röhre schruppen.

Dazu die Röhre in der Schneidposition halten.

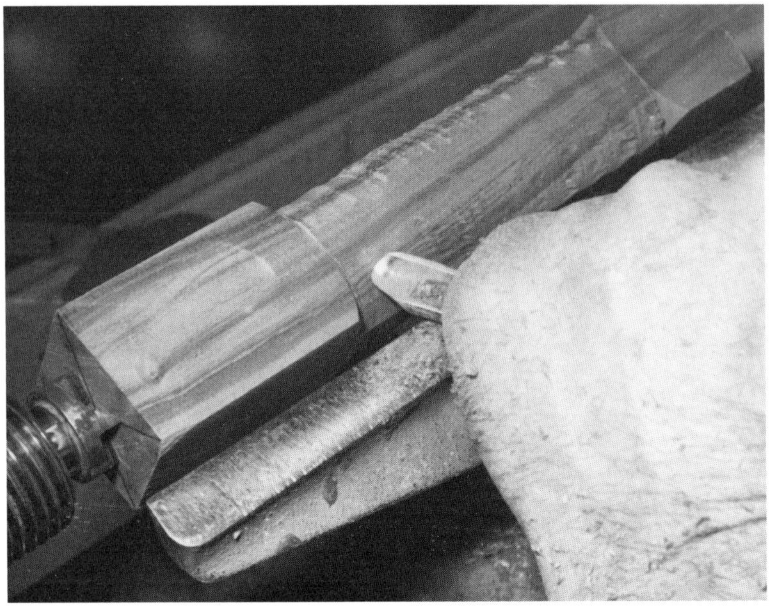

Bild 197

Wird direkt neben dem rechteckigen Profil geschnitten, so muß die Röhre entsprechend umgesetzt werden.

Dabei nicht das Profil beschädigen.

Bild 198

Die Rundstäbe entwerfen und schneiden.

Bei diesem Abschnitt wird dazu der Flachmeißel benutzt.

Bild 199

Der genaue Vorgang ist im Kapitel „Langholzdrehen: Das Drehen von Rundstäben mit dem Flachmeißel/ Schneidmethode“ auf Seite 54 beschrieben.

Die Rundstäbe lassen sich natürlich auch durch die Schabmethode formen, dazu ist jedoch anschließend mehr Schleifarbeit erforderlich.

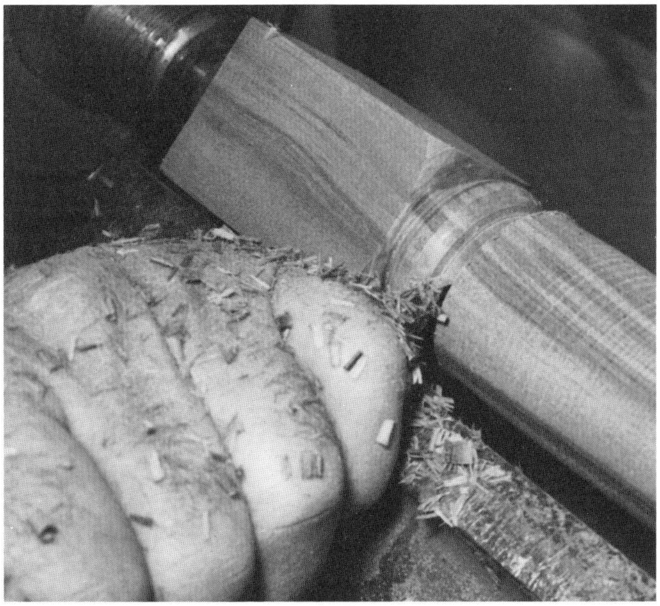

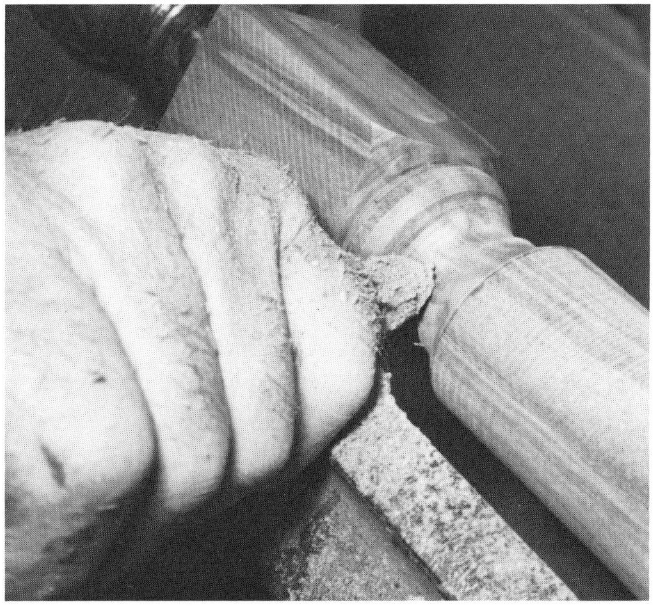

Bild 200

Soll dem Rundstab eine Abstufung folgen, wird dazu der Abstechstahl benutzt.

Bild 201

Mit dem Flachmeißel wird genau zwischen Rundstab und Abstufung eine Kerbe eingestochen.

Bild 202

Für die Hohlkehle kann entweder eine Röhre oder ein Schrotstahl benutzt werden.

Bild 203

Zuerst wird der Rundstab und dann die Hohlkehle geformt.

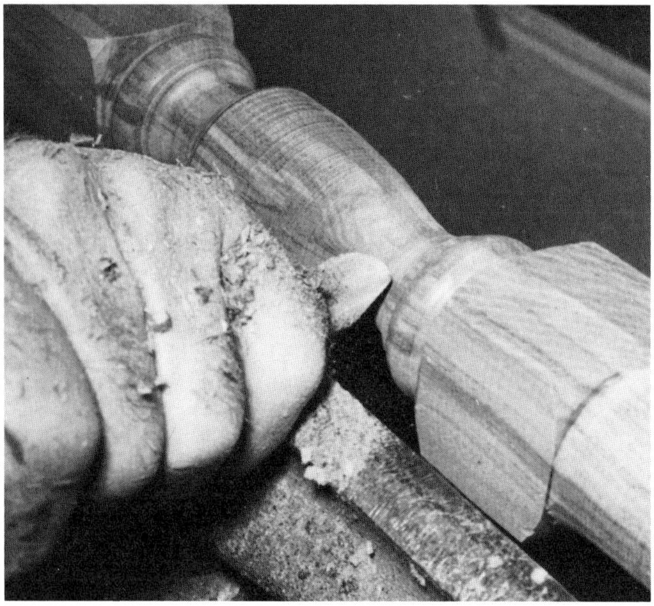

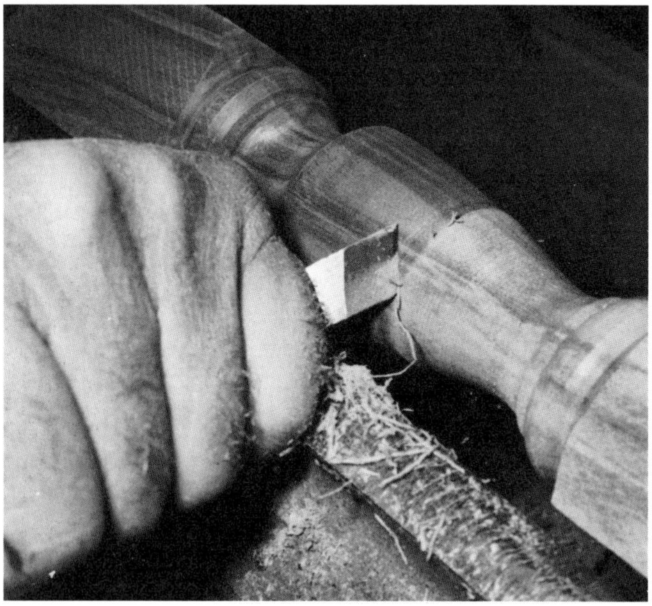

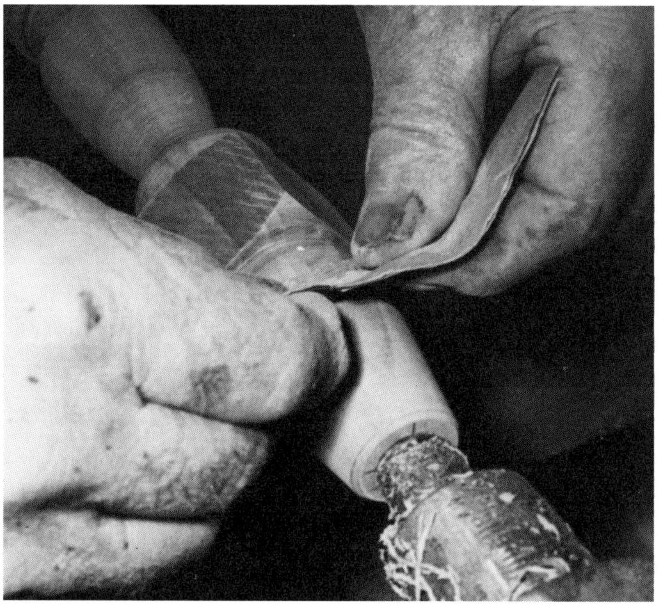

Bild 204

Alle Abschnitte werden roh vorgedreht.

Bild 205

Wo es möglich ist, werden die vorgedrehten Abschnitte mit einem Flachmeißel geschlichtet.

Bild 206

Die Kegelform wird mit der Röhre vorgedreht und mit einem Flachmeißel geschlichtet.

Tip: Feine, lange Späne sind ein Zeichen richtiger Werkzeugführung.

Bild 207

Den Abschnitt gründlich schleifen.

Bild 208

Mit Stahlwolle wird die Oberfläche verfeinert.

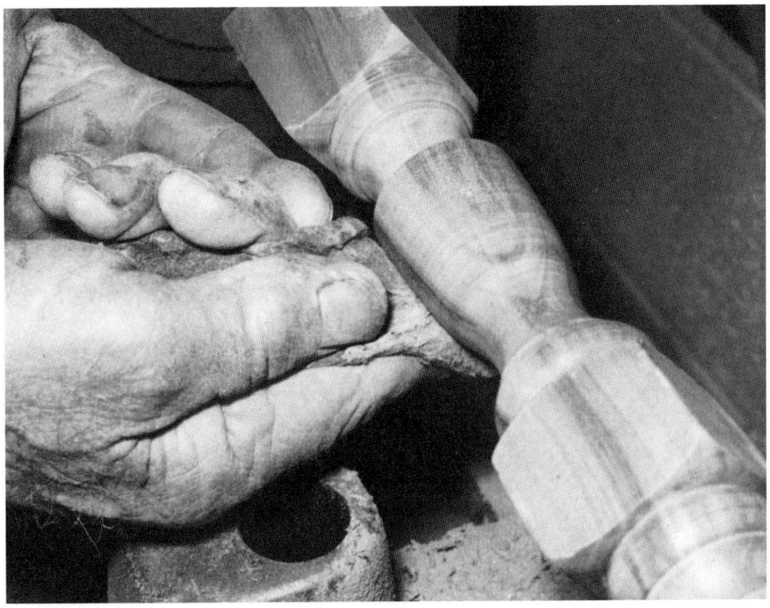

Bild 209

Mit feinem Sandpapier werden anschließend die restlichen Schleifkratzer beseitigt. Die Schleifbewegungen in Richtung der Holzmaserung ausführen.

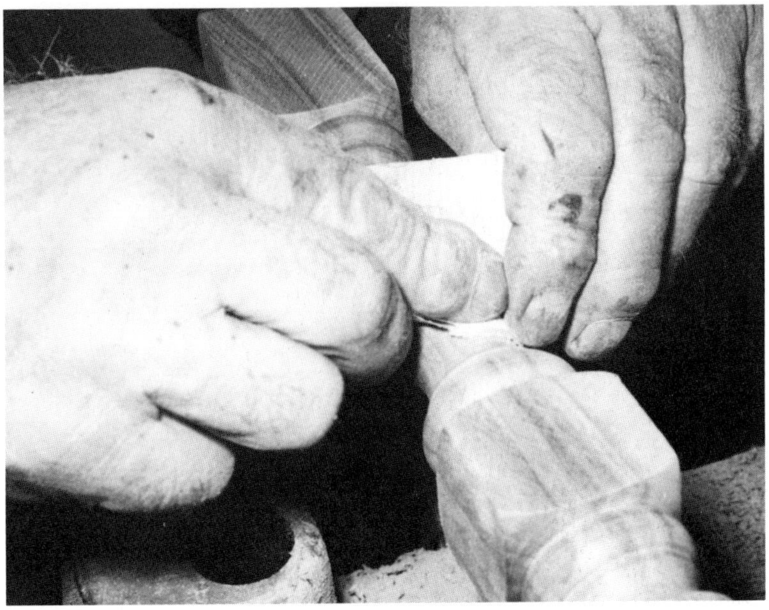

Bild 210

Eine beispielhafte Drechselarbeit mit rechteckigen Querschnitten.

Jetzt müssen nur noch die geraden Flächen geschliffen werden, und schon ist das Stuhlbein fertig.

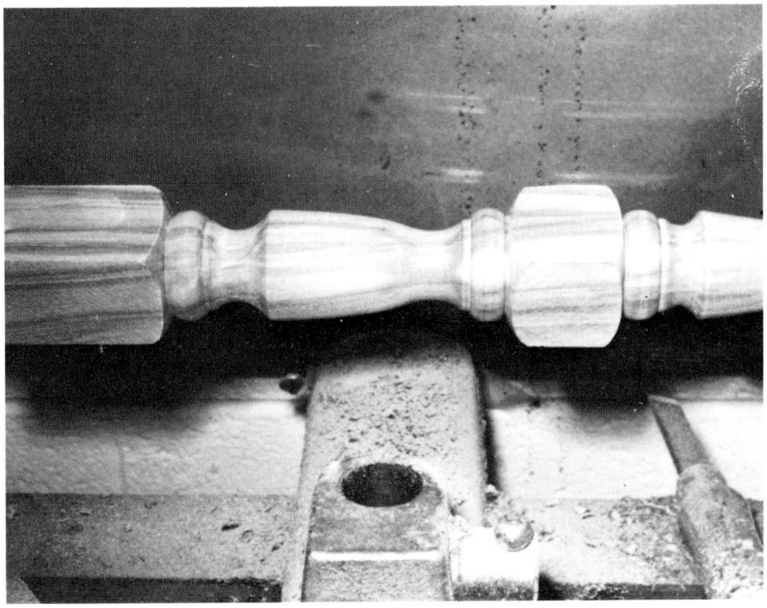

Seriendrehstücke

Dem Drechsler stellt sich oft die Aufgabe, mehrere, völlig gleiche Stücke anzufertigen. In der Regel sind das Stuhlbeine, Geländerstäbe, Spindeln oder auch Gegenstände wie Kerzenhalter und Salatschalen. Mit einer selbstangefertigten Schablone, die zum Entwerfen und Prüfen der Profile dient, läßt sich zum einen ein hohes Maß an Genauigkeit erzielen und zum anderen mit höheren Drehgeschwindigkeiten arbeiten. Die Schablonen werden entweder im Längs- oder im Querschnitt angefertigt, Verhältnis 1 : 1. Gewöhnlich zeigen sie das Werkstück im Halbprofil.

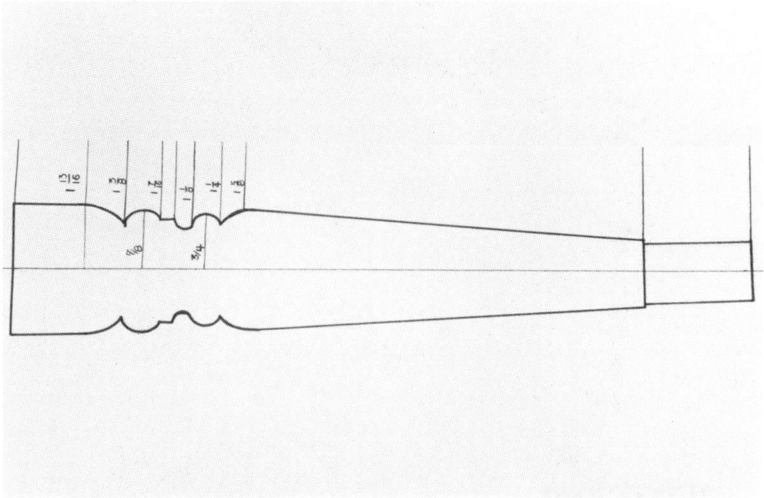

Die Schablonen werden in der Regel aus einer 3 mm starken Holzfaserplatte hergestellt. Dieses harte und strapazierfähige Material liefert eine Schablone, die sich mehrmals verwenden läßt. Die Schablonen muß man sehr sorgfältig entwerfen, da sich jeder Fehler unweigerlich auf das Werkstück überträgt.

Das Muster wird gewöhnlich auf dünner Pappe oder dickerem Papier aufgezeichnet. Anschließend wird das Muster ausgeschnitten und auf die Holzfaserplatte geklebt. Alle wichtigen Abmessungen, die zum Fertigstellen des Werkstücks erforderlich sind, müssen auf der Schablone angegeben sein.

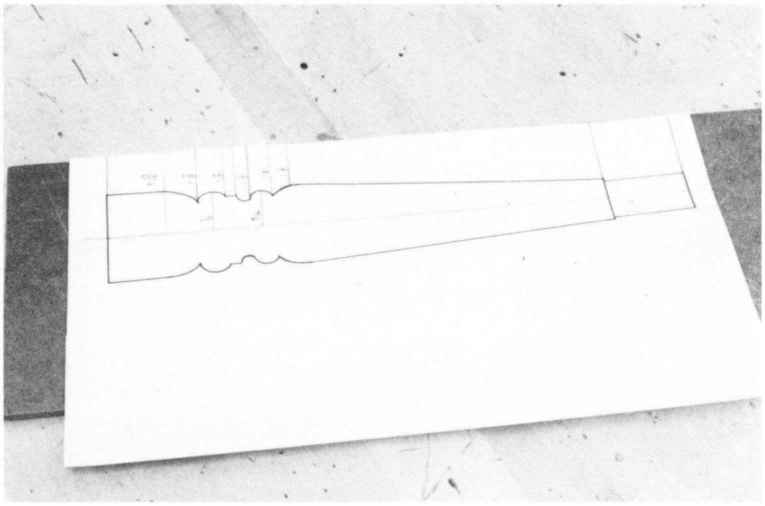

Bild 211

Für die Schablone wird als erstes das vollständige Muster des Drehgutes gezeichnet.

Das Muster auf das Papier bringen; an der Oberkante des Papiers einen 40 bis 50 mm breiten Rand freilassen.

Für die einzelnen Profile zieht man Bezugslinien auf dem Rand. Die Bezugslinien werden dann mit den entsprechenden Maßangaben versehen.

Bild 212

Die Kante einer 3 mm starken Holzfaserplatte zurechthobeln. Das Muster auf die Platte kleben.

Die Oberkante des Musters muß genau mit der gehobelten Kante abschließen.

Bild 213

Die Schablone mit einer Bandsäge aussägen. Dabei immer am Riß sägen, das heißt, die aufgezeichnete Linie muß auf der Schablone bleiben. Ein kleiner Ansatz an beiden Enden der Schablone ist nützlich beim Entwerfen der Profilabmessungen und Prüfen der Paßform.

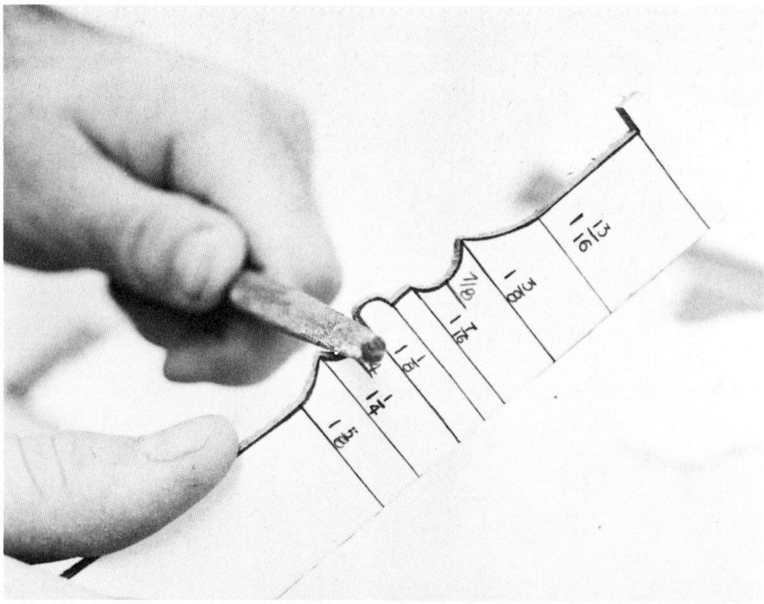

Bild 214

Die Schablone auf ihre Endform feilen und schleifen.

Um eine noch größere Paßgenauigkeit zu erzielen, empfiehlt es sich, die Unterkanten der Schablone abzufasen.

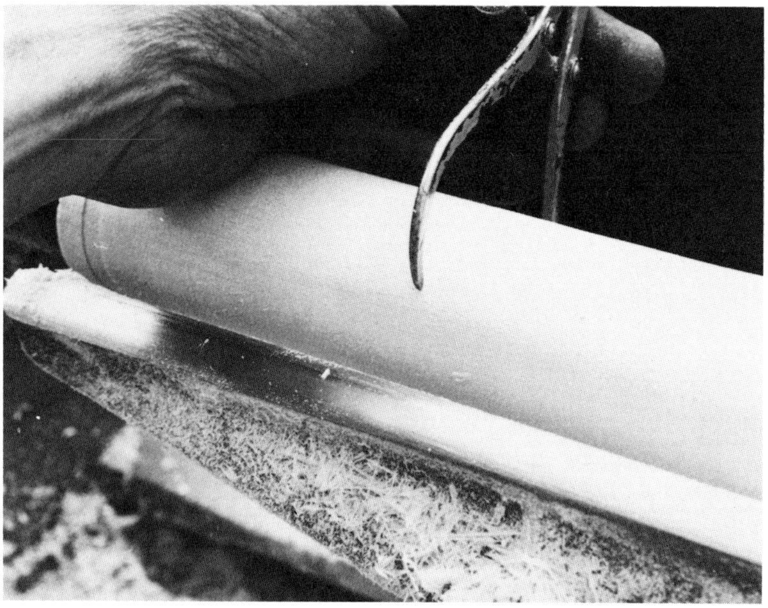

Bild 215

Entsprechendes Material für das Drehgut auswählen. Das Werkstück auf seinen Rohdurchmesser bringen, dabei etwa 1,5 mm Zugabe für das Schlichten und Schleifen berücksichtigen.

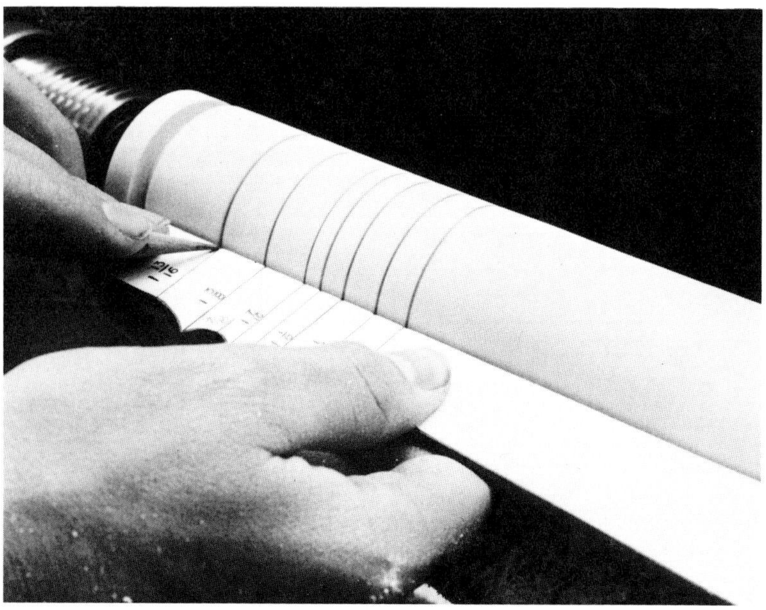

Bild 216

Die Werkzeugauflage etwa 1,5 bis 3 mm vor dem Werkstück einstellen.

Den Motor mit niedrigster Drehgeschwindigkeit einschalten.

Die Schablone an das Werkstück halten. Mit einem Bleistift die Bezugslinien auf das Werkstück übertragen.

Bild 217

Mit einem Abstechstahl und Taster die einzelnen Rundformen auf die festgelegten Abmessungen bringen; auch hier etwa 1,5 bis 3 mm Zugabe für das Schlichten und Schleifen berücksichtigen.

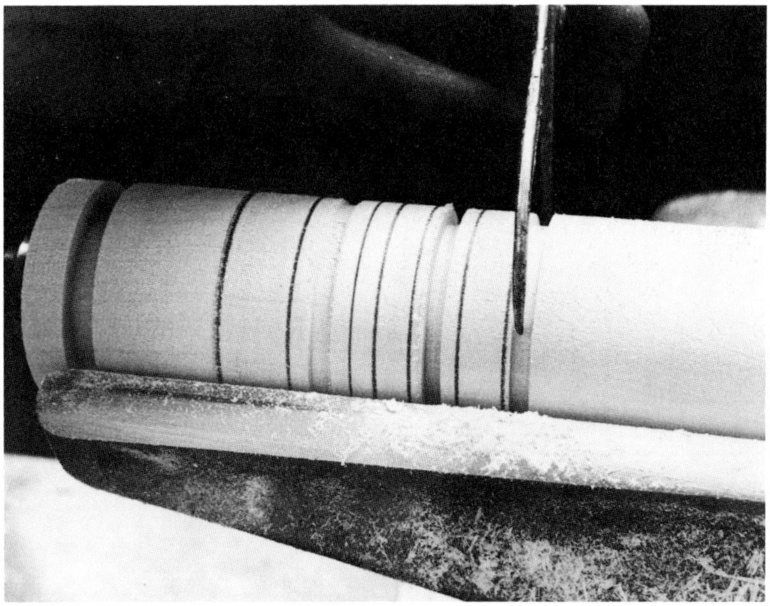

Bild 218

Mit den entsprechenden Werkzeugen das Werkstück fertig drehen.

Tip: So oft wie möglich mit der Schablone überprüfen, denn einmal abgetragenes Material läßt sich nur schwerlich wieder auftragen.

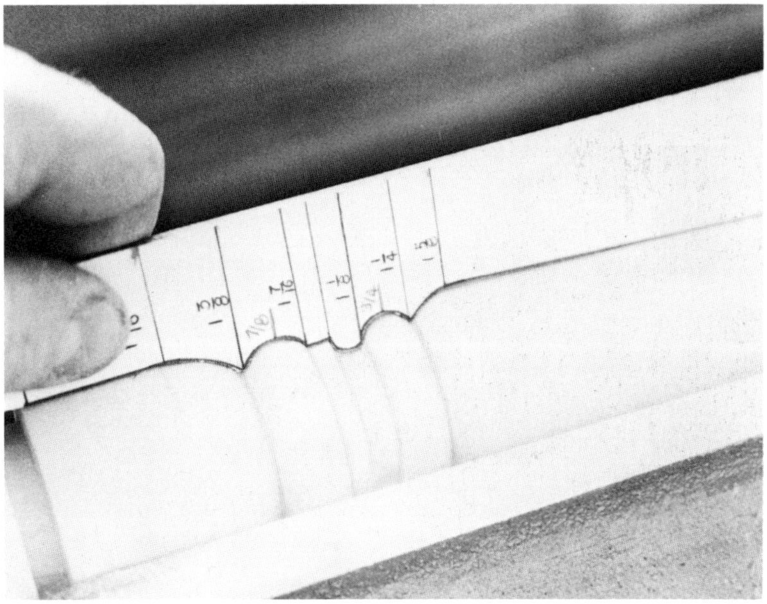

Querholzdrehen: Das Zentrieren und Befestigen von Werkstücken

Beim Querholzdrehen wird im allgemeinen das Werkstück mit Schrauben auf der Planscheibe befestigt.

Planscheiben, entweder mit Löchern oder Schlitzen für die Befestigungsschrauben, gibt es in den verschiedensten Größen. Zum Querholzdrehen wählt man immer eine Planscheibe, die im Durchmesser etwas kleiner als der Werkstückboden ist. Die Befestigungsschrauben werden so angesetzt, daß sie nicht aus dem fertiggedrehten Werkstückboden herausragen.

Bild 219

Den vorgesehenen Rohling quadratisch zuschneiden. Für das Planhobeln und das Entwerfen des Kreises 6 mm zugeben.
Mit einem Handhobel oder einer Hobelmaschine ene Werkstückfläche abrichten.

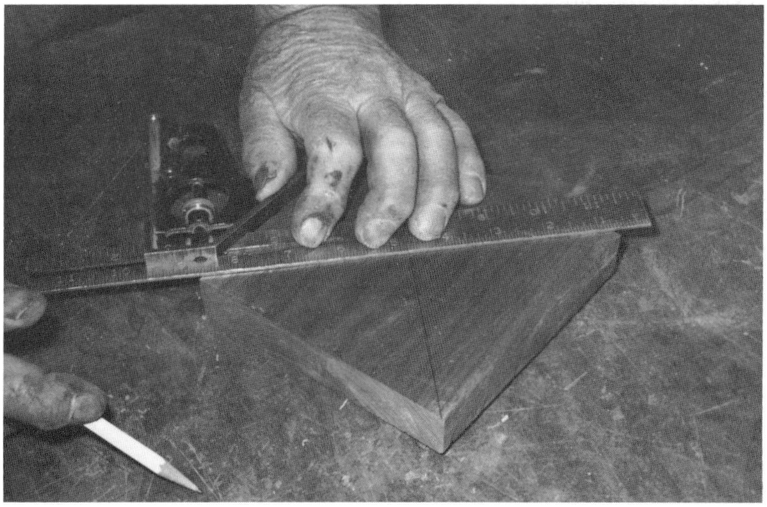

Bild 220

Mit Hilfe des verstellbaren Schrägmaßes oder der Winkelschmiege zieht man die Diagonalen für den Mittelpunkt.

Bild 221

Den Kreis entwerfen und anreißen.

Beim Kreisdurchmesser 3 bis 6 mm zugeben.

Bild 222

Mit der Bandsäge das Werkstück aussägen. Dabei immer am Riß sägen.

Bild 223

Eine entsprechend große Planscheibe auswählen und ihren Durchmesser ermitteln.

Bild 224

Beim Planscheibenradius 1,5 mm zugeben. Den Kreis aufzeichnen.

Bild 225

Die Planscheibe auf dem Werkstück zentrieren.

Um zu vermeiden, daß sich zwei Befestigungsschrauben in einer Linie mit der Holzmaserung befinden, wird die Planscheibe entsprechend verdreht.

Die Löcher markieren.

Bild 226

Die markierten Löcher entweder mit einem Durchschlag oder Bohrer anbohren.

Bei Werkstücken mit weniger als 150 mm Durchmesser genügen zwei bis drei Befestigungsschrauben.

Bei Werkstücken mit größerem Durchmesser sind mehr Schrauben erforderlich. Die Anzahl hängt von der Planscheibengröße, vom Durchmesser des Werkstücks und seiner Größe ab.

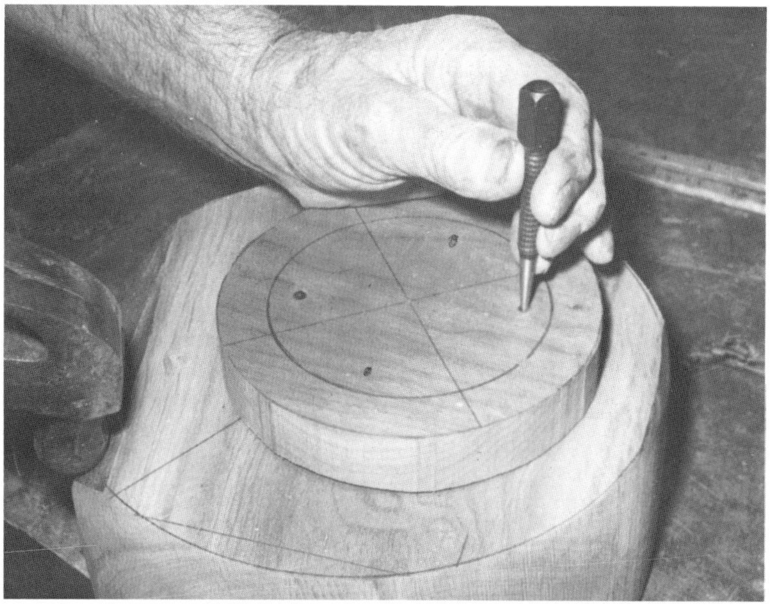

Bild 227

Entsprechende Schrauben für die Planscheibenlöcher auswählen.

Bei zu dünnen Schrauben kann sich das Werkstück beim Drehen lösen und vibrieren.

Die Schrauben sollten so lang wie möglich sein, so daß sie maximal 25 mm im Holz sitzen. Jedoch dürfen die Schrauben nicht so tief im Holz sitzen, daß man mit dem Drehwerkzeug an sie gerät.

Damit die Schraubenlöcher auf der fertiggedrehten Fläche nicht zu sehen sind, sollte man auch sie nicht zu tief anbohren.

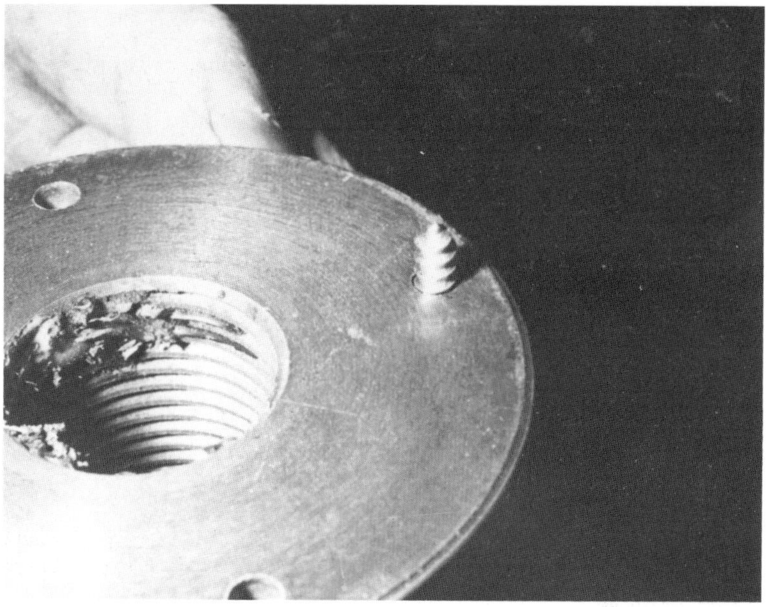

Bild 228

Die Schrauben so fest wie nur möglich drehen. Herausstehende Schraubenköpfe sind gefährlich und daher zu vermeiden.

Querholzdrehen:
Das Befestigen von Werkstücken durch Papierverleimung

Werkstücke werden überwiegend mit Schrauben auf einer Planscheibe befestigt. In manchen Fällen ist diese Art der Befestigung jedoch ungeeignet, und zwar aus folgenden Gründen:

- Weil das Material zu dünn ist, um es direkt auf der Planscheibe zu befestigen.
- Weil beim Drehen die Werkzeuge an die Schrauben geraten können.
- Weil die zurückbleibenden Schraubenlöcher als störend empfunden werden.
- Weil die maximale Tiefe des Werkstücks ausgenutzt werden soll.
- Weil bei Projekten, wie zum Beispiel bei runden Bilderrahmen, der Werkstückboden entfernt werden muß.
- Weil bei Projekten aus verleimten Hölzern der Werkstückboden aufgeleimt werden muß.

Besonders beim Drehen von Schalen oder ähnlichen Gegenständen, wo die Werkstücke so tief wie möglich zu gestalten sind, wird folgendes Verfahren häufig angewendet.

Bild 229

Eine Werkstückfläche planhobeln.

Aus Abfallholz eine Hilfsplanscheibe anfertigen. Die Hilfsplanscheibe muß im Durchmesser größer als die Planscheibe und kleiner als das Werkstück sein.

Aus festem Papier oder dünnem Karton eine Scheibe in der Größe der Hilfsplanscheibe anfertigen.

Bild 230

Durch den Mittelpunkt der Hilfsplanscheibe einen Nagel schlagen.

Der Nagel dient zum Zentrieren der Planscheibe auf dem Werkstück.

Bild 231

Die Hilfsplanscheibe dünn mit Leim, z. B. Ponal, bestreichen.

Bild 232

Die Papierscheibe genau über dem Nagel zentrieren und auf die eingeleimte Fläche drücken.

Anschließend auch die Papierscheibe dünn mit Leim bestreichen.

Bild 233

Die Hilfsplanscheibe mit der eingeleimten Papierseite auf das Werkstück drücken.

Die Nagelspitze wird dabei in den Mittelpunkt des Werkstücks gesetzt.

Den Nagel dann etwas tiefer einschlagen. Dadurch bleibt die Hilfsplanscheibe zentrisch, wenn man die Schraubzwingen ansetzt.

Die Hilfsplanscheibe auf dem Werkstück mit Hilfe von Schraubzwingen festspannen, den Leim abbinden lassen.

Bild 234

Den Nagel herausziehen.

Die Metallplanscheibe auf der Hilfsplanscheibe festschrauben.

Achtung: Die Schrauben sollten zwar so lang wie möglich sein, aber sie dürfen nicht durch die Hilfsplanscheibe gehen und im Werkstück sitzen!

Spundfutter aus Holz

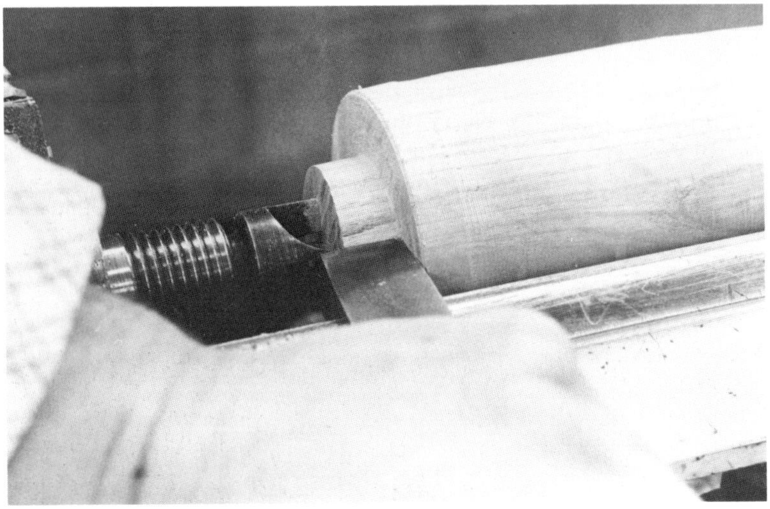

Ein selbstangefertigtes Spundfutter aus Holz eignet sich hervorragend zum Befestigen von zylindrischen Werkstücken. Durch diese Art der Befestigung werden Vibrationen des Werkstücks auf ein Mindestmaß beschränkt. Bei allen zylindrischen Gegenständen, wie zum Beispiel Kerzenleuchter, Salzstreuer, Pfeffermühle und Pokal, wird diese Art der Befestigung angewendet.

Bild 235

Das Werkstück zwischen zwei Körnerspitzen einspannen und zylindrisch drehen.

An einem Ende des Zylinders einen Zapfen drehen.

Dieser etwa 13 bis 20 mm lange Zapfen hat einen Durchmesser von 30 bis 40 mm.

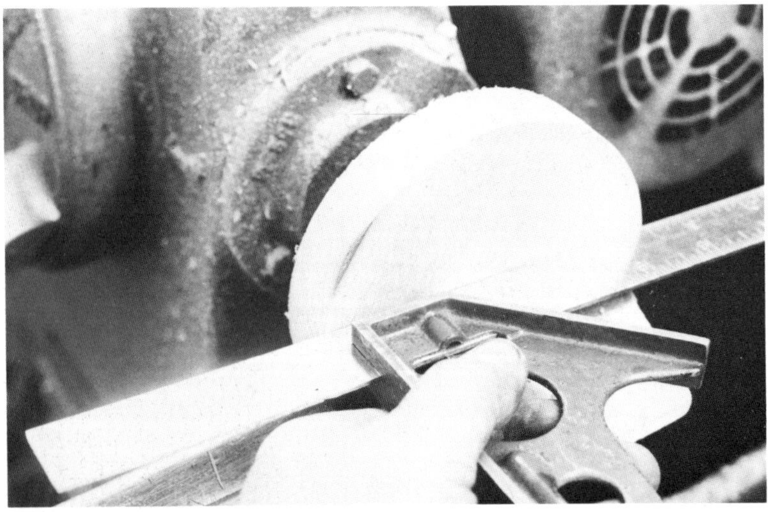

Bild 236

Ein Stück Abfallholz, am besten hartes Massivholz, auswählen. Darauf einen Kreis (mit einem etwas größeren Durchmesser als die Planscheibe) anreißen; der Durchmesser hängt von der Werkstückgröße ab.
Die Scheibe aussägen und mit langen Schrauben sicher auf der Planscheibe befestigen. Man muß dabei beachten, daß mit einem Spundfutter aus Holz eine solide Zylinderbefestigung erreicht werden soll.
Das Drehen der Scheibe ist schwierig, weil es sich in der Regel um Hirnholz handelt.
Die Schrauben müssen fest sitzen, damit das Holz nicht reißt bzw. sich nicht löst.
Die Scheibe runddrehen.
Die Hirnfläche plan und maßgerecht drehen.
Mit dem Winkelmaß prüfen.

Bild 237

Mit einem entsprechend großen Bohrer ein Zapfenloch in den Sockel bohren. Dazu kann man auch einen Flachmeißel oder Schlichtstahl benutzen.

Hier muß man sorgfältig arbeiten, damit der Zapfen anschließend fest im Zapfenloch sitzt.

Werkstückunterseite, Zapfen und Zapfenlochwand mit Leim bestreichen.

Bild 238

Die beiden Teile zusammensetzen. Die Planscheibe auf der Drehspindel befestigen.

Den Reitstock vor dem Werkstück festspannen. Die Körnerspitze in das Werkstück drehen.

Durch den Druck der Körnerspitze bleibt das Werkstück zentrisch, während der Leim abbindet. Das Werkstück etwa eine Stunde eingespannt lassen.

Dann das Ganze 24 Stunden beiseite stellen, damit der Leim abbinden kann.

Ringspannvorrichtung

Bild 239

Auch eine Ringspannvorrichtung eignet sich besonders gut zum Befestigen von zylindrischen Werkstücken. Das Futter ist verwendbar für Drechselarbeiten, wie kleine Behälter, Pokale, Salz- und Pfefferstreuer, Eierbecher oder kleine Schalen. Die Ringspannvorrichtung hat den Vorteil, daß die Werkstücke sehr sicher gehalten werden und sich jederzeit, ohne erneutes Zentrieren, schnell aus- und einspannen lassen. Das Werkstück wird ständig optimal gehalten, da es mit einem Ende vollständig in dem Ring sitzt. In vielen Fällen genügt es sogar, wenn man den Ring nur mit der Hand festzieht.

Bild 240

Den Ring über die Reitstockspindel schieben. Den Rohling zwischen Körnerspitzen einspannen und zylindrisch drehen.

Die rechte Werkstückseite wird auf den Durchmesser der Flanschöffnung gebracht.

Bild 241

Die linke Stirnfläche des Werkstücks plan und maßgerecht drehen. Die Fläche sollte eben oder leicht gewölbt sein.

Von der Flanschöffnung des Ringes mit einem Taster den Durchmesser abnehmen. Man kann jedoch den Durchmesser auch direkt von der rechten, auf Maß gedrehten Werkstückseite abnehmen.

Bei der Endpassung ist es vielleicht von Nutzen, wenn man hier mit einem leichten Übermaß arbeitet. Mit einem Abstechstahl eine 6 mm breite Platte abstechen.

Mit dem Taster sorgfältig prüfen, dabei nicht unter Normalmaß gehen.

Bild 242

Rechts von der Platte das überschüssige Material abtragen, bis sich der Ring über den Zylinder schieben läßt. Während der Ring am Zylinder einigermaßen Spiel haben kann, sollte er auf der Platte fest anliegen.

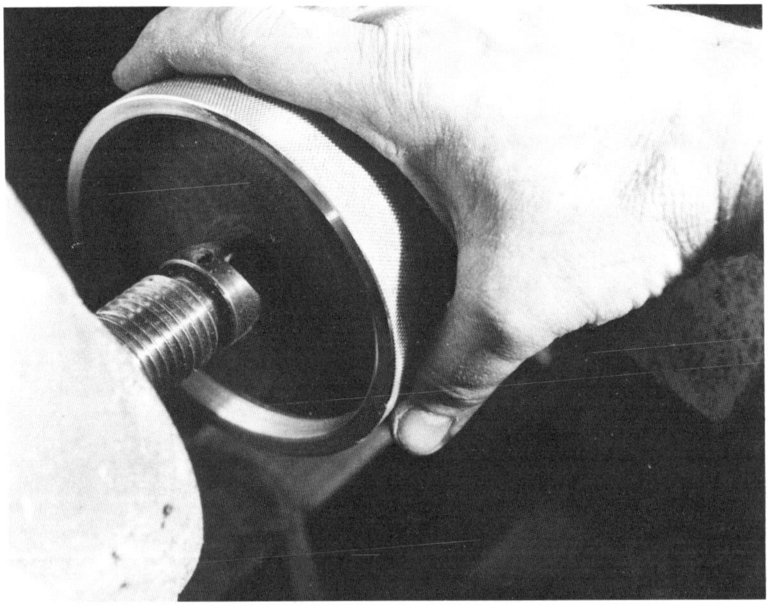

Bild 243

Die Endpassung prüfen.

Bild 244

Beim Plandrehen der Stirnfläche bleibt ihre Mitte, dort wo die Mitnehmerspitze saß, zwangsläufig unbearbeitet. Dieser Abschnitt wird mit Hilfe einer Schleifmaschine oder eines Meißels nachbearbeitet.

Der von der Mitnehmerspitze angebohrte Mittelpunkt wird auf den Durchmesser und die Länge der Zentrierspitze erweitert.

Nach dem Ausspannen läßt sich ein Werkstück mit Hilfe der Zentrierspitze problemlos wieder einspannen.

Bild 245

Die Planscheibe auf die Drehspindel setzen.

Das Werkstück auf die Planscheibe setzen.

Den Spannring über den Zylinder schieben und mit der Planscheibe verschrauben. Es genügt, den Ring mit der Hand festzuziehen.

Bild 246

Diese kleine Dose wurde schnell und auf rationelle Weise mit der Ringspannvorrichtung gedreht (siehe Kapitel „Kleine runde Dosen“, Seite 144).

Bild 247

Diese Art der Spannvorrichtung ist im Handel nicht erhältlich. Ein Maschinenschlosser ist jedoch in der Lage, aus einer alten Planscheibe solch eine Spannvorrichtung anzufertigen. Die Planscheibe sollte mit Feingewinde versehen sein, dadurch hält sie besser und läßt sich leichter festziehen. Das Futter hat 13 Gewindegänge pro Zoll. Es lassen sich durchaus auch Futter mit mehr Gewindegängen wirkungsvoll einsetzen.

Querholzdrehen: Werkstücke auf den festgelegten Außendurchmesser drehen

Bild 248

Das Werkstück auf einer Planscheibe befestigen.

Die Planscheibe auf die Drehspindel drehen und festziehen.

Bild 249

Die Werkzeugauflage etwas oberhalb der Werkstückachse einstellen.

Das Werkstück mit der Hand drehen, die Auflage 3 mm vor dem Werkstück einstellen. Das Werkstück darf nirgends hängenbleiben.

Den Reitstock vor dem Werkstück festspannen und die stare Körnerspitze in das Holz drehen. Dadurch wird das Werkstück sicher gehalten, und ein Lösen bzw. Herausschleudern (besonders bei Werkstücken möglich, die auf eine Hilfsplanscheibe geleimt wurden) wird vermieden.

Bild 250

Den Motor einschalten und auf niedrigste Drehgeschwindigkeit einstellen.

Mit einer Röhre leicht an der Außenfläche entlangschneiden, bis das Werkstück zylindrisch wird.

Bild 251

Die rechte Werkstückseite mit einigen Schnitten bearbeiten, bis sie genau zylindrisch ist.

Dadurch erhält man den Anhaltspunkt für den maximalen Werkstückdurchmesser.

Dann den restlichen Teil der Außenfläche ebenfalls genau zylindrisch drehen, bis auch hier der Rohdurchmesser erreicht ist.

Bild 252

Die Werkzeugauflage parallel zur Hirnfläche einstellen, die Höhe nicht verändern.

Dann prüft man, ob der 3-mm-Abstand zwischen Material und Auflage noch besteht, dazu wird das Werkstück mit der Hand gedreht.

Mit einem Schrotstahl eine Reihe von Schnitten vom Mittelpunkt zur Außenfläche ausführen.

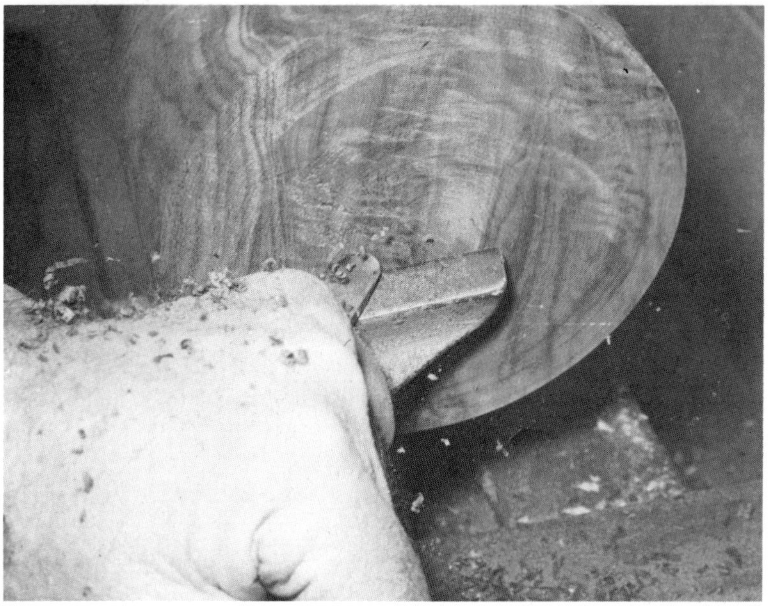

Bild 253

Die Hirnfläche mit einem Lineal prüfen (in den meisten Fällen nicht erforderlich). Es empfiehlt sich aber, wenigstens an der Stirnflächenkante einen Rand planzudrehen.

Das Bohren

Auch Bohrarbeiten lassen sich oft schnell, sauber und auf einfache Weise auf der Drechselbank durchführen. Eine Drechselbank (auch Drehmaschine genannt) ist einer Bohrmaschine sehr ähnlich. Das Bohren und Ausbohren von Löchern und Vertiefungen kann auf verschiedene Weise erfolgen, zum Beispiel mit einem Flachmeißel, dem Vierbackenfutter oder einem Zahnkranzbohrfutter.

Während für den Flachmeißel keine weiteren Hilfsmittel erforderlich sind, bedarf es beim Futter noch eines entsprechenden Bohrers. In der Regel sollte man hier nur Bohrer ohne Zentrierspitze verwenden. Denn solch eine Spitze kann das Holz zum Reißen bringen und auch unerwünschte Löcher hinterlassen.

Das Bohren mit dem Flachmeißel

Bild 254

Beim Querholzdrehen wird oft der Flachmeißel zum Bohren von kleineren Löchern eingesetzt. Man benutzt ihn aber auch zum Ausbohren von größeren Vertiefungen, wie bei Schalen oder Pokalen. Beide Verfahren sind im Grunde gleich.

Den Werkstückmittelpunkt festlegen und markieren.

Mit einem Zirkel die gewünschte Lochgröße anreißen.

Bild 255

Die Werkzeugauflage einstellen. Den Flachmeißel waagerecht zum Werkstück halten.

In der Kreismitte mit dem Schneiden beginnen und dabei nach außen gehen. Kleine Späne herausdrehen, bis der Rohdurchmesser der Öffnung erreicht ist.

Bild 256

Den Meißel im 90-Grad-Winkel zum Werkstück halten und die Öffnung fertigdrehen.

Mit der Meißelspitze kleine Späne herausdrehen, die Seitenfase des Meißels als Führung benutzen.

Bild 257

Mit einer Schieblehre, einem Innentaster oder dem entsprechenden Gegenstück der Öffnung die Lochweite prüfen.

Das Bohren mit dem Zahnkranzbohrfutter

Bild 258

Zum Bohren in Querholz wird das Zahnkranzbohrfutter in die Reitstockspindel gesetzt.

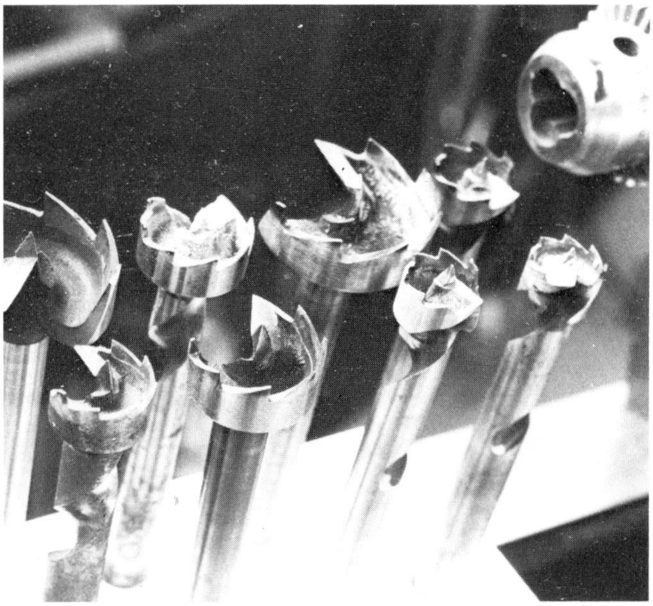

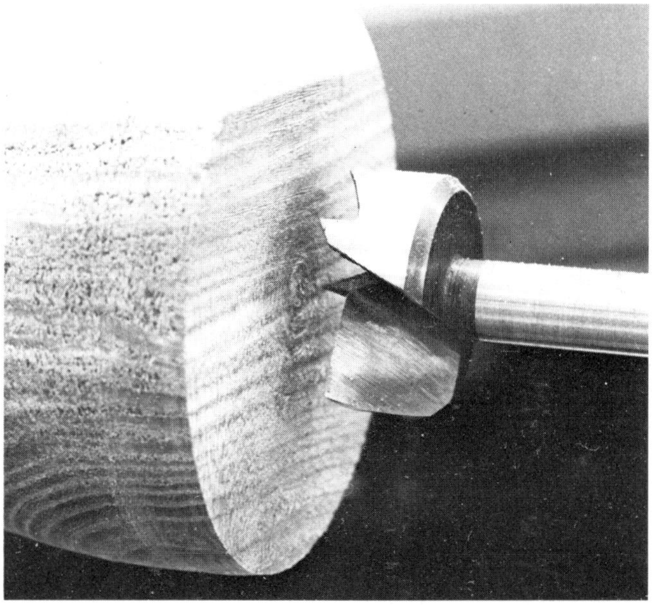

Bild 259

Einen Bohrer mit der entsprechenden Größe auswählen. Ein Forstnerbohrer eignet sich besonders gut.

Bild 260

Die Reitstockspindel soweit wie möglich in den Reitstock drehen, ohne daß das Bohrfutter ausgestoßen wird.

Den Bohrer im Futter festspannen. Den Reitstock zum Werkstück schieben. Der Bohrer sollte etwa 6 mm vor dem Holz stehen. Den Reitstock festspannen.

Den Motor einschalten und mit dem Handrad am Reitstock den Bohrer in das Holz führen.

Bild 261

Den Bohrer mehrmals herausziehen, um die Späne zu entfernen.

Das Bohren mit dem Zahnkranzbohrfutter und dem Vierbackenfutter

Bild 262

Zum Einspannen von Werkstücken beim Bohren wird auch oft das Vierbackenfutter verwendet.

Das beste Ergebnis läßt sich bei zylindrischen Werkstücken erzielen.

Das Werkstück in das Futter setzen und sicher festspannen.

Bild 263

Bei Hirnholz bohrt man eine größere Bohrung am besten mit einem etwa 3 mm kleineren Bohrer vor. Dazu benutzt man einen Forstnerbohrer.

Das Vorbohren erfolgt auf die gleiche Weise wie das Bohren von Querholz (siehe „Das Bohren mit dem Zahnkranzbohrfutter“, Seite 93)

Anschließend das Loch mit dem entsprechenden Bohrer fertigbohren. Das überstehende Backenfutter entspricht nicht den gültigen Unfallverhütungsvorschriften.

Das Schleifen

Je sauberer und glatter ein Werkstück gedreht wird, desto weniger Schleifarbeit ist erforderlich. Das Schlichten oder Sauberdrehen liefert eine Oberfläche, die nur noch wenig geschliffen werden muß. Durch das Schaben entsteht eine rauhe Oberfläche, welche anschließend gründlich geschliffen werden sollte. Mit welcher Körnung man die Schleifarbeit beginnt, hängt von der Beschaffenheit der Werkstückoberfläche ab.

Es ist ratsam, mit gebrauchtem Schleifpapier zu arbeiten, denn solches Papier ist nicht mehr allzu scharf und hinterläßt keinerlei Riefen in der Oberfläche. Damit durch neues Schleifpapier keine Riefen entstehen, sollte man die Schleifflächen aneinanderreiben, um die Schleifpartikel ein wenig zu entschärfen.
Art und Körnung des gewählten Schleifmittels lassen sich variieren. Dabei spielen Holzart, Oberflächenbeschaffenheit und die eigene Erfahrung eine Rolle.

Mit drei verschiedenen Körnungen läßt sich in den meisten Fällen ein zufriedenstellendes Ergebnis erzielen. Schleifpapier mit Körnung 80 oder 100 dient zum Grobschleifen, Schleifpapier mit Körnung 150 oder 180 zum Vorschleifen und Schleifpapier mit Körnung 220 oder 280 zum Fein- oder Fertigschleifen. Das anschließende Nachschleifen erfolgt in Richtung der Holzmaserung mit 220er- oder 280er-Schleifpapier.

Es wird immer so lange mit einer Körnung geschliffen, bis keine Oberflächenverbesserung mehr eintritt. Der häufigste Fehler beim Schleifen besteht darin, daß man zu schnell auf feineres Schleifpapier überwechselt.

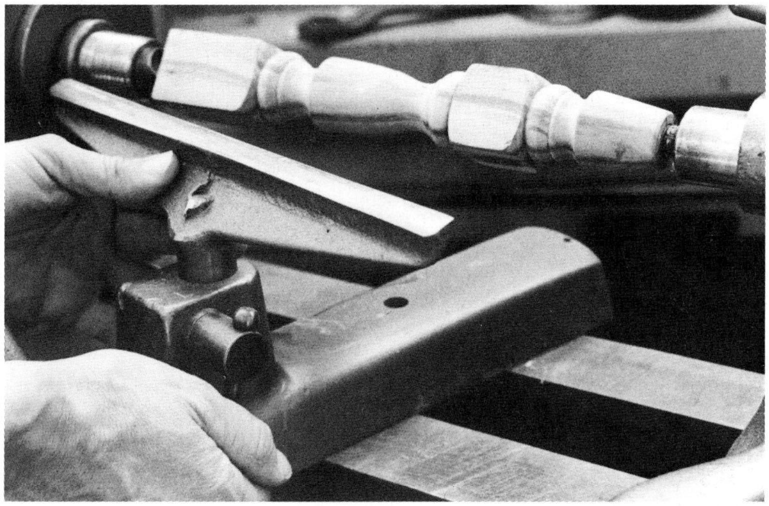

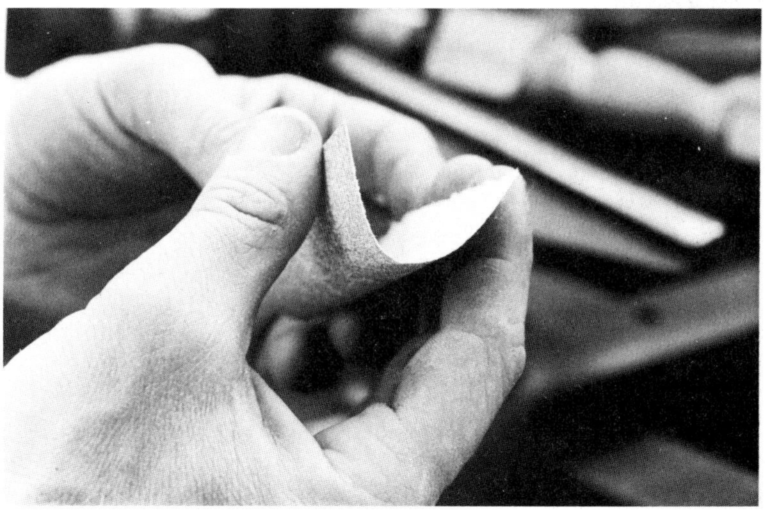

Bild 264

Vor dem Schleifen immer erst die Werkzeugauflage entfernen. Dadurch wird das Schleifen sicherer und einfacher und die Finger können nicht mehr zwischen Auflage und Werkstück geraten.

Bild 265

Zuerst wird ein Bogen Schleifpapier in vier gleiche Teile zerrissen.
Jeder einzelne Teil wird dann zweimal in der Mitte gefaltet, so daß man drei Schleifflächen erhält.
Die Teile sollen genau Kante auf Kante gefaltet werden.
Das ist die Ausgangsform des Schleifpapiers.

Bild 266

Zum Schleifen von breiten Hohlkehlen oder Rundstäben bringt man das Papier in eine U-Form.
Die dadurch gebildete Schleiffläche sollte etwas kleiner sein als die Hohlkehle oder der Rundstab.

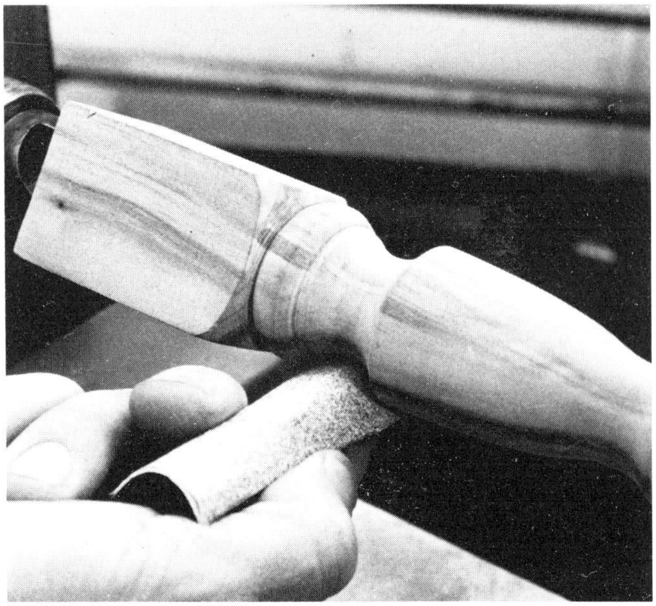

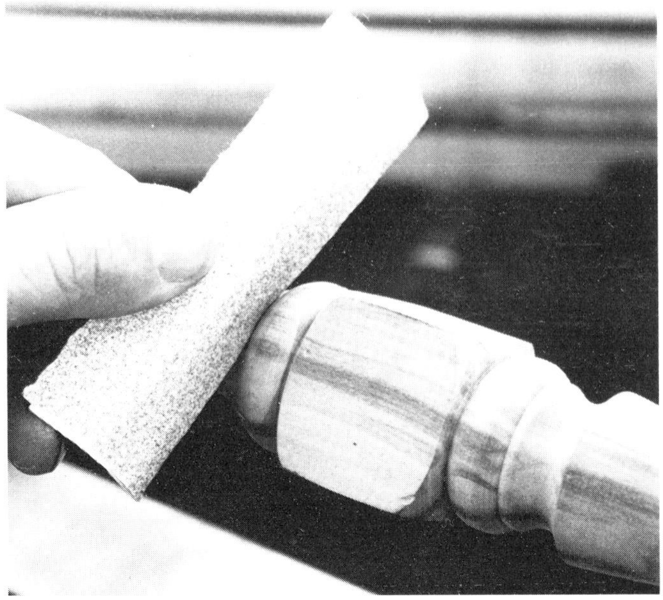

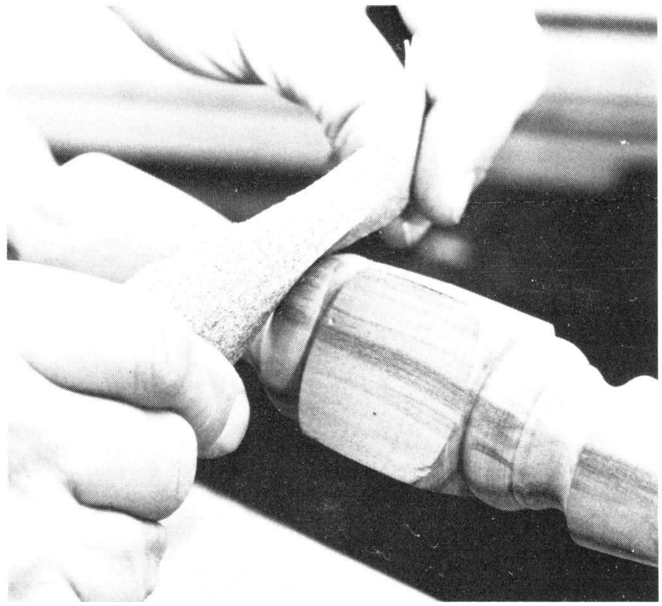

Bild 267

Das Papier zwischen Daumen und Zeigefinger nehmen und die Hohlkehle oder den Rundstab schleifen.

Es ist darauf zu achten, daß nur der vorgesehene Abschnitt geschliffen wird.

Bild 268

Beim Schleifen von kleinen Hohlkehlen oder Rundformen legt man das Schleifpapier vorher um einen Rundstab.

Bild 269

Mit dem Schleifpapier in einer senkrechten Position schleift man Rundstabformen und Abrundungen.

Bild 270

Dazu zieht man das Papier nach links oder rechts und formt bzw. schleift den Rundstab.

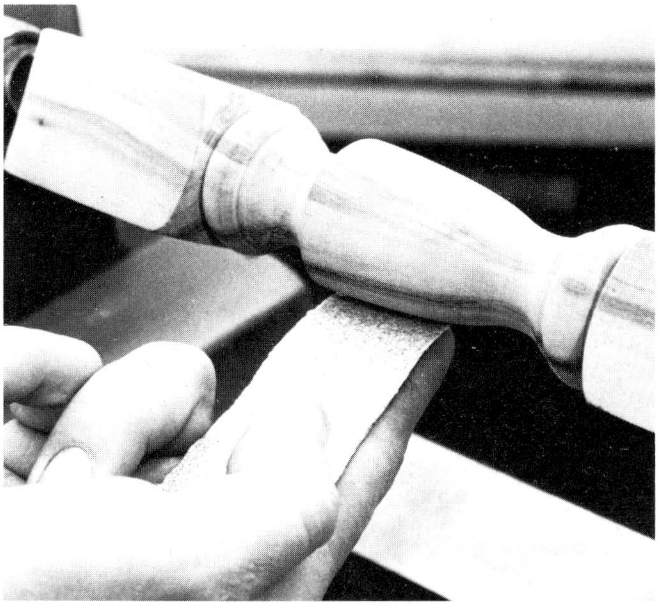

Bild 271

Bei geraden Flächen oder Abstufungen legt man das Papier flach an.

Auch hier muß man darauf achten, daß keine angrenzenden Abschnitte mitgeschliffen werden.

Bild 272

Flächen wie diese Kegelform lassen sich schnell schleifen.

Diese Flächen werden gewöhnlich bei abgeschaltetem Motor mit feinem Sandpapier leicht angeschliffen.

Bild 273

Auf breiten Abschnitten können kreisförmige Schleifkratzer stören. Man entfernt sie durch Schleifen in Richtung der Holzmaserung.

Achtung: Es ist sehr einfach, eine schöne scharfe Kante vom Werkstück wegzuschleifen. Alle Kanten und Linien am Werkstück sollten sauber und scharf bleiben! Eine fachmännisch ausgeführte Schleifarbeit liefert eine glatte Fläche, aber sie erhält auch alle scharfen und sauberen Kanten am Werkstück.

Bild 274

Ein Ballen Stahlwolle zwischen Finger und Schleifpapier nimmt die beim Schleifen entstehende Wärme auf und schützt die Finger vor Verbrennungen. Das empfiehlt sich besonders beim Schleifen von geraden Flächen.

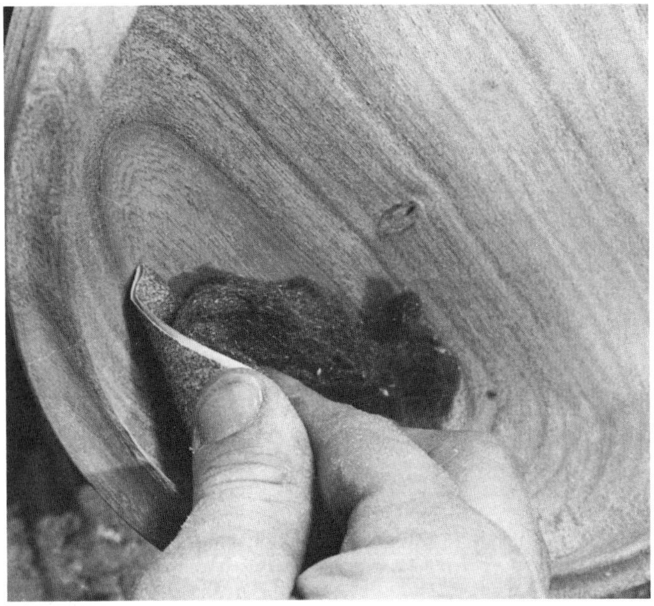

Bild 275

Auch das Schleifen von Schalen wird mit den verschiedenen Schleifpapierkörnungen in der üblichen Reihenfolge durchgeführt. Den Schleifvorgang beginnt man mit 80er-Schleifpapier, setzt ihn mit 100er-Papier fort und beendet ihn mit 150er- oder 220er-Schleifpapier.
Die Außenfläche einer tiefen Schale schleift man am besten mit einmal-gefaltetem Schleifpapier und einem Ballen Stahlwolle als Fingerschutz.
Die Schleifbewegungen mit gleichmäßigem Druck auf der Fläche ausführen.
Bei abgenutztem Papier wird mit der Rückseite weitergeschliffen.

Bild 276

Innen wird die Schale auf die gleiche Weise geschliffen. Wegen der schwer zugänglichen Stellen am Schalenboden ist es ratsam, hier das Papier doppelt zu falten. Auch dann wird zum Schutz der Finger Stahlwolle benutzt.

Bild 277

Wenn man mit der fertig geschliffenen Fläche zufrieden ist, wird der Motor abgeschaltet, und es wird in Richtung der Holzmaserung geschliffen.

Dazu wird eine gröbere Körnung benutzt als beim Fertigschleifen. Erfolgte beispielsweise das Fertigschleifen mit 220er-Körnung, so wird dann mit 180er- oder 150er-Schleifpapier geschliffen.

Bild 278

Zur Entfernung von kreisförmigen Schleifkratzern die Außenfläche der Schale ebenfalls in Richtung der Maserung schleifen. Auf Hirnholz sind die Schleifkratzer sehr störend.

Tip: Hartnäckige Kratzer lassen sich auf einfache Weise mit einem Schleifklotz entfernen.

Achtung: Dabei keine flachen Stellen in die Fläche schleifen!

Die Fertig- oder Endbearbeitung von Werkstücken

Für eine feine Oberfläche ist deshalb äußerst sorgfältiges Schleifen erforderlich.
Die meisten Fertigbearbeitungsverfahren eignen sich auch für Drechselarbeiten. Von Verfahren, in denen der Naturton des Holzes verändert wird, ist abzuraten. Beiz- oder Bleichmittel sollte man nicht verwenden, es sei denn, das Werkstück muß zu gebeizten oder gebleichten Gegenständen passen. Der Naturton und die Maserung bürgen für beste Holzqualität. Daher sollte man sie farblich nicht verändern. Eine Oberflächenbehandlung mit Klarlack, Lasur, Polyurethanlack oder auch mit Schellack ist empfehlenswert. Man sollte auf jeden Fall einen farblosen Überzug wählen, bei dem im Lauf der Zeit keine Vergilbungen oder Verfärbungen auftreten. Ebenfalls sollte der Überzug wasserabstoßend, kratzfest und unempfindlich gegenüber den im Haushalt verwendeten Polier- und Reinigungsmitteln sein.

Überzüge, die in das Holz eindringen, eignen sich besonders gut für gedrechselte Gegenstände. Man verwendet sie dort, wo eine schnelle Behandlung erforderlich ist oder eine mattierte oder halbmattierte Oberfläche entstehen soll. Ölüberzüge neigen dazu, das Holz dunkel zu färben, in einigen Fällen kann sogar die Maserung undeutlich werden. Bei anderen Holzarten wiederum, wird durch die Ölbehandlung die Maserung stark hervorgehoben. Ölhaltige Hölzer wie Teakholz profitieren von der Ölbehandlung. Dunkles Holz, zum Beispiel Nußbaumholz, sollte nicht geölt werden, damit Kontraste und Maserung besser zum Ausdruck kommen. Es ist ratsam, einen Überzug immer erst an einem Stück Abfallholz auszuprobieren.
Ein weiterer wichtiger Punkt ist, daß sich eindringendes Öl im Holz verhärtet und gewissermaßen zu einem Bestandteil des Holzes wird.
Eine regelmäßige Ölbehandlung mit anschließendem Polieren verbessert das Aussehen der Oberfläche. So entsteht im Laufe der Jahre eine satte Schutzschicht durch die Ölbehandlung, die man bei anders behandelten Oberflächen nicht findet. Während überzogene Flächen sich verschlechtern, werden die mit Öl behandelten Oberflächen mit der Zeit immer besser.
Küchengeschirr und ähnliche Gegenstände, die mit Nahrungsmitteln in Berührung kommen, dürfen nur mit nicht-giftigen Mitteln behandelt werden. Eines der besten Mittel ist gereinigtes Leinöl. Von Olivenöl ist abzuraten, da es mit der Zeit ranzig wird.
Wachs wird nur dann verwendet, wenn eine schnelle und billige Behandlung erfolgen soll. Wachs ist kein dauerhafter Überzug und daher für die meisten Drehgüter nicht zu empfehlen.
Möbelpolitur, eine Mischung aus Schellack und Leinöl, läßt sich auch zur Oberflächenbehandlung verwenden. Damit zu arbeiten ist jedoch nicht einfach. Der Drechsler sollte sich über die besten Oberflächenmittel beim Fachhandel ständig informieren.

Die Feinbearbeitung eines Tellers

Bild 279

Mit 180er- oder 220er-Schleifpapier den Teller fertigschleifen.

Das Schleifen erfolgt in Richtung Holzmaserung

Bild 280

Bei offenporigen Flächen ist es manchmal erforderlich, die Poren zu verschließen. In solch einem Fall wird eine Holzpaste großzügig aufgetragen und in die Poren eingearbeitet.

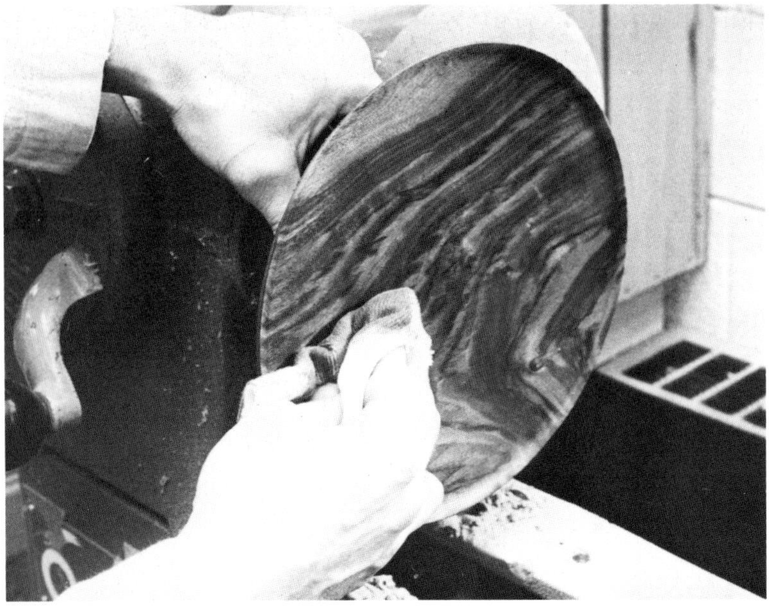

Bild 281

Die Holzpaste etwas antrocknen lassen und mit einem Wollappen verreiben.

Die überschüssige Paste anschließend mit einem groben Tuch entfernen.

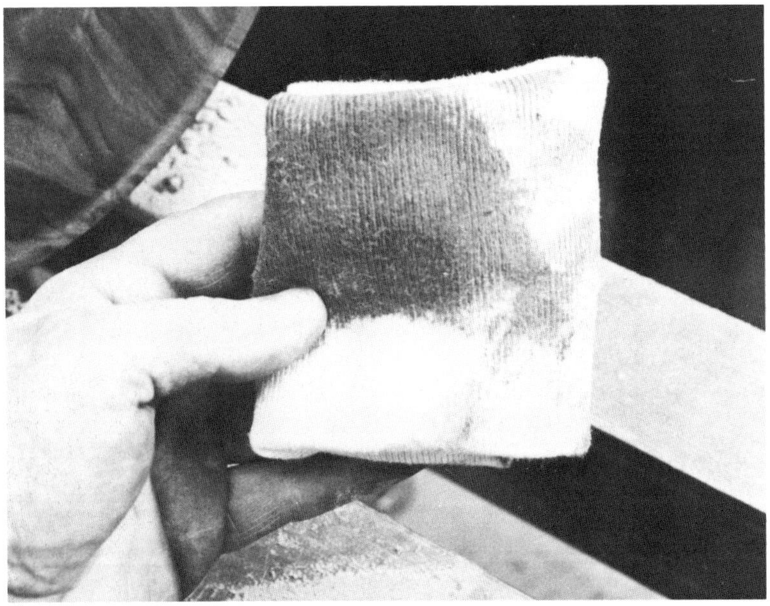

Bild 282

Den Wollappen, wie hier abgebildet, sorgfältig zusammenlegen; es dürfen keine Fransen oder eingerissenen Ecken vorhanden sein.

Den Motor einschalten und die restliche Paste vom Teller entfernen. Durch das Drehen erhält der Teller eine halbpolierte Fläche.

Die Holzpaste und ihre Spuren müssen völlig entfernt sein.

Den Teller anschließend 24 Stunden trocknen lassen.

Bild 283

Die Tellerunterseite gleichmäßig mit einem Klarlack besprühen. Zur Vermeidung von Tropfenbildung den Lack nicht zu dick auftragen.

Der Teller bleibt auf der Planscheibe befestigt. Erst nach Beendigung der Oberflächenbehandlung wird er abgenommen.

Bild 284

Den Teller auf einen Spritztisch stellen. Die andere Tellerseite ebenfalls einsprühen, auch hier Tropfenbildung vermeiden.

Den Teller trocknen lassen und nochmals besprühen. Anschließend läßt man den Teller 24 Stunden trocknen. Zum Schleifen muß der Überzug hart sein.

Selbst wenn sich beim ersten Schleifen nicht alle rauhen Stellen entfernen lassen, muß man vorsichtig schleifen.
Auf keinen Fall durch den Überzug schleifen.

Bild 285

Den Teller wieder einspannen und mit einem offen gestreuten Schleifpapier, Körnung 220, leicht anschleifen.

Achtung: Die Tellerkante vorsichtig schleifen, denn wenn an irgendeiner Stelle durch den Überzug geschliffen wird, kann man nochmals ganz von vorn anfangen!

Den Überzug abschleifen. Den gesamten Behandlungsvorgang wiederholen.

Bild 286

Den Schleifstaub abwischen oder abblasen.

Mit einem Staubtuch nochmals nachwischen.

Den Teller wieder einsprühen.

Mit vier bis sechs Überzügen erzielt man eine ausgezeichnete Oberflächenqualität.

Bild 287

Den Teller einspannen und mit wasserfestem Silizium-Karbid-Schleifpapier, Körnung 400, schleifen. Dazu reichlich Wasser verwenden. Nach diesem Schleifen sollte die Oberfläche vollkommen glatt sein.

Anschließend nochmals mit wasserfestem Silizium-Karbid-Schleifpapier, Körnung 600, schleifen.

Dann reibt man die Fläche mit einem sauberen Tuch trocken und überprüft sie auf Fehler. Wenn man mit der Fläche noch nicht zufrieden ist, wird weitergeschliffen. Im Extremfall die Oberfläche nochmals überziehen und wie beschrieben schleifen.

Bild 288

Zum Schluß wird der Teller noch mit einem Qualitätswachs behandelt. Mit einem Ballen feiner Stahlwolle wird das Wachs aufgetragen. Das erfolgt bei laufendem Motor. Durch die Stahlwolle verliert die Oberfläche an Glanz. Für eine hochglänzende Fläche trägt man das Wachs mit einem weichen Baumwollballen auf.

Den Wachsüberzug etwa 10 bis 15 Minuten trocknen lassen, dann den Motor einschalten und den Teller mit einem weichen trockenen Tuch polieren.

Bild 289

Ist ein Überzug aus Öl verlangt, zum Beispiel Strukturöl zur Hervorhebung der Maserung, wird das Öl mit einem Ballen großzügig aufgetragen. Bei stumpfen Stellen wird noch mehr Öl aufgetragen. Das Holz wird so lange behandelt, bis es kein Öl mehr aufnimmt (etwa 15 bis 20 Minuten).

Mit einem sauberen Tuch das Drehgut trockenreiben.

Den Motor einschalten und den Gegenstand polieren. Durch die Reibung beim Polieren erhält die Fläche einen seidenmatten Glanz.

Bild 290

Eine übliche Methode ist es auch, das Drehgut über Nacht in ein Ölbad zu legen. Dadurch kann das Öl tief in das Holz eindringen.

Nach dem Ölbad wird das Drehgut getrocknet und saubergerieben. Danach das Drehgut auf der Drehmaschine polieren.

Bild 291

Eine schnelle, rationelle Oberflächenbehandlung ist das direkte Auftragen von Wachs auf das Holz. Dazu reichlich Wachs auftragen und einige Minuten trocknen lassen. Den Motor einschalten und das Drehgut mit einem Ballen polieren. Durch den Druck des Ballens sollte das Wachs schmelzen und in das Holz eindringen. Zusätzliches Polieren liefert eine glatte feine Oberfläche. Falls notwendig, den Vorgang wiederholen.

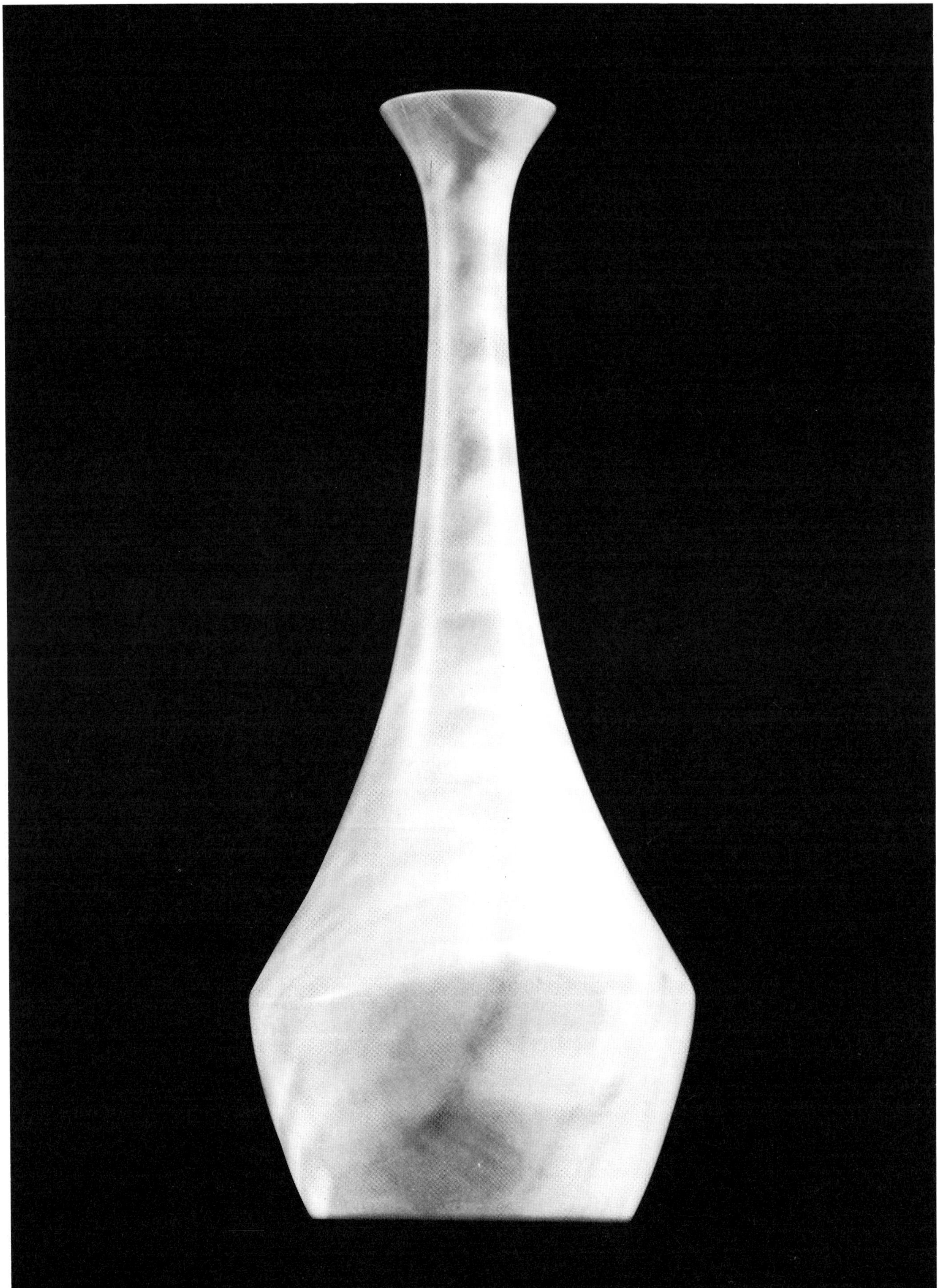

Das Ovaldrehen

Bild 292

Griffe, Tisch- und Stuhlbeine oder auch dekorative Gegenstände, wie diese Vasen, können ovalgedreht werden.

Bild 293

Das ausgewählte Material muß genau auf rechteckige Form zugeschnitten sein. Alle vier Werkstückflächen werden halbiert. Dazu die entsprechenden Linien ziehen. Diese Linien bezeichnet man als durchgehende Rißlinien. Sie schneiden sich genau im Werkstückmittelpunkt.

Etwas vom Mittelpunkt entfernt, auf der kurzen Achse, den Zirkel ansetzen.

Verschiedene Einstellungen und Punkte auf der kurzen Achse ausprobieren. Dann die beiden Punkte im gleichen Abstand vom Mittelpunkt festlegen und markieren. Die beiden Bögen ziehen.

Bild 294

Für einen einfachen ovalen Gegenstand sind zwei Bögen ausreichend. Bei Projekten mit unterschiedlichen Abmessungen wird unter Benutzung der gleichen Punkte noch ein Oval aufgezeichnet.

Soll die Ovalform über die gesamte Werkstücklänge gehen, wird die andere Hirnfläche auf die gleiche Weise markiert.

Bei einigen Projekten genügt es, nur eine Hirnholzkante auf diese Weise zu markieren, auf der anderen Seite wird nur der Mittelpunkt festgelegt.

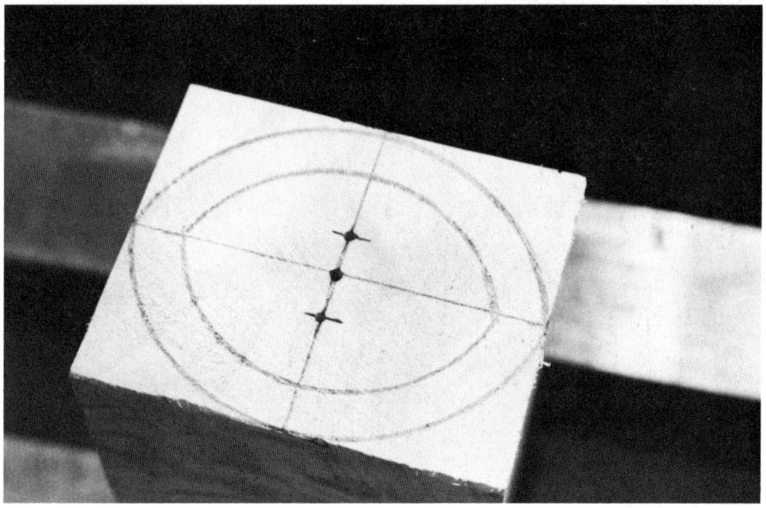

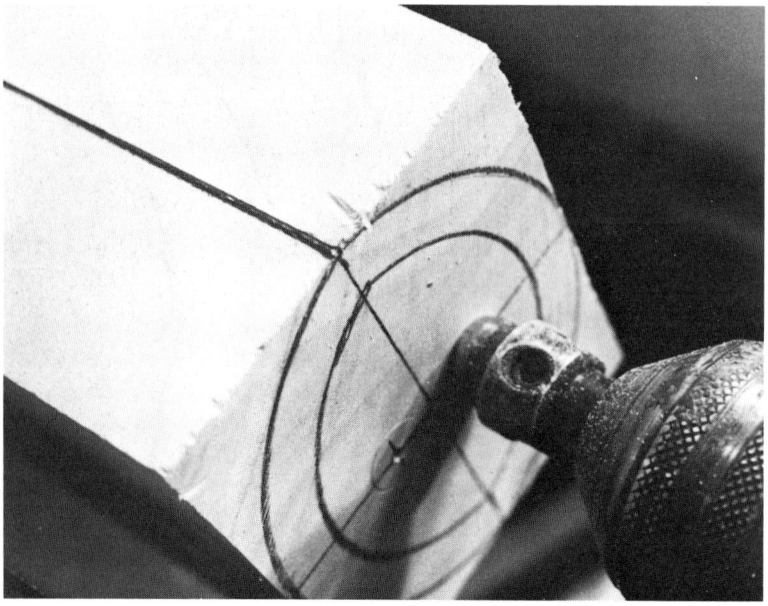

Bild 295

Das Werkstück einspannen, die starre Körnerspitze genau wie im Bild ansetzen.

Bild 296

Die Werkzeugauflage einstellen und festspannen.

Das Werkstück mit der Hand drehen, es darf an keiner Stelle hängenbleiben.

Den Motor einschalten und bis zu den Rißlinien Material abtragen. Es ist ratsam, öfters nachzumessen, denn sehr schnell hat man zu viel Material entfernt.

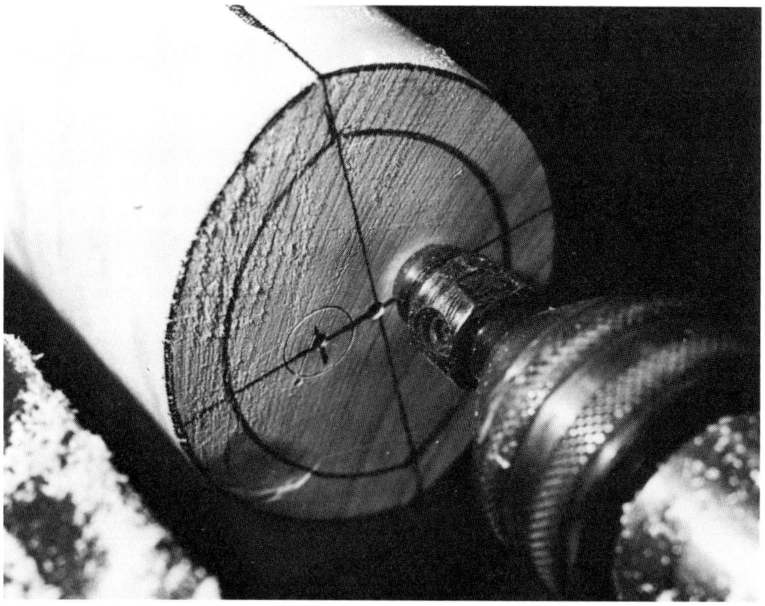

Bild 297

Die Körnerspitze umsetzen und die andere Hälfte bearbeiten.

Als Anhaltspunkt sollte man die durchgehenden Rißlinien nicht entfernen.

Bild 298

Gegebenenfalls die Körnerspitzen für die zweite Ovalform entsprechend ansetzen bzw. anschließend wieder umsetzen. Den Drehvorgang wiederholen.

Für diese Vase hier sind unterschiedliche Ovaldurchmesser erforderlich.

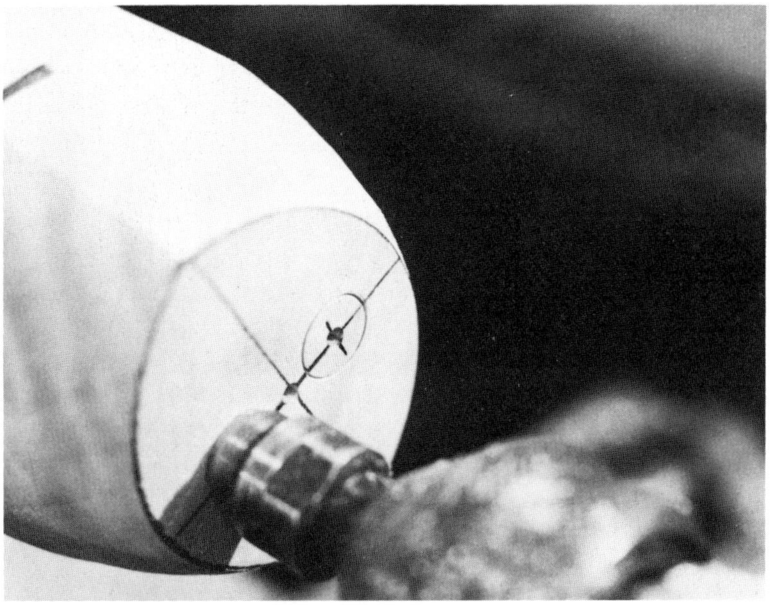

Bild 299

Nachdem die einzelnen Ovalformen herausgedreht worden sind, setzt man die Körnerspitze genau in den Mittelpunkt und dreht die Vase fertig.

Die Vase vollständig schleifen. Durch eine gründliche Schleifarbeit werden die Ovalformen mit den runden Abschnitten harmonisch verbunden und auch die Rißlinien entfernt.

Das Schleifen erfolgt am besten bei niedriger Drehgeschwindigkeit.

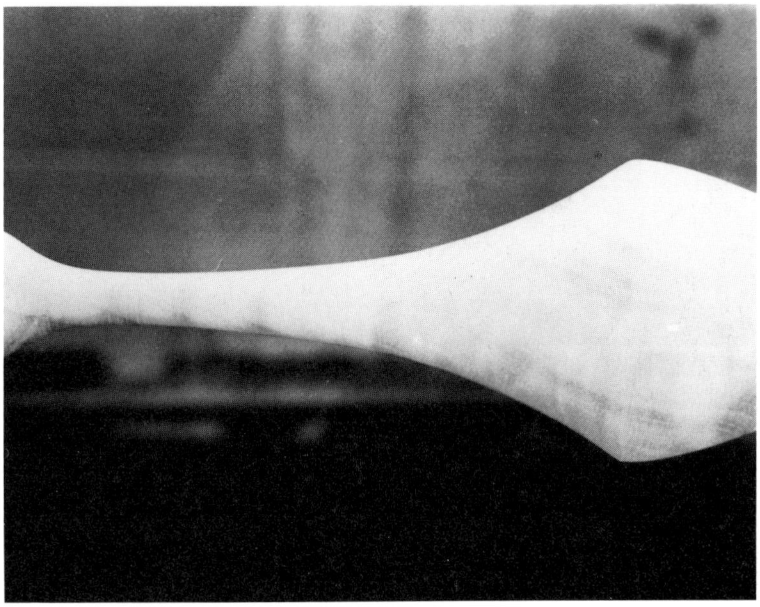

Das Drehen von Doppelwerkstücken

Die hier beschriebene Methode wird angewendet, wenn es gilt, zwei völlig identische, halbrunde Drehgüter anzufertigen. Das kann zum einen auf die Weise erfolgen, daß man das Drehgut aus Massivholz dreht und es anschließend in zwei Teile sägt. Der Nachteil dabei ist jedoch, daß die beiden Gegenstände nach dem Trennen und Schleifen nicht mehr maßgenau sind.

Das Zusammenfügen von zwei Rohlingen mittels Papierverleimung ist die weitaus bessere Methode. Durch das Papier lassen sich die beiden Teile nach dem Drehen problemlos wieder trennen. Sind vier identische Drehgüter anzufertigen, werden vier Rohlinge auf die gleiche Weise zusammengeleimt. Dabei ist besonders darauf zu achten, daß sich die vier Fugen genau im Mittelpunkt treffen.

Bild 300

Entsprechendes Material für die beiden Teile auswählen.

Beide Rohlinge auf etwa gleiche Abmessungen zuschneiden und zum Verleimen vorbereiten.

Einen Streifen dünne Pappe oder festes Papier, etwas größer als beide Rohlinge, ausschneiden.

Bild 301

Eine Werkstückfläche gleichmäßig mit Leim bestreichen und die Pappe aufkleben.
Anschließend das andere Werkstück auf die Pappe leimen, sorgfältig ausrichten und einspannen.
Den Leim mindestens 24 Stunden abbinden lassen, bevor man mit dem Drehen beginnt.

Bild 302

Auf beiden Hirnholzflächen die Diagonalen ziehen.

Beide Linien müssen sich genau auf der Leimfuge überschneiden (gegebenenfalls berichtigen!).

Ein Führungsloch in den Mittelpunkt bohren. Dieses Loch verhindert, daß die beiden Teile durch die Körnerspitze getrennt werden.

Der Vierzackmitnehmer wird mit seinen Zacken genau auf den Diagonalen angesetzt. Durch diese Stellung der Zacken werden die beiden Teile zusätzlich gehalten. Setzt man die Zacken genau in die Leimfuge, wird sich das Werkstück wahrscheinlich spalten.

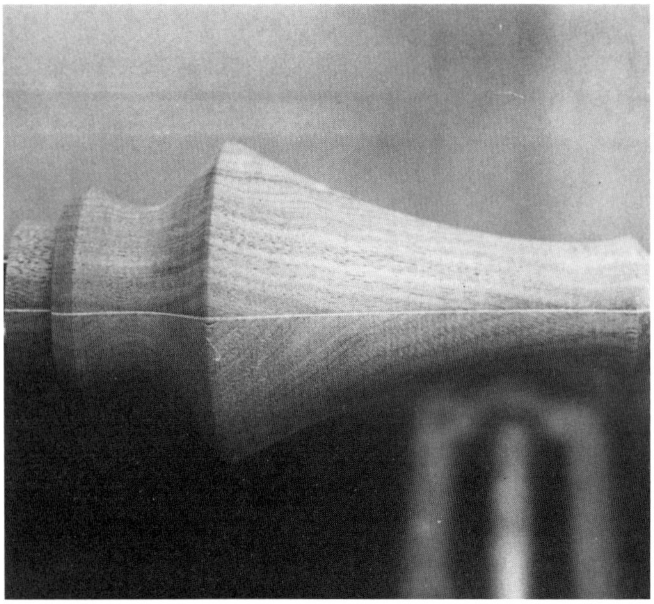

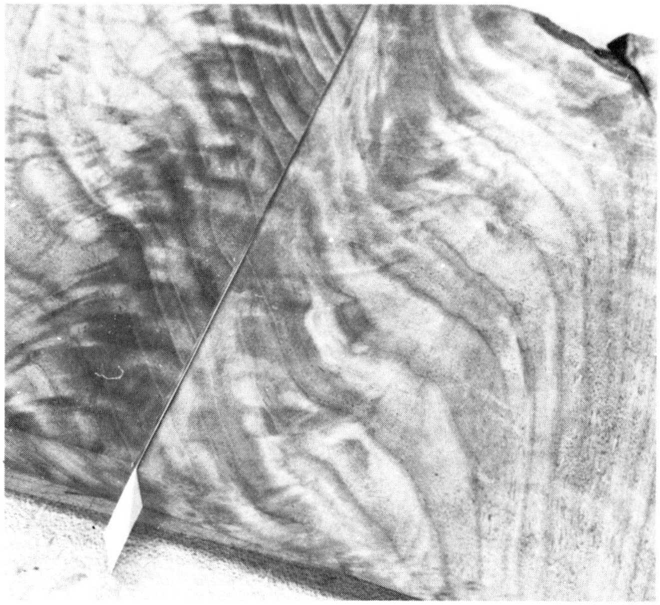

Bild 303

Das Werkstück bei niedrigen Drehzahlen bearbeiten. Man muß darauf achten, daß sich die Werkzeuge nicht im Holz verfangen.

Das Werkstück unter Anwendung der üblichen Methoden fertigdrehen.
Anschließend wird es geschliffen und gegebenenfalls oberflächenbehandelt.

Bild 304

Mit einem dünnen Messer die beiden Teile vorsichtig trennen, dabei die Kanten nicht beschädigen. Mit leichtem, gleichmäßigem Druck arbeiten.

Bild 305

Auf der Rückseite der beiden Teile befindet sich nach dem Trennen eine dünne Papierschicht. Diese kann man, falls erforderlich, mit Schleifpapier entfernen.

Bild 306

Zwei halbrunde Oberteile, zum Beispiel für ein Wandregal, lassen sich auf die gleiche Weise anfertigen.

Zum Trennen der Teile einen entsprechenden Papierstreifen ausschneiden.

Beide Teile mit dem Papierstreifen verleimen und einspannen. Den Leim mindestens 24 Stunden abbinden lassen.

Bild 307

Den gewünschten Durchmesser entwerfen und die Scheibe aussägen; für das Ausrichten etwas zugeben. Aus Abfallholz eine Hilfsplanscheibe in der Größe der Metallplanscheibe anfertigen. Dazu eine entsprechende Papierscheibe ausschneiden. Auf der Hilfsplanscheibe einen Kreis anreißen, der im Durchmesser etwas kleiner ist als die Bohrung für die Aufnahme der Unterteile. Das Führungsloch und zwei Schraubenlöcher in den Kreis bohren. Die Hilfsplanscheibe und das Werkstück mit der Papierscheibe verleimen. Die Schrauben in die Schraubenlöcher drehen. Bis der Leim trocken ist, kann somit die Planscheibe nicht verrutschen. Während des Drehens halten die Schrauben zusätzlich das Werkstück zusammen.

Bild 308

Die Planscheibe auf der Hilfsplanscheibe befestigen. Die Schrauben sollten nicht in das Werkstück eindringen.
Den Leim völlig abbinden lassen.

Bild 309

Das Werkstück bei einer niedrigen, immer gleichbleibenden Drehgeschwindigkeit bearbeiten. Auch ist darauf zu achten, daß die Werkzeuge im Werkstück nicht hängenbleiben.
Tip: Beim Drehen sollte man sich links oder rechts vom drehenden Werkstück postieren. Man sollte sich natürlich bei der Arbeit nicht ängstigen, aber dennoch ist Vorsicht nie fehl am Platze!
Bei ersten Anzeichen von Vibration oder Abspaltung ist sofort der Motor auszuschalten und das Werkstück zu überprüfen.
Nach dem Fertigdrehen wird das Werkstück geschliffen und mit dem gewünschten Überzug versehen.
Dann bohrt man das entsprechende Loch zur Aufnahme der Unterteile.
Anschließend das Werkstück mit einem dünnen Messer trennen.

Bild 310

Ober- und Unterteil verleimen, z. B. mit Ponal. Beide Teile müssen genau zusammenpassen.

Saftfrisches Holz

Das im Vergleich zu abgelagertem Holz äußerst preiswerte saftfrische (auch grünes Holz genannt) ist praktisch überall erhältlich. Obstbaumholz, wie Kirsch, Apfel, Aprikose oder Pfirsich, ist in den Obstanbaugebieten zu haben. Laubbaumholz, wie Ulme, Esche, Maulbeerbaum, Akazie, Nußbaum, Pappel, Trompetenbaum oder Ahorn, kann man beim Holzhändler, beim örtlichen Sägewerk, bei Waldbesitzern oder auch bei Forstämtern kaufen. Jede Gegend hat sozusagen ihre eigenen Hölzer, mit denen sich ausgezeichnet drechseln läßt. Die örtlichen Bezugsquellen haben oft Holz mit derartig schönen Maserungen und Naturtönen, wie es bei anderen Quellen, zum Beispiel Hobbygeschäften, wahrscheinlich nicht zu haben ist. Selbst aus Baumstümpfen, Maserknollen und Ästen lassen sich formschöne Gegenstände drechseln. Ein findiger Drechsler ist daher ständig auf der Suche nach neuen Holzquellen.

Nachdem ein Lieferant für grünes Holz gefunden ist, kann man seine Dankbarkeit ja in Form von einem oder mehreren gedrechselten Gegenständen zum Ausdruck bringen.

Manche Drechsler verwenden fast ausschließlich möglichst ast-, mark- oder splintfreies Holz. Das läßt sich zwar am einfachsten drechseln, doch fehlt es solchem Holz an Schönheit. Das reizvolle und kontrastreiche Splintholz hebt sich deutlich von schlichtem Holz ab. Eine einfache Drechselarbeit gewinnt durch dieses Holz an Wert. Es ist jedoch zu beachten, daß sich ast- oder splintreiches Holz schwieriger trocknen läßt.

Bei fehlerfreiem Holz, an dem keine Äste oder Splinte die gewünschte Form des Werkstücks beeinträchtigen, wird am besten zuerst die Vertiefung einer Schale herausgedreht. Dabei folgt man der Linie der Jahresringe. Diese Linie befindet sich auf der Hirnfläche des Rohlings. Während eine vorgedrehte Schale beim Trocknen dazu neigt, sich nach innen zu verziehen, richten sich die Jahresringe aus. Eine Schale, in der Linie der Jahresringe gedreht, verformt sich daher also weniger als eine, die gegen die Linie der Ringe gedreht wird. Sollten jedoch beim Drehen in der Linie der Jahresringe Fehler oder Schwierigkeiten auftauchen, so kann die Schale auch gegen die Jahresringe gedreht werden. Zwar verformt sich die Schale dadurch ein wenig mehr, wird aber wahrscheinlich innerhalb der Toleranzgrenze bleiben.

Grünes, frisch geschnittenes Holz kann in etwa drei Monaten vorgedreht, getrocknet und fertigbearbeitet werden. Eine Möglichkeit, das zu erreichen, ist die Anwendung von Wachs. Das Wachs versiegelt zum Teil die Oberfläche des vorgedrehten Werkstücks, besonders die Hirnfläche, wo die meisten Risse entstehen können. Die Teilversiegelung ermöglicht ein langsames und gleichmäßiges Austrocknen des Holzes und reduziert oder eliminiert die Rißbildung.

Bild 311

Diese Schalen wurden aus grünem Holz gedreht, getrocknet und konnten nach weniger als drei Monaten fertig bearbeitet werden. Sie haben keinerlei Fehler. Die Schalen wurden grün gedreht und anschließend nur mit Wachs behandelt.

Bild 312

Diese Schale wurde ebenfalls aus grünem Holz gedreht. Sie wurde ohne Wachsbehandlung unter gleichen Bedingungen getrocknet. Man beachte das extreme Schrumpfen und die Rißbildung.

Bild 313

Aus vorgetrocknetem Trompetenbaumholz wurde diese Schale gedreht und mit Wachs überzogen. Anschließend ließ man sie in einem Regal trocknen. Um den Trockengrad zu prüfen, wurde die Schale regelmäßig (in Gramm) gewogen.

31.10. 1.743 g (vorgetrocknet)
7.11. 1.460 g (nach 7 Tagen 283 g Wasserverlust)
27.11. 1.360 g (nach 20 Tagen 100 g Wasserverlust)
26. 1. 1.350 g (nach 61 Tagen 10 g Wasserverlust)

Die Schale wurde am 2. 1. fertig bearbeitet, als kein weiterer Wasserverlust mehr zu erwarten war.

Bild 314

Diese Schale wurde aus grünem Holz (Chinesische Ulme) gedreht. Anschließend wurde sie mit Wachs behandelt und in ein Regal zum Trocknen gestellt. Regelmäßiges Wiegen ergab folgende Resultate:

31.10. 1.800 g (grün)
7.11. 1.380 g (nach 7 Tagen 420 g Wasserverlust)
26.11. 1.020 g (nach 19 Tagen 360 g Wasserverlust)
26. 1. 980 g (nach 60 Tagen 40 g Wasserverlust)

Bild 315

Diese Schale wurde aus grünem Nußbaumastholz gedreht, anschließend mit Wachs behandelt und zum Trocknen in ein Regal gestellt. Regelmäßiges Wiegen brachte folgende Ergebnisse:

3.12. 570 g (grün)
24.12. 410 g (nach 21 Tagen 160 g Wasserverlust)
26. 1. 370 g (nach 32 Tagen 40 g Wasserverlust)
8. 2. 365 g (nach 13 Tagen 5 g Wasserverlust)

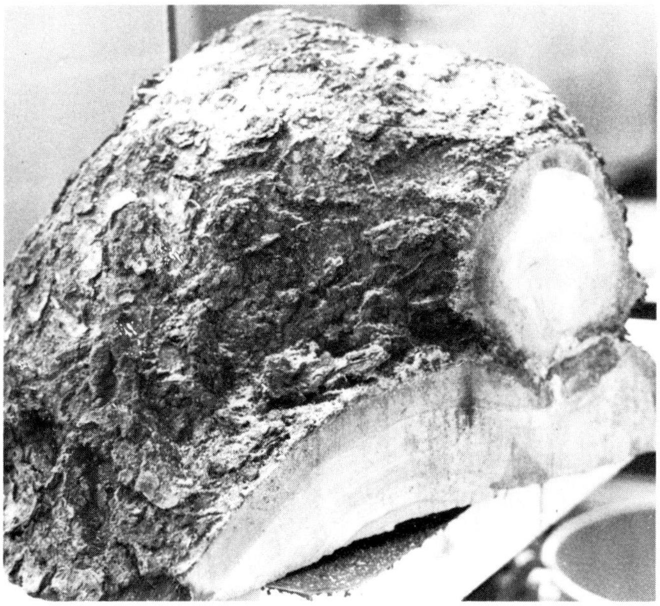

Bild 316

Während des Trocknens nimmt eine Schale eine ovale Form an. Bei einer Schale mit 300 mm Durchmesser beträgt die Abweichung vom Durchmesser längs und quer zur Maserung etwa 9 bis 13 mm. Bei der Wandungsstärke einer Schale in dieser Größenordnung muß man etwa 25 bis 30 mm an Zugabe berücksichtigen. Im Gegensatz zu großen Schalen schrumpfen kleine Schalen weniger. Je nach Holzart und deren Wachstumsbedingungen ist ein stärkeres oder geringeres Schrumpfen feststellbar.

Bild 317

Ein Stück grünes Holz, wie zum Beispiel solch ein Maserknollen aus Kirschbaumholz, wird nach der Auswahl mit einer Bandsäge roh zugeschnitten.

Bild 318

Den Rohling auf einer Planscheibe festschrauben. Dabei sollten zwei Schrauben in der Maserungsrichtung stehen. Während des Trocknens bleiben diese Schraubenlöcher genau in einer Linie und können später beim Fertigdrehen nochmals benutzt werden. Schraubenlöcher, die sich nicht in der Maserungslinie befinden, verschieben sich beträchtlich beim Trocknen und stimmen dann möglicherweise nicht mehr mit den Planscheibenbohrungen überein.

Bild 319

Der Rohling sollte nicht das Herzstück eines Baumes enthalten, da es naturgemäß zum Reißen neigt.

Bild 320

Die Schale außen auf die gewünschte Form drehen. Dann die Vertiefung herausdrehen. Dabei ist wichtig, daß die Schalenwandung ziemlich gleichmäßig, etwa 25 mm stark, bleibt. Unterschiede in der Wandungsstärke verhindern ein gleichmäßiges Trocknen des Werkstücks, die Folge ist Rißbildung.

Bild 321

Nach dem Vordrehen die Schale innen und außen reichlich mit Wachs überziehen. Das Werkstück von der Planscheibe nehmen und den Boden einwachsen.

Bild 322

Das Werkstück in einem Regal an einem kühlen, nicht zugigen Ort aufbewahren. In den ersten paar Tagen muß das Werkstück sorgfältig geprüft werden. Bei Anzeichen von Rißbildung wird ein weiterer Wachsüberzug aufgetragen. Hölzer mit extremer Zeichnung, wie zum Beispiel Baumstumpf- oder Maserknollenholz, müssen möglicherweise mehrmals gewachst werden. Bei schlichtem oder vorgetrocknetem Holz ist meist ein Wachsüberzug ausreichend.

Eine weitere Möglichkeit zur Stabilisierung von saftfrischem Holz, die auch gleichzeitig eine Änderung der Werkstückdimension auf ein Mindestmaß beschränkt, ist das PEG-Verfahren. Dieses Verfahren, nach dem Ausgangsmaterial Polyethylene Glycol 1000 (PEG) benannt, wurde vom Forest Products Laboratory in Madison, Wiscounsin, USA, entwickelt. Die Chemikalie ist als feste, weiße, wachsähnliche Substanz, die sich schnell in warmem Wasser auflöst, erhältlich.

Bei diesem Verfahren wird das Polyäthylen Glykol (PEG) in Wasser aufgelöst, je nach eingesetzter Menge erhält man eine 30- oder 50prozentige Lösung.

Das Werkstück wird dann für eine bestimmte Zeit in diese Lösung getaucht. Das PEG verdrängt dabei das in den Holzzellen befindliche Wasser. Nach dem Tauchbad läßt man das Werkstück in einem gut beheizten Raum trocknen. Je nach Zustand und Stärke des Werkstücks muß in der Regel mit einer Trocknungszeit von etwa vier bis acht Wochen gerechnet werden.

Bild 323

Diese aus grünem Holz gedrehten Schalen wurden in eine PEG-Lösung getaucht, getrocknet und nach drei bis vier Monaten fertig bearbeitet.

Bild 324

Einen entsprechenden Tauchbehälter für die Werkstücke auswählen. Der Behälter sollte aus Plastik, Glas, Keramik, Fiberglas oder aus Holz sein. Metallbehälter aus nicht rostfreiem Material sind ungeeignet, da das Metall auf das PEG reagiert. Die Lösung wird dadurch dunkler und verfärbt das Holz.

Da sich ein Aufheizen der Lösung bewährt hat, sollte man am Kessel ein Heizelement installieren.

Ein zusätzlicher Deckel hält die Wärme und kontrolliert das Verdampfen der Lösung.

Bild 325

Das PEG in warmem Wasser auflösen. Je nach eingesetzter Menge entsteht eine 30- oder 50-prozentige Lösung. Bei 15,6° C (60 Grad Fahrenheit) beträgt das spezifische Gewicht bei der 30prozentigen Lösung 1,05 und bei der 50prozentigen Lösung 1,093.

Konzentration und Temperatur der Lösung	Empfohlene Eintauchzeit	
	Scheibe aus Nußbaumholz: ∅ bis 225 mm; Stärke 25–38 mm	Scheibe aus Nußbaumholz: ∅ über 225 mm; Stärke 50–75 mm
30 % 21° C	20 Tage	60 Tage
50 % 21° C	15 Tage	45 Tage
30 % 60° C	7 Tage	30 Tage
50 % 60° C	3 Tage	14 Tage

Bild 326

Die Eintauchzeit richtet sich nach der Lösungstemperatur, der PEG-Konzentration und der Art und Stärke des Werkstücks. Bei Holz mit geringer Dichte, wie zum Beispiel Weichholz oder „weiches" Hartholz, ist nur etwa die halbe Eintauchzeit von Nußbaumholz erforderlich. Dagegen müssen harte Hölzer mit hoher Dichte, wie Buche, Ahorn, Birke und Obstbaum, weitaus länger als Nußbaumholz eingetaucht werden. Für eine effektive Behandlung von Hölzern mit sehr hoher Dichte muß mit höheren Temperaturen und längeren Eintauchzeiten gerechnet werden. Kirschbaumholz zum Beispiel wird bei Temperaturen über 43° blasig. Bei hohen Temperaturen ist also Vorsicht geboten. Um den eigenen Ansprüchen gerecht zu werden, sollte man experimentieren und die Eintauchzeiten selbst festlegen.

Bild 327

Das Werkstück vordrehen. Die Wandungsstärke sollte etwa 20 bis 25 mm betragen. Eine gleichmäßige Wandungsstärke sollte vorhanden sein, da bei größerer Abweichung die PEG-Lösung nicht gleichmäßig in das Holz eindringen kann; Probleme beim Trocknen sind die Folge. Größere Gegenstände aus Massivholz, zum Beispiel ein Kerzenhalter, erfordern eine längere Eintauchzeit.

Bild 328

Nach dem Eintauchen wird das Werkstück in einem geschützten Regal an einem gut beheizten und belüfteten Ort aufbewahrt. Je nach Raumtemperatur, Luftfeuchtigkeit und Wandungsstärke des Werkstücks sind unterschiedliche Trocknungszeiten möglich. Regelmäßiges Wiegen ist eine Methode, um den Trocknungsgrad festzustellen. Sobald sich das Gewicht nicht mehr verändert, kann mit der Fertigbearbeitung begonnen werden.

Bild 329

Die Werkstückunterseite planhobeln. Dann wird das Werkstück auf einer Planscheibe befestigt und fertiggedreht.

Bild 330

In PEG-Lösung getauchte Werkstücke sollten anschließend nur mit Polyurethanlack behandelt werden. Die meisten anderen Mittel vertragen sich nicht mit dem PEG-behandelten Holz. Das Werkstück anschließend schleifen, überziehen und polieren.

Das Drehen einer Schale

Bild 331

Für die Schale gut abgelagertes, fehlerfreies Holz auswählen.

Den Mittelpunkt markieren.

Mit einem Bleistiftzirkel oder Stechzirkel den Schalenumfang anreißen.

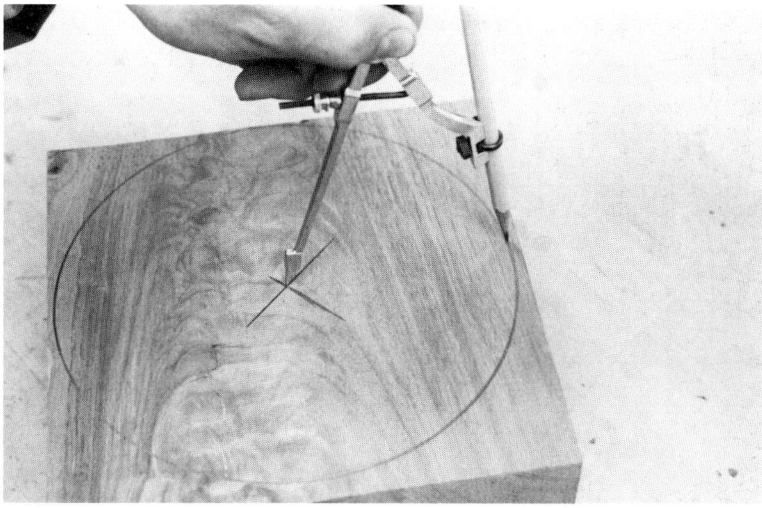

Bild 332

Mit der Bandsäge den Rohling aussägen.

Gegebenenfalls den Sägetisch schrägstellen, um noch überschüssiges Material zu entfernen.

Bild 333

Den Bohrtiefenanschlag am Bohrständer so einstellen, daß die entsprechende Bodenstärke, in der Regel 25 mm, genau eingehalten wird.

Das Loch bohren.

Das Loch gibt den Anhaltspunkt für die Schalentiefe, das zeitraubende Messen entfällt somit. Das Werkzeug kann gleich in der Bohrung angesetzt werden. Auch das erleichtert und verkürzt den Drehvorgang.

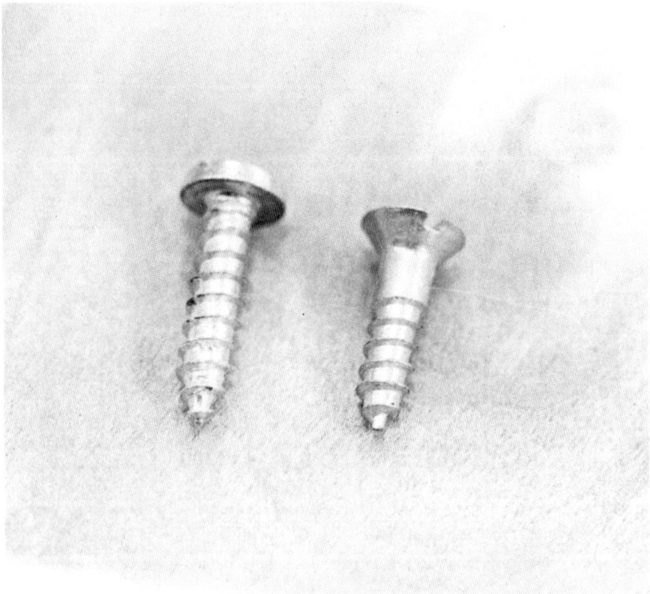

Bild 334

Eine Planscheibe auf dem Rohling zentrieren. Die Schraubenlöcher anreißen.

Bild 335

Die gewählten Befestigungsschrauben sollten so groß wie möglich sein.

Blech- oder Flachkopfschrauben eignen sich dazu besonders gut.

Schrauben mit breitem, starkem Gewinde halten besser als Schrauben mit einem feineren Gewinde. Kürzere Schrauben lassen sich gut verwenden.

Bild 336

Für die Schrauben die entsprechenden Löcher bohren.

Die Schrauben sollten etwa 13 bis 15 mm tief im Holz sitzen. In den meisten Fällen ist das ausreichend.

Die Führungslöcher aber nicht zu tief bohren, da sonst die Gefahr besteht, daß sie am Schalenboden sichtbar werden.

Bild 337

Die Planscheibe sicher auf dem Rohling befestigen.

Bild 338

Die Planscheibe auf die Drehspindel setzen. Etwas oberhalb der Werkstückachse die Werkzeugauflage einstellen.

Das Werkstück mit der Hand drehen, es darf nirgends hängenbleiben.

Bild 339

Auf sichere Kleidung ist zu achten. Ärmel sind hochzukrempeln, Ringe, Krawatte und Uhren sind abzulegen. Gesichtsschutz tragen.

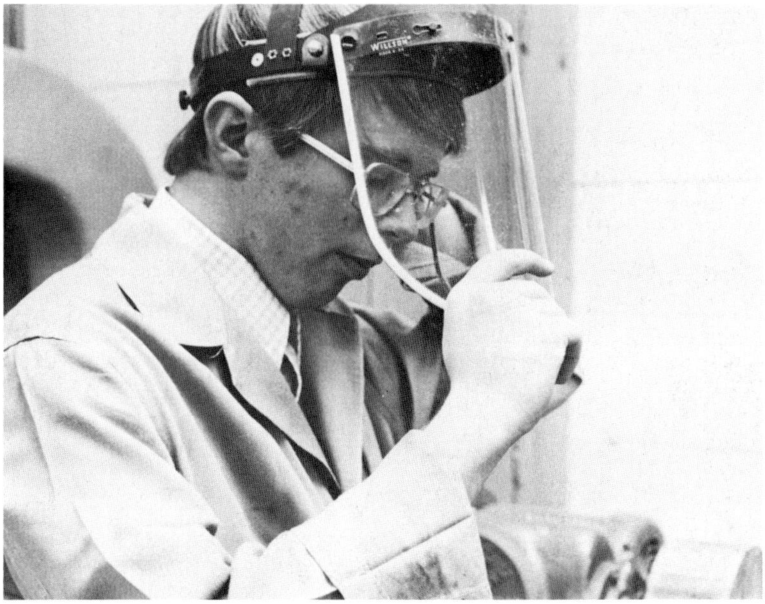

Bild 340

Das Werkstück genau rund drehen, dabei aber nicht zu viel Material abtragen.

Mit dem Formen der Außenfläche beginnen.

Bild 341

Die Werkzeugauflage muß sich immer dicht am Werkstück befinden. Während des Drehens ist sie deshalb häufig nachzustellen.

Bild 342

Bei der Endformung sollte man immer mit einem scharfgeschliffenen Werkzeug arbeiten, dabei leichte Schnitte ausführen.

Bild 343

Die Werkzeugauflage vor der Hirnfläche und etwa 6 mm unterhalb der Werkstückachse einstellen.

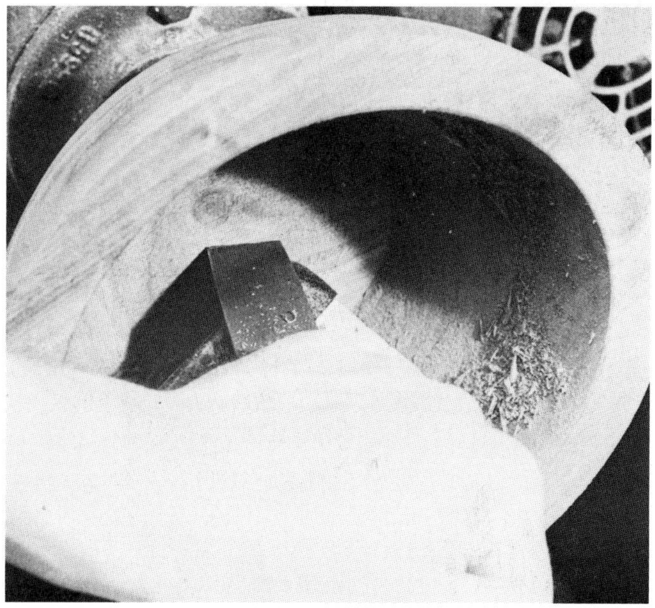

Bild 344

In der Schalenmitte mit mehreren, ungefähr 25 bis 40 mm tiefen Schnitten beginnen, die Bohrung erweitern.

Entsprechend der Werkstückform genügend Wandstärke berücksichtigen. Die hier gedrehte Schale erhält eine breite, kegelförmige Wandung und erscheint dadurch ziemlich klobig.

Bild 345

Ist der Schalenrand erreicht, beginnt man wieder in der Schalenmitte.

Bild 346

Sobald eine ausreichende Vertiefung herausgedreht ist, wird die Werkzeugauflage im Inneren der Schale eingestellt. Das ermöglicht eine bessere Werkzeugführung.

Zur eigenen Sicherheit und auch zum Schutz des Werkzeuges sollte die Werkzeugschneide nur minimal über die Auflage hinausgehen.

Bild 347

Mit einem scharfgeschliffenen Schlichtstahl den Schalenboden glattschaben.

Bild 348

Die Handauflage etwa 6 mm vor der Innenwand einstellen.

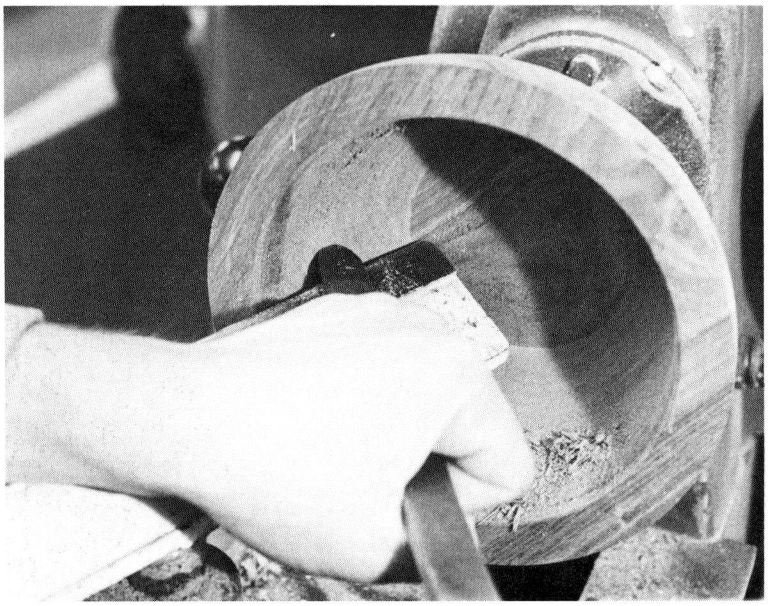

Bild 349

Mit einem Schrotstahl die Innenwand auf ihre endgültige Form drehen.

Bild 350

Die Wandungsstärke auf Gleichmäßigkeit überprüfen; oben am Rand ist die Wandung dünner, zum Boden hin wird sie allmählich dicker.

Die Wandungsstärke hängt weitgehend vom persönlichen Geschmack ab. Auf jeden Fall sollte man eine gefällige Form wählen, über- oder untertriebene Wandungsstärken sind nur in Ausnahmefällen akzeptabel.

Bild 351

Die Außenfläche der Schale zuerst mit grobem Schleifpapier (Körnung 60 bis 80), dann mit mittlerem Schleifpapier (Körnung 100 bis 150) und zum Schluß mit feinem Schleifpapier (Körnung 220) schleifen.

Das Schleifen in dieser Reihenfolge ist wichtig.

Mit einer Körnung immer so lange schleifen, bis sich die Oberfläche nicht mehr verbessern läßt.

Der häufigste Fehler beim Schleifen besteht darin, daß man zu schnell auf eine feinere Körnung überwechselt.

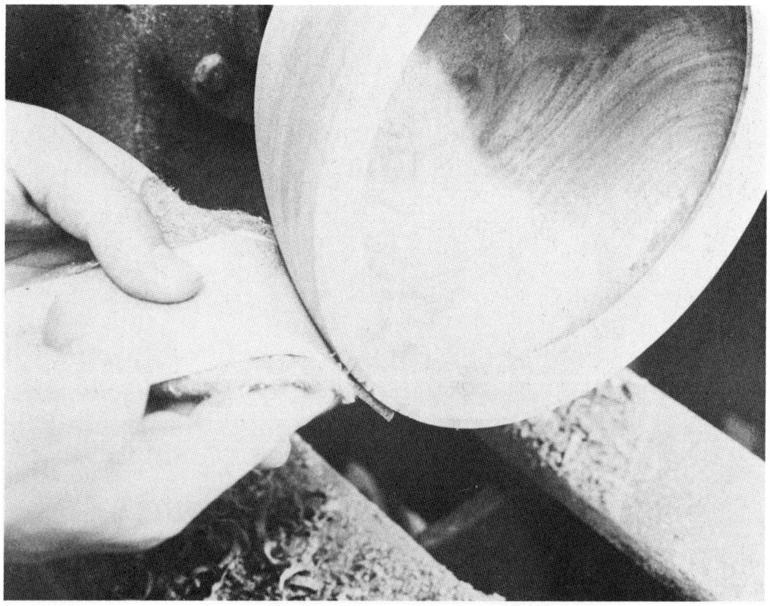

Bild 352

Innen wird die Schale auf die gleiche Weise geschliffen.

Es ist auch möglich, die Schale innen und außen gleichzeitig zu schleifen, dazu sind zwei Schleifballen erforderlich.

Wenn man mit den geschliffenen Flächen zufrieden ist, kann man die kleinen runden Schleifkratzer durch Schleifen in Richtung der Maserung entfernen. Das ist besonders bei hochwertigen Drechselarbeiten empfehlenswert.

Anschließend kann mit der Fertigbearbeitung der Schale begonnen werden (siehe Kapitel „Die Fertig- oder Endbearbeitung von Werkstücken“, Seite 99)

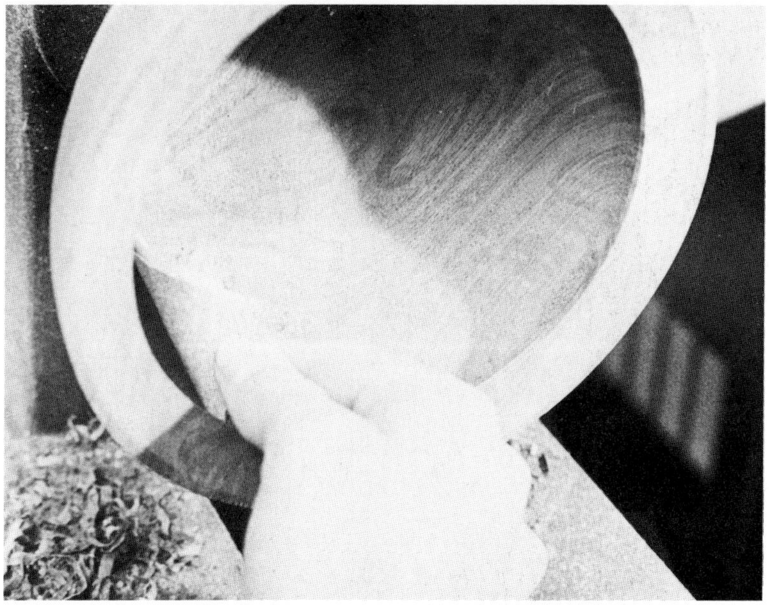

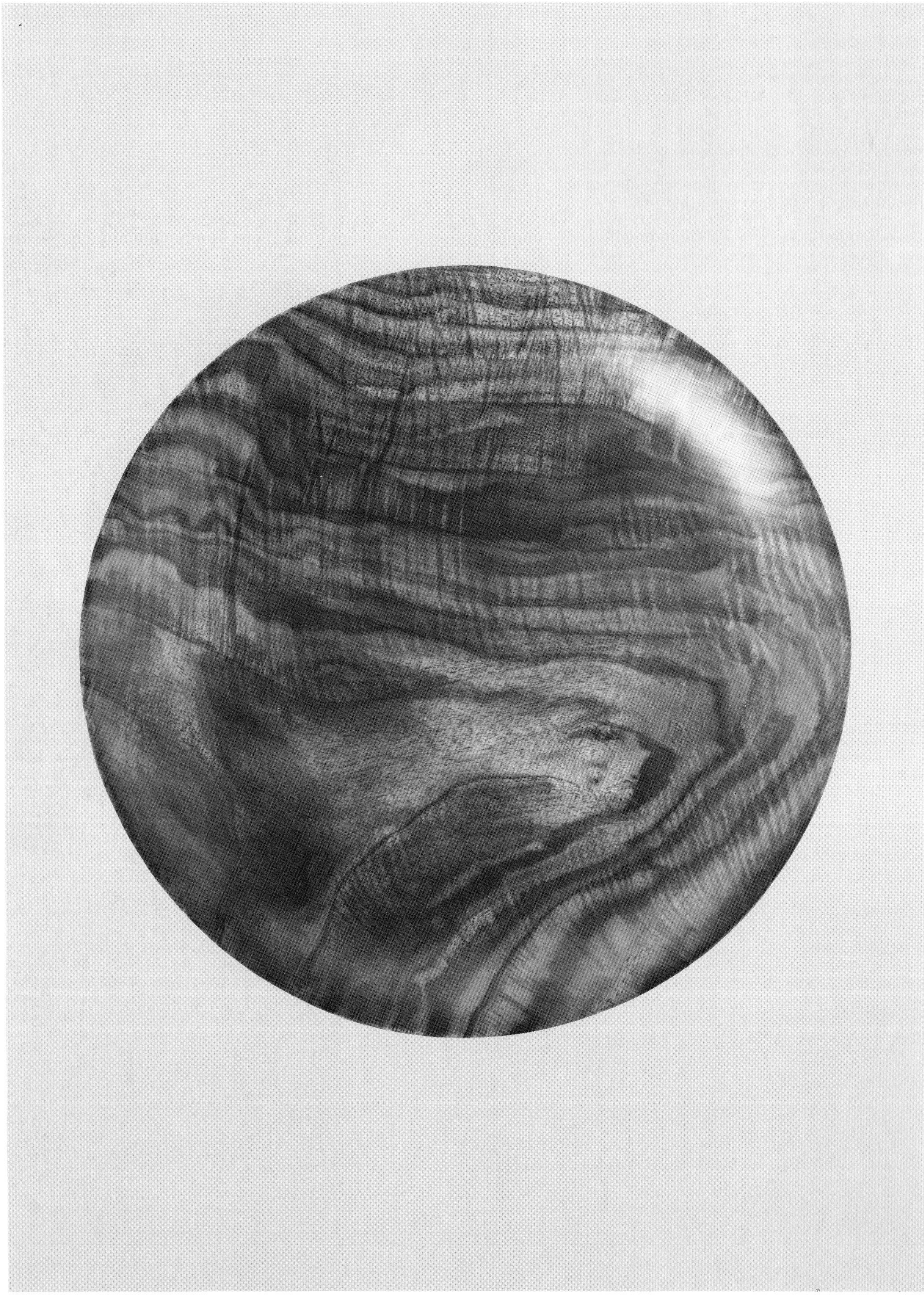

Das Drehen eines Tellers

Bild 353

Beim Drehen von Tellern ist es oft erforderlich, eine Schnittzeichnung anzufertigen.

Mit Hilfe der Zeichnung läßt sich dann eine Schablone anfertigen, die besonders dann notwendig ist, wenn mehrere gleiche Teller gedreht werden sollen.

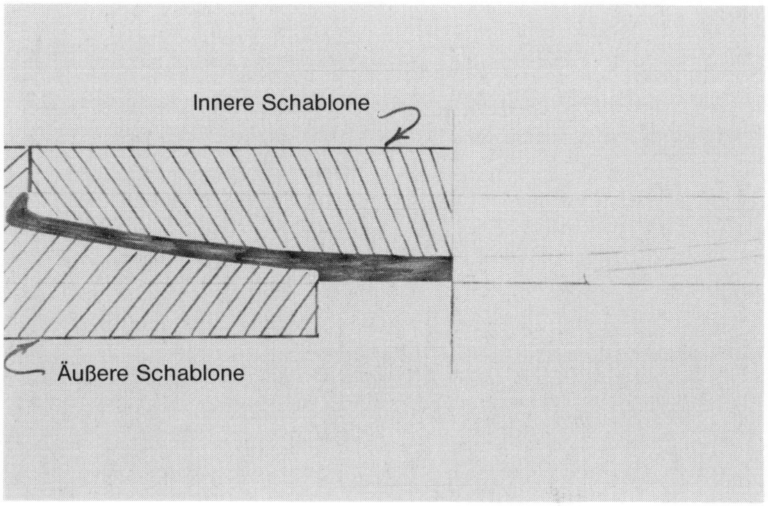

Bild 354

Den Teller auf einem entsprechend großen Rohling anreißen.

Den Rohling mit der Bandsäge aussägen.

Dann den Rohling durch Papierverleimung oder auch direkt mit kurzen Schrauben auf einer Planscheibe befestigen.

Den Reitstock vor dem Rohling einstellen, die Körnerspitze als Spannvorrichtung benutzen.

Bild 355

Die Werkzeugauflage etwas oberhalb der Werkstückachse einstellen.

Mit einem modifizierten Schlicht- oder Spitzstahl das Werkstück auf den gewünschten Durchmesser bringen.

Das festgelegte Maß einhalten.

Mit dem Formen des Randes und der Unterseite beginnen.

Bild 356

Die Werkzeugauflage wie abgebildet hinter dem Teller einstellen. Etwa 6 bis 10 mm Abstand einhalten.

Die Unterseite mit einem Schrotstahl formen.

Bild 357

Mit der Schablone mehrmals prüfen.

Genügend Material zum Schleifen berücksichtigen.

Die Unterseite kann entweder anschließend oder später geschliffen werden.

Bild 358

Dann die Werkzeugauflage vor dem Teller und etwas unterhalb der Werkstückachse einstellen.

Den ersten Schnitt etwa 25 bis 30 mm vom Tellerrand anbringen und das Werkzeug dabei langsam zum Tellerrand führen.
Diesen Schritt so lange wiederholen, bis der Teller an dieser Stelle seine endgültige Form erhält.
Vom Tellerrand führt man dann das Werkzeug langsam zur Tellermitte. Mit dieser Arbeitsweise bleibt der Schwerpunkt des Tellers immer in der Werkstückmitte. Die gewöhnlich beim Drehen von Tellern auftretenden Vibrationen und Geräusche werden dadurch verhindert.

Bild 359

Mit der Schablone oder einem anderen geeigneten Meßmittel die Tellerstärke prüfen.
So lange weiterarbeiten, bis man die Tellermitte erreicht.

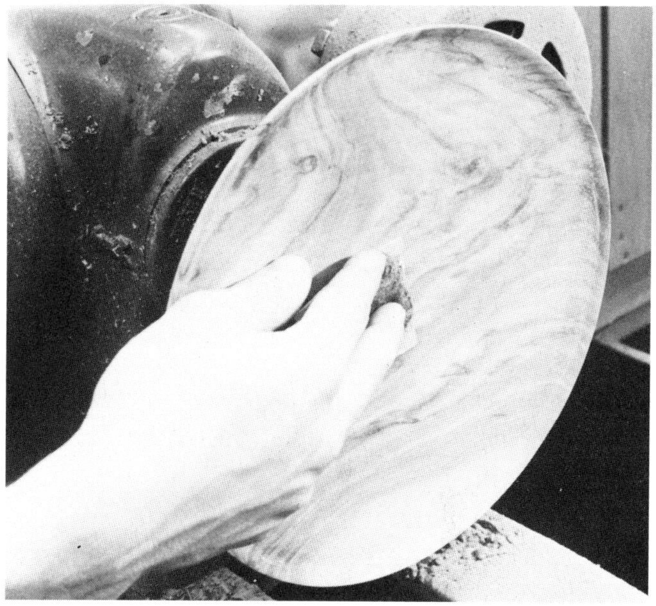

Bild 360

Die Körnerspitze entfernen und den Mittelpunkt bearbeiten.

Bild 361

Die Endform des Tellers nochmals prüfen.

Bild 362

Dünne flache Teller sollten immer gleichzeitig auf beiden Seiten geschliffen werden. Dazu Schleifballen benutzen.

Bild 363

Zum Schluß wird immer in Maserungsrichtung geschliffen. Das Schleifpapier nur leicht andrücken. Für diese Schleifarbeit eignet sich gröberes Schleifpapier am besten. Wenn zum Beispiel das Feinschleifen mit 220er-Schleifpapier erfolgte, verwendet man anschließend 180er-Papier. Dadurch wird der Schleifvorgang beschleunigt. Das Wechseln der Körnung fällt beim Schleifen mit der Maserung nicht so sehr ins Gewicht.

Das Drehen eines rechteckigen Tabletts

Bild 364

Rechteckige Tabletts lassen sich ohne großen Materialverlust auf der Drehmaschine herstellen. Die Tabletts werden nach dem Drehen geformt. Da es sich in der Regel um große Werkstücke handelt, dreht man sie gewöhnlich auf der Außendrehvorrichtung einer Drechselbank.

Bild 365

Eine entsprechend große Holzplatte auswählen.

Beide Kanten zurechthobeln und mit Abfallholz verleimen. Das Abfallholz dient zur Sicherheit beim Drehen. Das Werkstück muß rund sein, denn sonst würde das Werkzeug die Kanten brechen oder im Holz hängenbleiben.

Einen Kreis entwerfen und den Rohling aussägen.

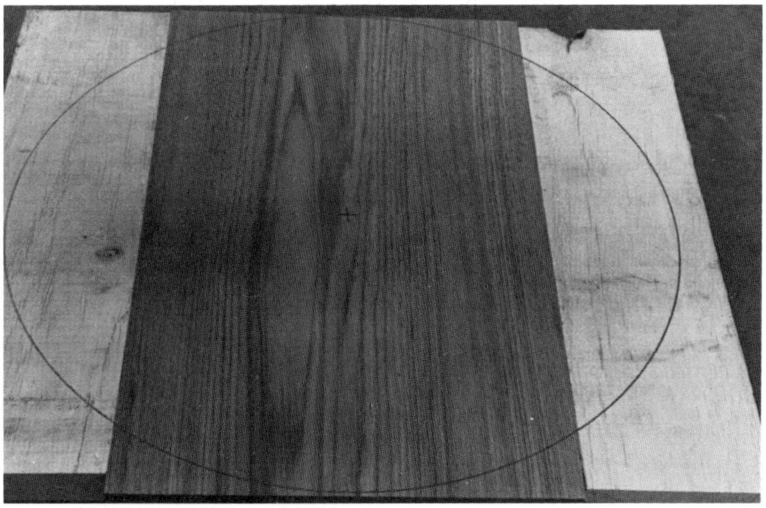

Bild 366

Den Rohling auf der Aufspannplatte der Außendrehvorrichtung befestigen. In den meisten Fällen wird dazu das Handrad der Drechselbank benutzt.

Den Rohling mit kurzen Schrauben befestigen.

Den Rand auf die gewünschte Form bringen. Auch hier, wie beim Tellerdrehen, das Werkzeug vom Rand zur Mitte führen.

Bild 367

Den Innenabschnitt bearbeiten, das Werkzeug vom Rand zur Mitte führen. Dabei erhält das Werkstück gleich seine Endform. Auch bei dieser Art Werkstück können starke Vibrationen und Geräusche auftreten, wenn nicht, wie beschrieben, von außen nach innen gearbeitet wird.

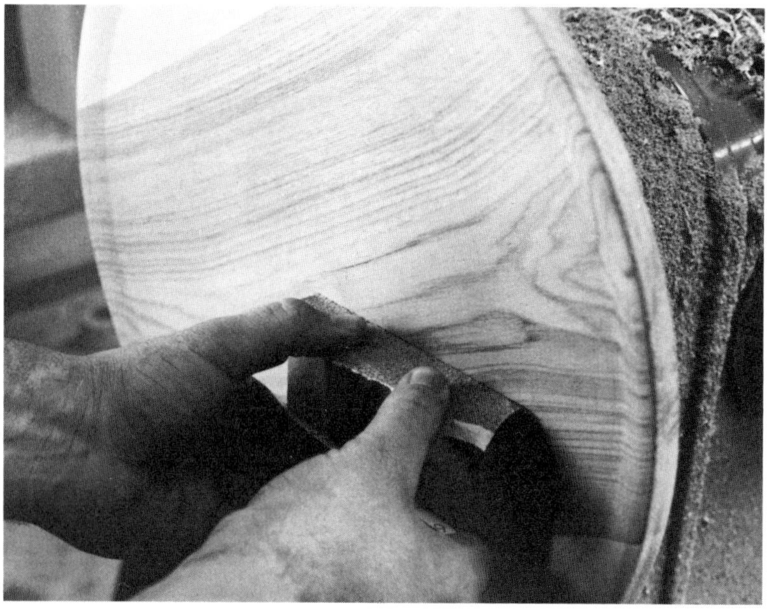

Bild 368

Das Tablett mit Schleifpapier und Schleifklotz glattschleifen. Bei breiten und relativ dünnen Tabletts sollte man, besonders an den Kanten, den Schleifklotz nicht zu fest andrücken.

Bild 369

Das Tablett von der Aufspannscheibe nehmen. Schon jetzt ist das Tablett schön genug, um es in seiner runden Form zu belassen.

Bild 370

Mit der Bandsäge das angeleimte Abfallholz entfernen.

Besitzt das Tablett einen flachen Rand, so wird dieser plangehobelt und glattgeschliffen. Scharfe Kanten etwas abrunden und harmonisch mit der Tablettfläche verbinden.

Bild 371

Durch diese Methode lassen sich Tabletts in den verschiedensten Formen anfertigen. Diese Formen können sich nach dem Muster der Holzmaserung oder dem jeweiligen Verwendungszweck des Tabletts richten.

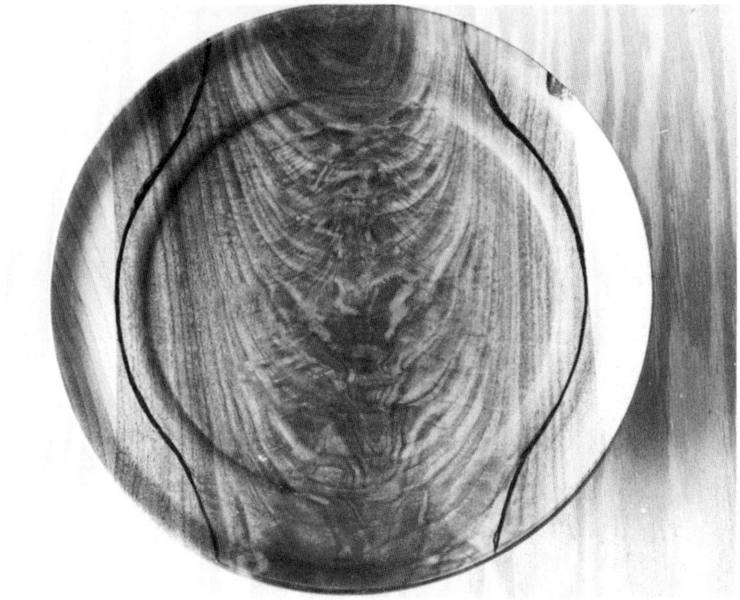

Die Formgebung nach dem Drehen

Bild 372

Die Kanten der Schalen und des Tabletts wurden nach dem Drehen geformt. Durch diese Methode gewinnen symmetrische Drehgüter zusätzlich an Reiz und Charakter, das jedoch nur, wenn Design und handwerkliches Können stimmen.

Bild 373

Eine Bandsäge eignet sich besonders gut dazu, überflüssige Kanten zu entfernen. Falls keine Bandsäge zur Verfügung steht, kann man dazu auch eine Laubsäge benutzen.

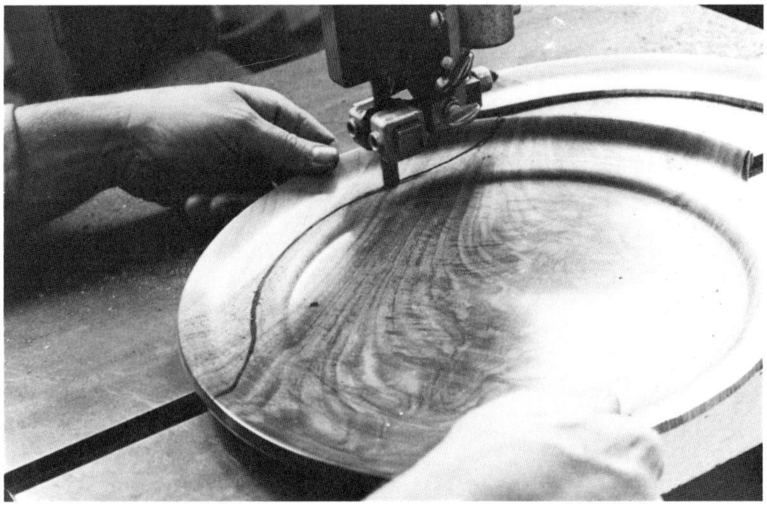

Bild 374

Mit einer solchen Bandschleifmaschine lassen sich die Umrisse eines Werkstücks formen und glattschleifen. Wenn nicht allzuviel Material abgetragen werden muß, kann die Formgebung auch gleich mit solch einer Maschine erfolgen. Maschinen mit Schleifwalzen, Schleifrollen oder Schleiftellern lassen sich ebenfalls wirksam einsetzen. Sollte keine Maschine zur Verfügung stehen, wird diese Arbeit mit Hilfe einer Feile oder Raspel durchgeführt. Das Feinschleifen erfolgt mit der Hand.

Das Handschleifen ist auf jeden Fall notwendig, um die Kanten und die gedrehten Flächen harmonisch miteinander zu verbinden. Alle Kanten sollten glatt und abgerundet sein. Wenn man mit der Hand über die Flächen fährt, sollten keinerlei rauhe Stellen zu spüren sein. Von Fläche zu Fläche muß überall ein fließender Übergang bestehen.

Das Drehen eines Deckels

Bild 375

Ein relativ schlichter Behälter erhält durch einen Deckel einen zusätzlichen Hauch von Eleganz. Deckel lassen sich in den verschiedensten Ausführungen anfertigen, aber sie sollten sowohl funktionell sein als auch zur Form des Behälters passen. Ein Deckel aus reich gemasertem Holz erregt möglicherweise Aufmerksamkeit oder betont zusätzlich seine Form. Schlichtes Holz ist dort zu verwenden, wo der Ausdruck in der gesamten Behälterform liegen soll. Das Holz und die Deckelform sind mit Bedacht zu wählen.

Es gibt mehrere Möglichkeiten, einen Deckel zu drehen. Auf jeden Fall sollte ein Deckel leicht und formschön sein. Dieses Kapitel will zeigen, wie ein Deckel mit Knopf gedreht werden kann.

Bild 376

Den Durchmesser der Behälteröffnung ermitteln. Ein entsprechend rundes Werkstück mit der Bandsäge zuschneiden. Im Rohmaß sollte der Deckel etwa 6 bis 13 mm größer sein als im Endmaß.

In den Mittelpunkt des Deckels ein Führungsloch bohren. Den Deckel auf einem Schraubenfutter befestigen.

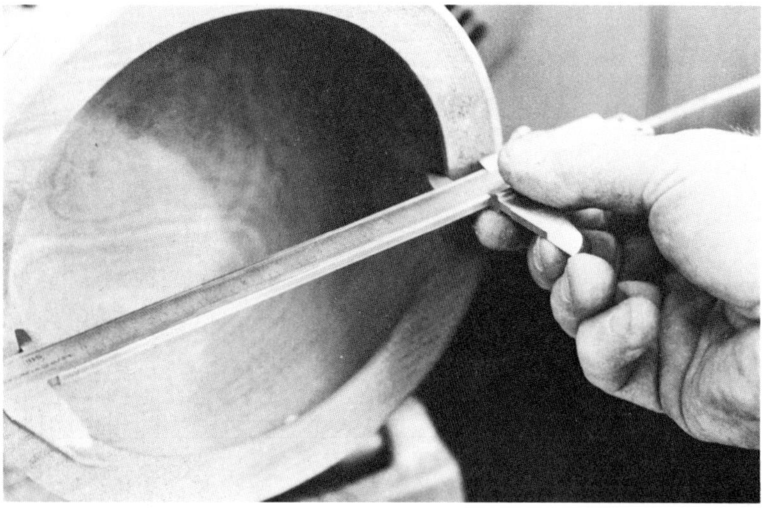

Bild 377

Mit einer Schieblehre den Öffnungsdurchmesser abnehmen.

Bild 378

Die Scheibe genau rund drehen, gegebenenfalls auch plan drehen.

Den Öffnungsdurchmesser auf die Scheibe übertragen.

Bild 379

Den Deckelflansch drehen. Dabei ist zu beachten, daß der Flansch im Durchmesser etwas größer als die Öffnung sein muß.

Mit dem Behälter den Paßsitz prüfen.

Mit einem scharfgeschliffenen Werkzeug, zum Beispiel einem Schlichtstahl, den Flansch auf die gewünschte Größe bringen. Anschließend sollte der Flansch stramm in der Öffnung sitzen.

Dann wird der Flansch leicht angeschliffen, damit er nicht mehr ganz so stramm sitzt.

Es empfiehlt sich, den Flansch etwas konisch zu drehen. Dadurch läßt sich der Deckel leichter aufsetzen, sitzt aber in der Endstellung dann doch fest.

Bild 380

Innnen wird der Deckel mit einem Schrotstahl bearbeitet. Dabei muß man beachten, daß der Deckel innen und außen gewöhnlich die gleiche Form hat.

Während des Drehens kann die Schraube des Futters sichtbar werden. Das Werkzeug vorsichtig an die Schrauben heranführen, dann kann sich der Deckel nicht lösen.

Um diese Methode anwenden zu können, muß die Deckelinnenfläche flach oder gewölbt sein.

Bild 381

Den Deckel innen gründlich schleifen.

Dann den Deckel vom Schraubenfutter abnehmen.

Auf das Schraubenfutter eine im Durchmesser etwas größere Papierscheibe setzen. Durch die Papierscheibe kann die Deckelinnenfläche nicht verkratzen.

Den Deckel mit der Innenseite auf das Futter schrauben.

Bild 382

Den Deckel auf die gewünschte Form drehen.

Bild 383

Für den Deckelknopf ein geeignetes Holzstück auswählen.

Ein Führungsloch bohren. Das Holzstück auf einem kleinen Schraubenfutter befestigen.

Den Knopf vordrehen, am Fuß einen Zapfen mit 6 mm Durchmesser stehenlassen.

Bild 384

Das Abfallstück vom Knopf sägen.

In den Deckel ein Zapfenloch bohren und den Knopf darin festleimen.

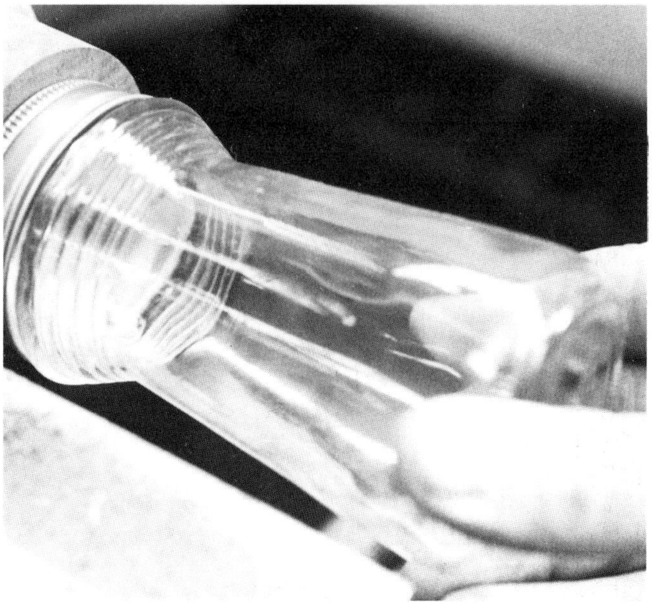

Bild 385

Den Knopf fertigdrehen.

Die Außenfläche des Deckels schleifen.

Dann dem Deckel den gewünschten Überzug geben.

Bild 386

Das Schraubenloch auf 9 mm bohren und mit einem geeigneten Verschlußstopfen verschließen.

Bild 387

Deckel mit einem flachen Boden werden durch Papierverleimung auf einer Planscheibe befestigt.

Der Deckel wird fertiggedreht und oberflächenbehandelt. Anschließend nimmt man den Deckel von der Planscheibe und bearbeitet die Unterseite.

Bild 388

Formschöne Deckel für Flaschen oder Gläser lassen sich mit Hilfe der vorhandenen Metallverschlüsse anfertigen. Ein Verschluß aus Holz verwandelt ein gewöhnliches Glas in einen reizvollen Vorratsbehälter für die Küche.

Geeignetes Material für den Verschluß auswählen.

Das Werkstück roh aussägen und mit einer Papierscheibe auf ein Stück Abfallholz leimen. Das Abfallholz auf einer Planscheibe befestigen.

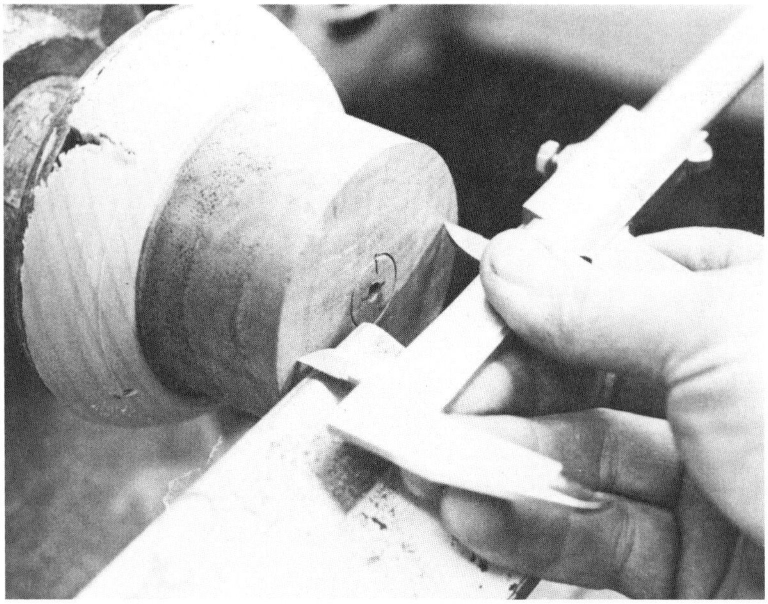

Bild 389

Das Werkstück auf genauen Durchmesser drehen.

Vom Metallverschluß den Durchmesser abnehmen und auf das Werkstück übertragen.

Bild 390

Ein großes Loch in das Werkstück bohren. Das Loch sollte nicht ganz so tief wie der Deckel sein.

Der Metallverschluß muß stramm in der Öffnung sitzen.

Die Öffnung erweitern, bis sich der Verschluß mit Druck einsetzen läßt.

Dann die Öffnung so weit vertiefen, bis sie den Verschluß ganz aufnimmt.

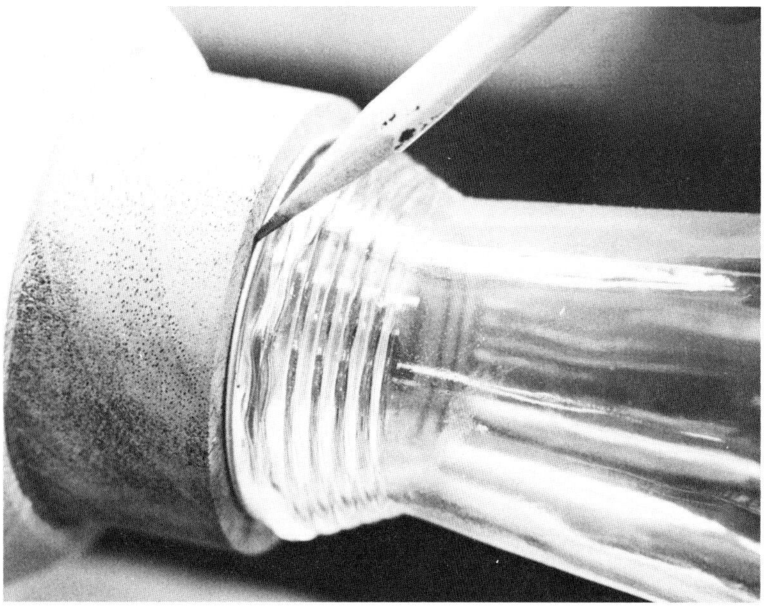

Bild 391

Mit einem Rundholz den Metallverschluß vorsichtig in die Öffnung schlagen. Dabei den Verschluß nicht verbiegen.

Der Wulst des Verschlusses sollte eng am Holz anliegen.

Die Unterkante schleifen.

Bild 392

Mit einem Abstechstahl das Werkstück vom Abfallholz trennen.

In das Abfallholz ein Loch bohren. Das Loch sollte mindestens 13 bis 19 mm tief und ein guter Paßsitz für das Werkstück sein.

Anschließend in den Mittelpunkt der Öffnung ein durchgehendes Loch bohren mit einem Durchmesser von 25 mm.

Das Werkstück in das große Loch pressen. Eine leicht konische Bohrung ist das Geheimnis des festsitzenden Werkstücks.

Bild 393

Den Holzverschluß fertigdrehen. Der Holzverschluß und der Glasbehälter sollten in ihrer Form und Größe miteinander harmonieren.

Den Holzverschluß schleifen.

Bild 394

Die Planscheibe von der Drehspindel nehmen.

Mit Hilfe eines Rundholzes den Holzverschluß aus dem Futter herausdrücken.

Bild 395

Jetzt kann mit der Oberflächenbehandlung begonnen werden. Hier ist eine Lack- oder Ölbehandlung empfehlenswert.

Ergebnis: Aus einem einfachen Glasgefäß wird ein attraktiver Vorratsbehälter.

Kleine runde Dosen

Bild 396

Kleine runde Dosen lassen sich vielseitig verwenden. In der Küche benutzt man sie als Behälter für Gewürze, Salz, Zucker und andere Zutaten. Bei Kindern sind diese Dosen zum Aufbewahren von Schmuck, Münzen, Spielsteinen und Murmeln sehr beliebt.

In großen runden Dosen lassen sich beispielsweise Kekse oder Süßigkeiten aufbewahren. Runddosen sind begehrt, in welcher Größe auch immer.

Das Drehen einer kleinen runden Dose aus einem Stück Holz wird in den folgenden Abschnitten veranschaulicht.

Bild 397

Ein entsprechendes Stück Holz für die Dose auswählen und zylindrisch drehen.

Den Zylinder durch Papierverleimung auf einer Planscheibe befestigen.

Den Zylinder auf die gewünschten Abmessungen bringen. Anschließend Körper und Deckel entwerfen.

Bild 398

Mit einem Abstechstahl den Deckelflansch abstechen. Die Stärke der Dosenwandung hängt von der hier eingestochenen Flanschtiefe ab.

Den Deckel vom Dosenkörper teilweise abstechen.

Bild 399

Den Deckel auf die gewünschte Form drehen und fertigschleifen.

Mit dem Abstechstahl und einer feingezahnten Säge dann den Deckel vom Zylinder abnehmen.

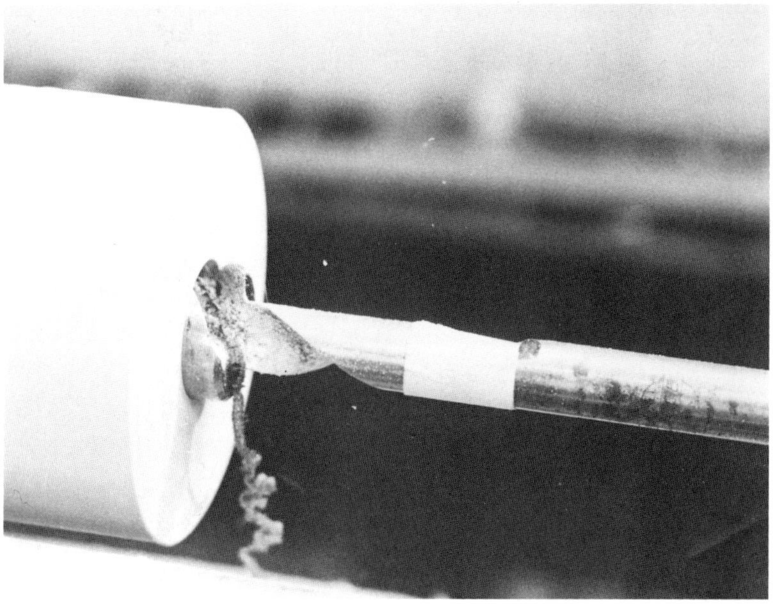

Bild 400

Ein der Dosentiefe entsprechendes Loch bohren. Der Klebestreifen am Bohrer zeigt die genaue Tiefe an.

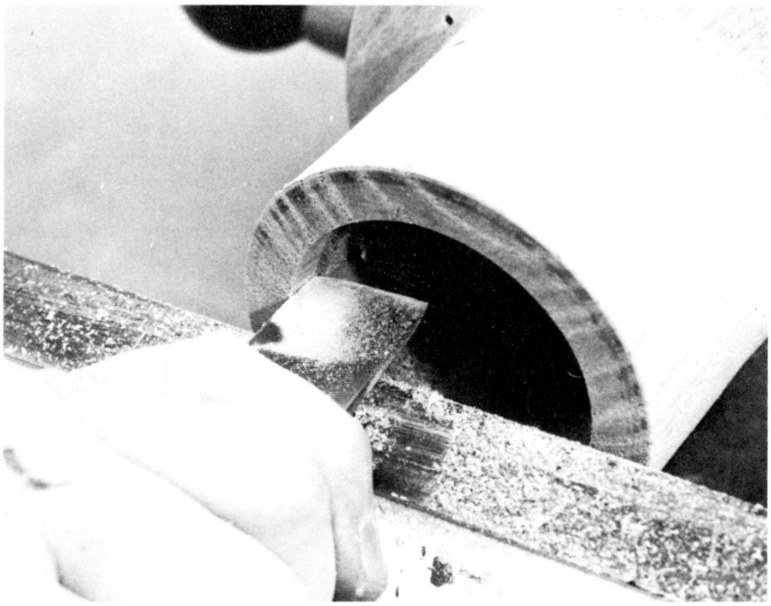

Bild 401

Mit einem Flachmeißel oder modifiziertem Schlichtstahl die Bohrung erweitern.

Den Öffnungsdurchmesser mehrmals prüfen.

Den Vorgang beenden, sobald die Öffnung etwas kleiner als der Deckelflansch ist. Gegebenenfalls mit einem Schrotstahl den Boden der Vertiefung formen, dabei Boden und Wandung harmonisch verbinden.

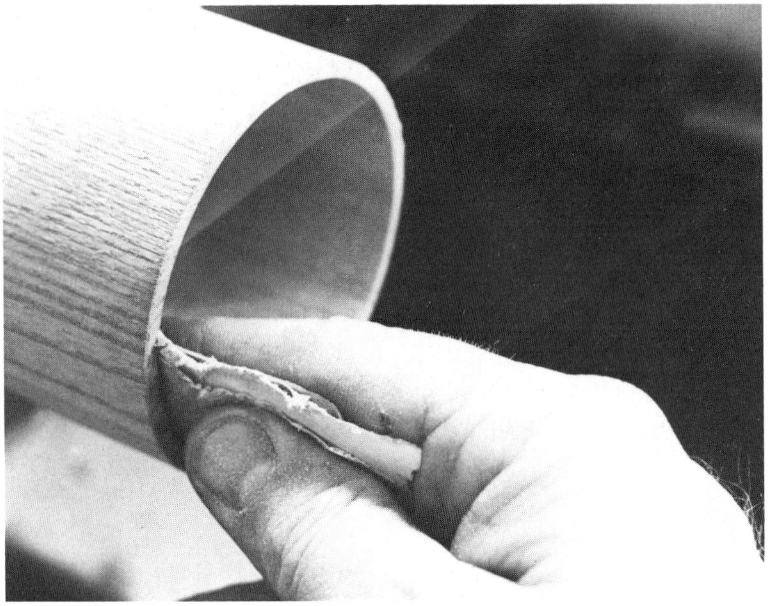

Bild 402

Die Dose innen vorsichtig schleifen, dabei die Öffnung nicht erweitern.

Bild 403

Mit dem Deckel wird die Öffnungsweite geprüft.

An dieser Stelle darf sich der Deckel nur durch leichte Schläge mit der Hand aufsetzen lassen.

Bild 404

Mit aufgesetztem Deckel die Dose außen fertigdrehen und anschließend gründlich schleifen.

Bild 405

Den Deckel wieder abnehmen. Die Öffnung schleifen, bis der Deckel richtig sitzt.

Bild 406

Bis nach der Oberflächenbehandlung kann die Dose auf der Planscheibe bleiben.

Um den Deckelflansch klebt man einen Streifen Kreppband. Das hält den Deckel auf der Dose.

Mit einem Abstechstahl die Dose teilweise von der Planscheibe abstechen, anschließend mit einer feingezahnten Säge die Dose absägen.

Das Drehen von Pfeffermühlen

Bild 407

Das Anfertigen von Pfeffermühlen und Salzstreuern ist eine Herausforderung für jeden Drechsler. Design und Form lassen sich je nach Art der Inneneinrichtung variieren. Für eine kleine Pfeffermühle, wie diese hier im Bild, eignet sich reich gemasertes oder auch exotisches Holz besonders gut.

Bild 408

Wird für das Innenleben der Mühle ein handelsüblicher Bausatz verwendet, so sind aufgrund der engen Toleranzen die angegebenen Maße genauestens einzuhalten.

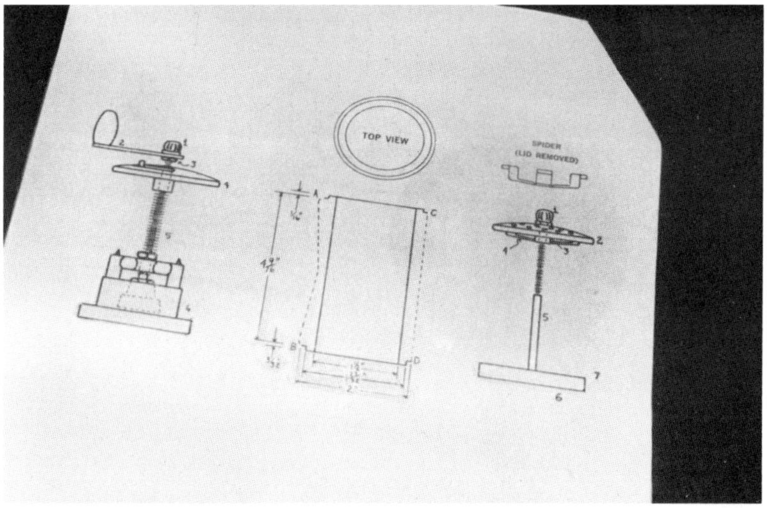

Bild 409

Ein geeignetes Stück Holz auswählen. Für die Endform genügend Zugabe bei der Länge (mindestens 13 mm) und beim Durchmesser berücksichtigen.

Das Werkstück einspannen und auf seinen Rohdurchmesser drehen.

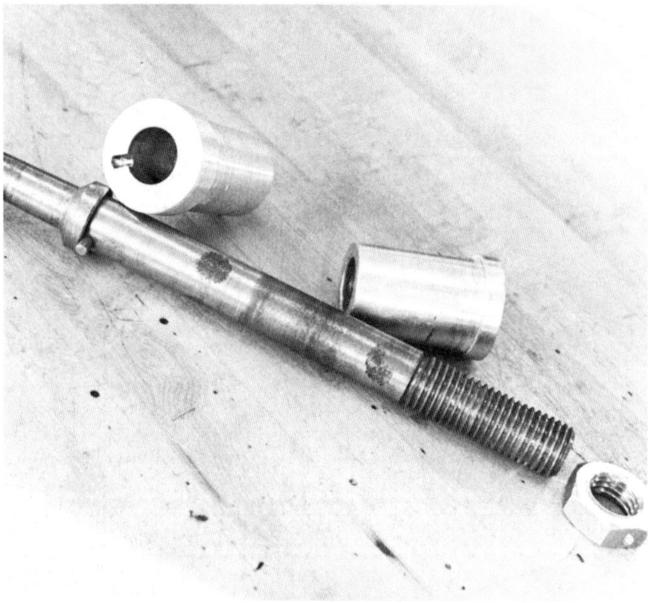

Bild 410

Den Zylinder in ein Dreibackenfutter spannen und in voller Länge durchbohren. Vorsichtig arbeiten, denn das Bohren in Hirnholz ist schwierig! Am besten bohrt man zuerst mit einem kleineren Bohrer ein Loch (von zum Beispiel 25 mm) vor und bringt dann die Bohrung mit weiteren größeren Bohrern auf den festgelegten Durchmesser (in diesem Fall 38 mm).

Auf keinen Fall gleich mit dem entsprechenden Bohrer die Bohrung fertigbohren, denn der Bohrer wird dabei so stark vibrieren und flattern, daß die Bohrung Übermaß bekommt.

Bild 411

Beim Drehen von hohlen Zylindern, zum Beispiel Pfeffermühlen, leistet ein Spanndorn gute Dienste. Der hier abgebildete Spanndorn wurde für diesen Zweck eigens angefertigt. Die beiden konischen Zapfen dienen zum Festspannen. Während sich auf der einen Seite ein Gewinde befindet, ist die andere Dornseite zur Aufnahme in die Drehspindel konisch ausgeführt. Am Beginn der Verjüngung hat der Dorn einen Anschlag mit einem Stift. Dieser Stift paßt in eine Aussparung an einem der Zapfen. Der andere Zapfen läßt sich über den Dorn schieben und wird durch eine Mutter gehalten. Zur Aufnahme der kugelgelagerten Körnerspitze ist der Dorn an der Gewindeseite angebohrt.

Bild 412

Der Drehdorn läßt sich genau zwischen Spindelstock und Reitstock einspannen. Zum Drehen von mehreren Pfeffermühlen ist der Drehdorn ein nützliches Instrument.
Ein oder zwei Mühlensets lassen sich auf einfache Weise mit Hilfe von zwei konischen Holzzapfen, die in die Bohrung des Rohlings gesetzt werden, drehen.

Bild 413

Den Rohling auf dem Drehdorn befestigen.
Die rechte Seite muß flach und maßgerecht sein. Die erforderliche Länge der Mühle mit Hilfe einer Schieblehre auf den Rohling übertragen. Mit einem Abstechstahl den Rohling genau ablängen.

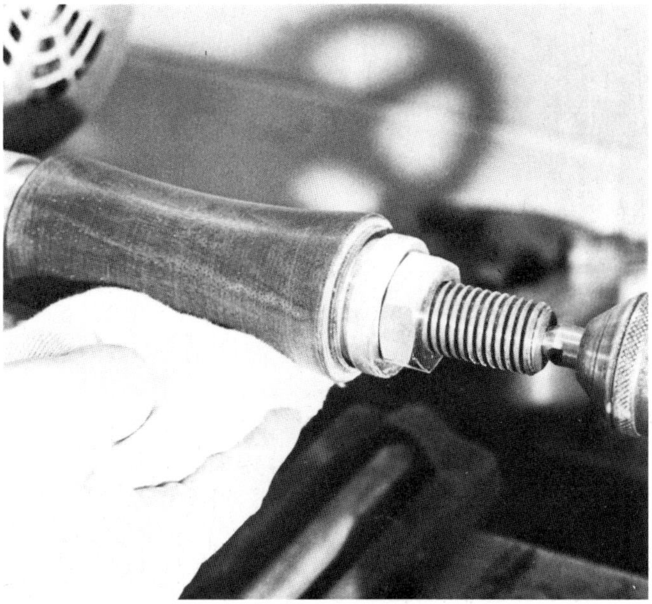

Bild 414

Die Schieblehre etwas über dem Sollmaß einstellen, beide Abstufungen auf diesen Durchmesser drehen.

Anschließend mit einem Flachmeißel oder Schlichstahl die beiden Abstufungen auf den Enddurchmeser drehen. Bei diesem schwierigen Vorgang ist Genauigkeit sehr wichtig.

Bild 415

Die Pfeffermühle außen auf die gewünschte Form drehen. Die Anwendung einer Schablone ist hier sehr nützlich, denn normalerweise gehört zu einer Pfeffermühle auch ein Salzstreuer in der gleichen Form.

Bild 416

Die Mühle gründlich schleifen.

Noch im eingespannten Zustand kann ein Überzug aus Öl aufgetragen werden, oder man spannt das Werkstück aus und wendet eine andere Oberflächenbehandlung an. Das Schleifen und Polieren der Mühle sollte jedoch im eingespannten Zustand erfolgen.

Bild 417

Den Bausatz in den fertigen Körper einbauen. Ein zufriedenstellender, nützlicher und formschöner Gegenstand ist entstanden.

Segment-Ring-Konstruktion

Bei dieser Methode werden Schalen oder ähnliche Behälter aus Material angefertigt, das in der Regel zum Drechseln ungeeignet ist, nämlich aus gewöhnlichem Abfallholz.

Diese Methode bietet dem Drechsler praktisch unbegrenzte Möglichkeiten, mit Formen und Farben zu experimentieren. Ein weiterer Vorteil ist, daß auf dem Werkstück kein Hirnholz erscheint, sondern daß eine in Farbe, Struktur und Aussehen gleichmäßige Außenfläche entsteht.

Bild 418

Diese Schalen wurden unter Anwendung folgender Methode gedrechselt.

Bild 419

Die Anzahl der erforderlichen Ringe für das Projekt festlegen. Das Material in einheitlich breite Stücke schneiden. (Breite Stücke ermöglichen mehr Flexibilität bei der Endgestaltung des Drehgutes.) Die Durchschnittsbreite sollte zwischen 38 und 50 mm liegen.

Das Abfallholz braucht nicht von einheitlicher Dicke zu sein, wichtig ist dabei, daß acht gleichmäßig dicke Teile einen Ring bilden.

Bild 420

Zum Schneiden der Gehrung den Queranschlag auf 45° einstellen. Die Länge der erforderlichen Segmente für das Werkstück festlegen. Etwas weniger als 2 1/2 mal die Länge eines Segments ergibt den maximalen Werkstückdurchmesser. Für die Arbeiten an der Kreissäge sind die Unfallverhütungsvorschriften unbedingt einzuhalten. Der hier gezeigte Vorgang verdeutlicht, wie unvorsichtig manche Drechsler arbeiten: Eine Nachahmung ohne Spaltkeil und Spanhaube wäre lebensgefährlich!

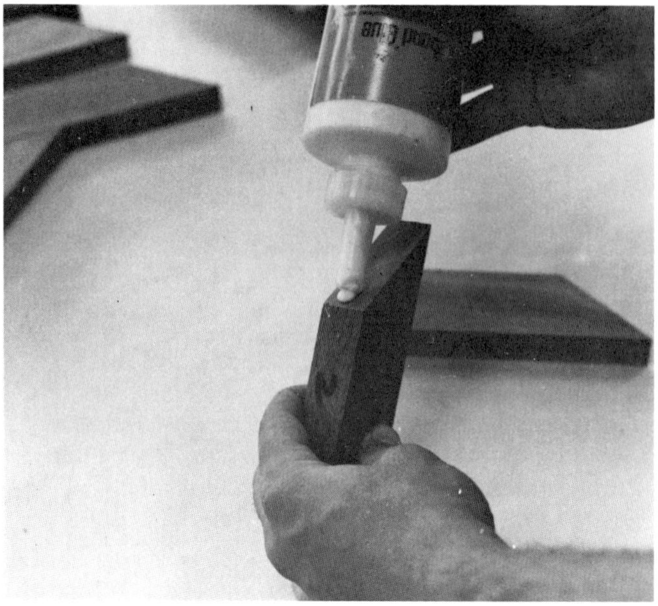

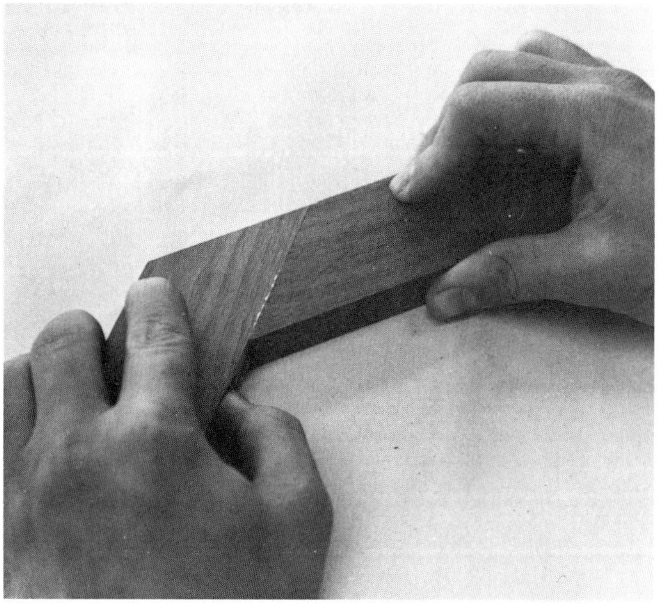

Bild 421

Die Segmente sortieren und nach Dicke, Farbe oder individuellen Kriterien gruppieren.

Um sie besser identifizieren zu können, werden die Segmente numeriert.

Bild 422

Jeden einzelnen Ring zusammenlegen. Für das gewünschte Muster die Segmente in die richtige Lage bringen.

Bild 423

Ein Ende eines Segments reichlich und gleichmäßig mit Leim, z. B. Ponal, bestreichen.

Bild 424

Zwei eingeleimte Segmente aneinanderreiben. Wenn der Leim gleichmäßig aus der Fuge tritt, bringt man die beiden Segmente in ihre Endposition und legt sie anschließend zum Trocknen vorsichtig beiseite.

Bild 425

Die einzelnen Segmente paarweise verleimen. Anschließend den Leim mehrere Stunden trocknen lassen.

Bild 426

Die Segmentpaare auf die gleiche Weise wie bei Bild 424 beschrieben zu Doppelpaaren verleimen.

Bild 427

Die Doppelpaare verleimen, so daß jeweils ein Ring entsteht. Den Leim über Nacht trocknen lassen.

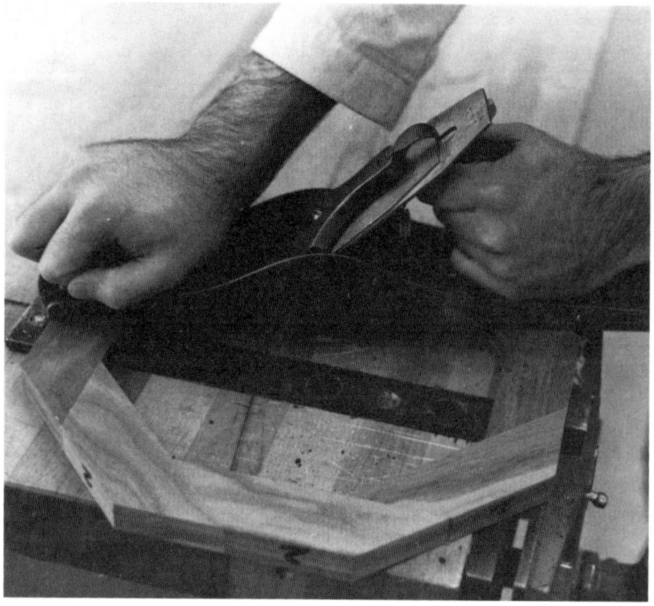

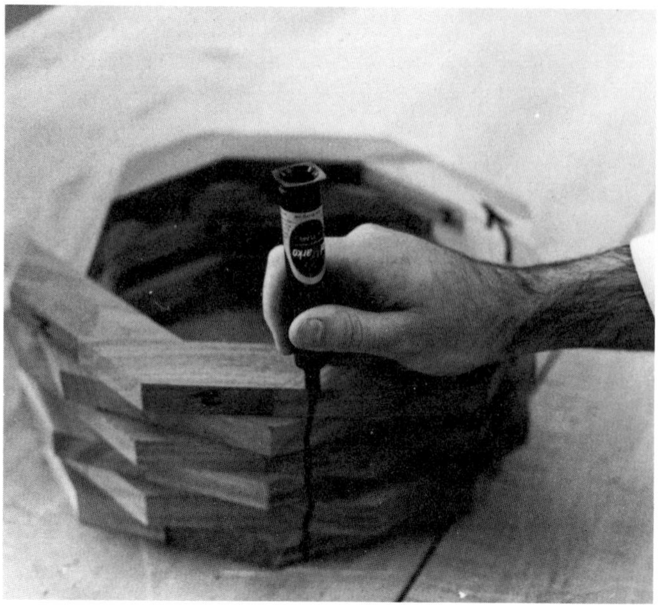

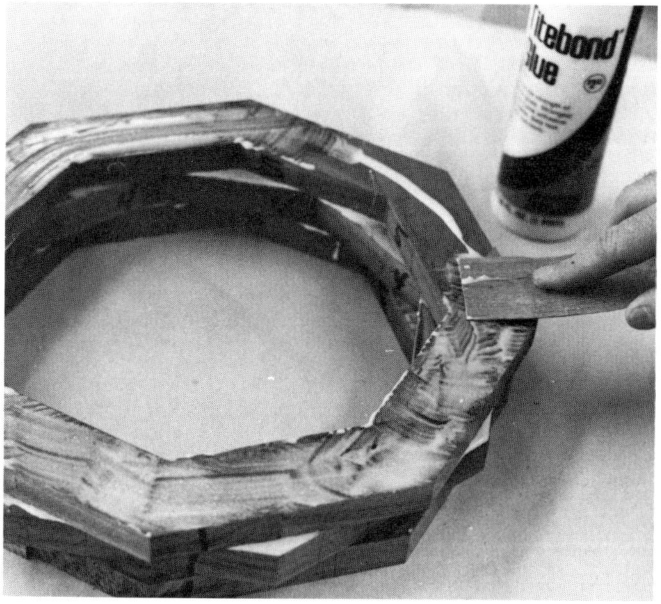

Bild 428

Die Oberflächen der einzelnen Ringe planhobeln. Dazu sollte man keine Abrichthobelmaschine benutzen, weil dadurch die Kanten und Oberflächen beschädigt werden.

Bild 429

Den Maserungsverlauf auf jedem Ring markieren. Das hilft beim Zusammensetzen der Ringe und ermöglicht ein einfacheres Drehen, da die Maserung bei jedem Ring in der gleichen Richtung verläuft.

Bild 430

Die Ringe in die gewünschte Position bringen und markieren. Das erleichtert das Ausrichten der Ringe beim Verleimen.

Bild 431

Jeden Ring einzeln mit genügend Leim, z. B. Ponal, bestreichen. Den Leim gleichmäßig verteilen. Die Schale aufbauen.

Bild 432

Mit mehreren Schraubzwingen die Ringe gleichmäßig und sicher festspannen. Dazu müssen sich die Ringe genau in der ausgerichteten Position befinden. Den Leim über Nacht trocknen lassen.

Bild 433

Eine Sperrholzscheibe mit etwa gleichem Durchmesser wie die Ringe aussägen. Die Scheibe auf das vorgesehene Oberteil der Schale leimen. Den Leim trocknen lassen.

Anschließend eine Planscheibe auf dem Sperrholz zentrieren und befestigen.

Bild 434

Das Werkstück einspannen. Die Werkzeugauflage einstellen. Die Schale auf ihren maximalen Durchmesser vordrehen. Zu diesem Zeitpunkt die Schale noch nicht auf Form drehen.

Bild 435

Am Schalenboden einen 13 mm tiefen Falz einstechen. Die Falzbreite hängt von der Endform der Schale ab. Der Falz sollte mindestens 6 mm breit sein (besser noch breiter).

Dann prüft man, ob der Falz flach und maßgerecht ist.

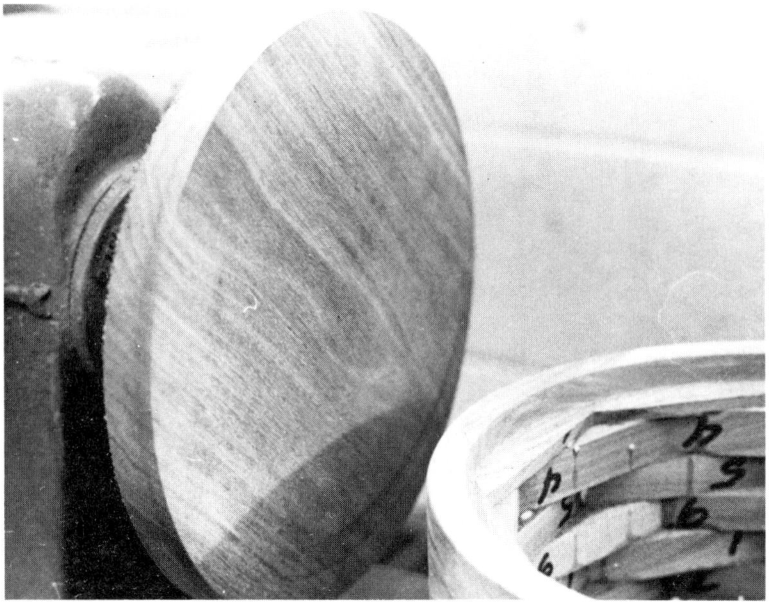

Bild 436

Geeignetes Material für den Schalenboden zuschneiden und auf einer Planscheibe befestigen. Die Scheibe maßgerecht drehen, dabei mehrmals die Paßgenauigkeit prüfen. Sie muß sicher und fest im Unterteil sitzen, weil sonst die Schale am Boden nicht zentrisch ist. (Die vorhandenen Lücken lassen sich dann auch durch Leim nicht mehr verschließen.) Bei einem schlechten Sitz kann es passieren, daß der Boden sich löst, herausgeschleudert wird und schwere Verletzungen verursacht!

Bild 437

Die Planscheibe mit dem Boden von der Drehspindel nehmen. Die Schale wieder auf der Drehspindel befestigen.

Den Falz gleichmäßig mit Leim bestreichen, den Boden einsetzen.

Mit dem Reitstock den Boden festpressen. Die Preßzeit sollte mindestens 30 bis 45 Minuten betragen.

Danach die Schale wieder ausspannen und über Nacht trocknen lassen.

Bild 438

Die Sperrholzscheibe von der Schale abnehmen. Die Leimfuge zwischen oberstem Ring und Sperrholzscheibe mit einem Abstechstahl halb oder zu zwei Drittel einstechen.

Den Motor abschalten.

Mit einer Handsäge die Leimfuge ganz durchsägen. Die Sperrholzscheibe entfernen.

Die Schale unter Anwendung der üblichen Methoden fertig drehen und fertig bearbeiten.

Schalen aus verleimtem Holz

Bild 439

Diese Methode der Schalenherstellung wurde von der Industrie übernommen. Der Vorteil dieses Verfahrens liegt in den niedrigen Materialkosten. Eine ganze Schale läßt sich aus einer 19 mm dicken oder auch dickeren Holzplatte anfertigen.

Bild 440

Die Schalen lassen sich in den verschiedensten Formen und Größen herstellen. Die einzigen Beschränkungen hier ließen sich auf eine unzureichende Werkstattausrüstung, das verfügbare Material und die Geschicklichkeit und Erfindungsgabe des Handwerkers zurückführen.
Die Grundlage des Verfahrens ist, daß der Winkel der Schalenwandung mit der Diagonale auf einem 19 mm breiten Holzstück übereinstimmt. Die Breite von 19 mm wurde nach eigenem Ermessen zugrunde gelegt, sie kann aber auch größer oder kleiner sein. Es hat sich bislang herausgestellt, daß diese Breite allen Anforderungen genügt. Wenn man von einem 19 mm breiten und je nach Material unterschiedlich starken Ring ausgeht, bildet die Diagonale genau den Schnittwinkel für den Ring. Um den Designanforderungen zu entsprechen, kann der Schnittwinkel bei unterschiedlich starkem Material durchaus verändert werden.

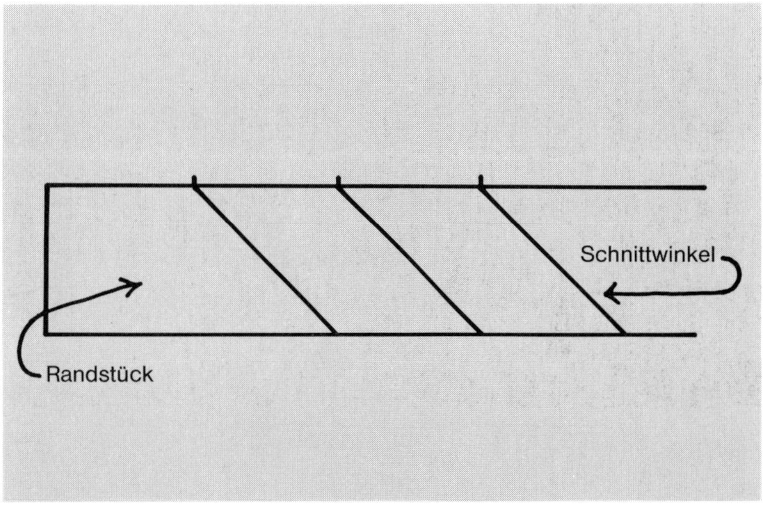

Bild 441

Für die Herstellung der Schale die erforderlichen Werkstückabmessungen ermitteln. Die Stärke des Materials ist dabei am wichtigsten.

Das Material Kante an Kante zusammenleimen.
Es empfiehlt sich, eine gerade Zahl von Holzstücken zusammenzuleimen, so daß man zwei Holzplatten erhält.
Es ist aber auch möglich, die Holzstücke zu einer einzigen Platte zu verleimen und diese anschließend in zwei gleich große Teile zu trennen.

Die beiden Holzplatten auf gleichmäßige Stärke abrichten. Die Innenkanten beider Platten zurechthobeln.

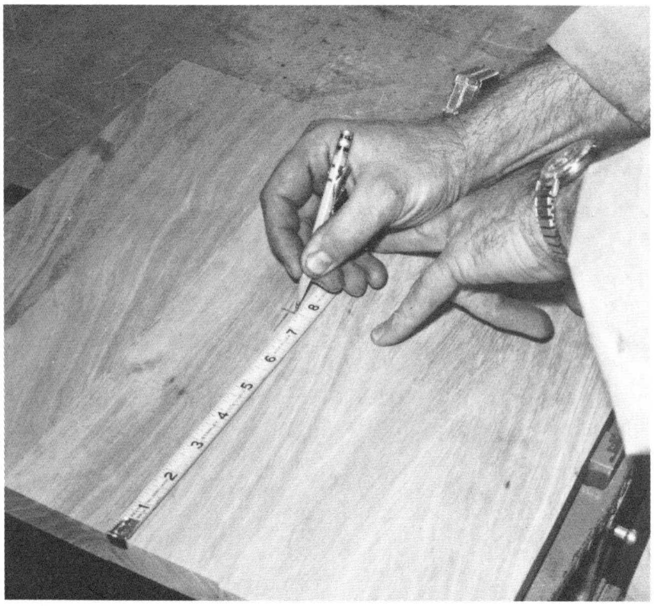

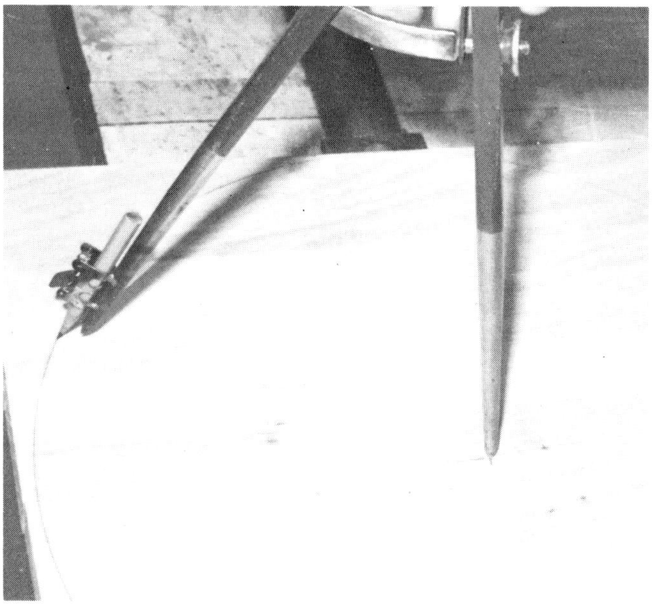

Bild 442

Beide Platten auf der Werkbank sicher festspannen. Den Mittelpunkt feststellen und anreißen.

Bild 443

Mit einem Zirkel die gewünschte Schalengröße aufzeichnen.

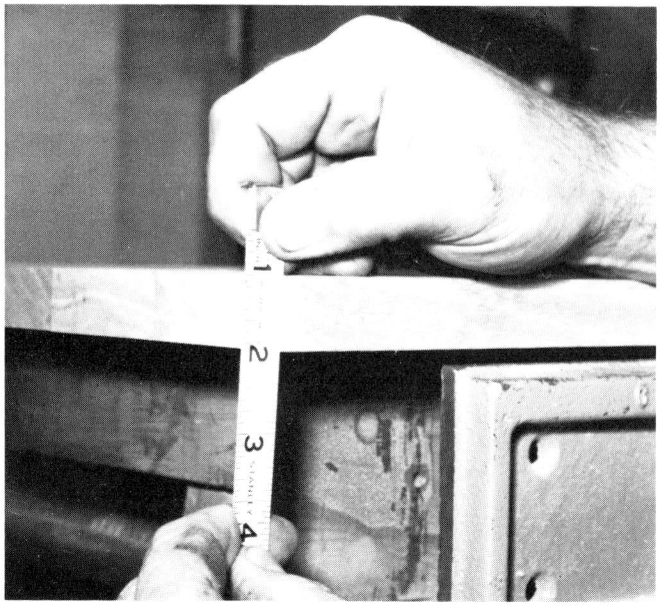

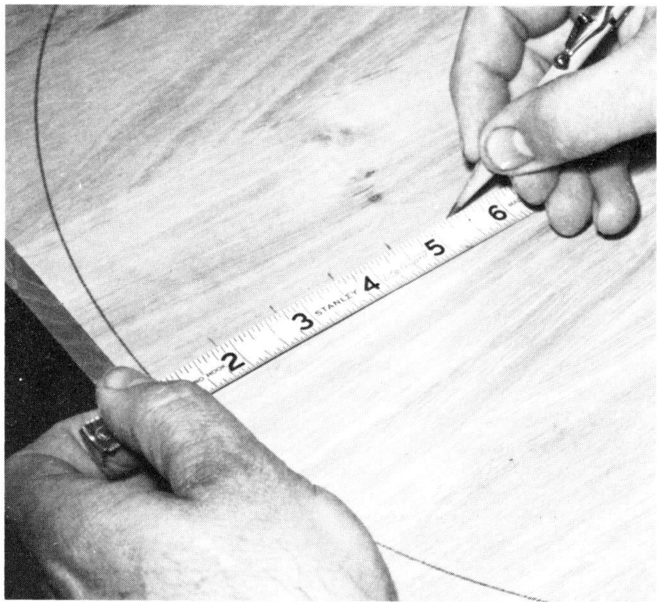

Bild 444

Die Stärke des Materials messen.

Bild 445

Für eine Schale mit einer 45° -Wandung die Markierungspunkte festlegen. Der Abstand zwischen den Punkten entspricht der Materialstärke.

Die Erfahrung hat gezeigt, daß der Abstand zwischen den Punkten, ungeachtet der Materialstärke, mindestens 19 mm betragen sollte.

Bild 446

Die entsprechenden Kreise aufzeichnen.

Die Anzahl der Kreise hängt von der Schalentiefe und der Größe des Bodens ab.

Durch jedes einzelne Segment wird die Schale tiefer.

Bild 447

Der Einfachheit halber die einzelnen Segmente durchnumerieren.

Vor dem Verstellen des Sägetisches beide Werkstückhälften aussägen. Dadurch verbleibt immer noch genügend Material für das Formen der Schalenwandung.

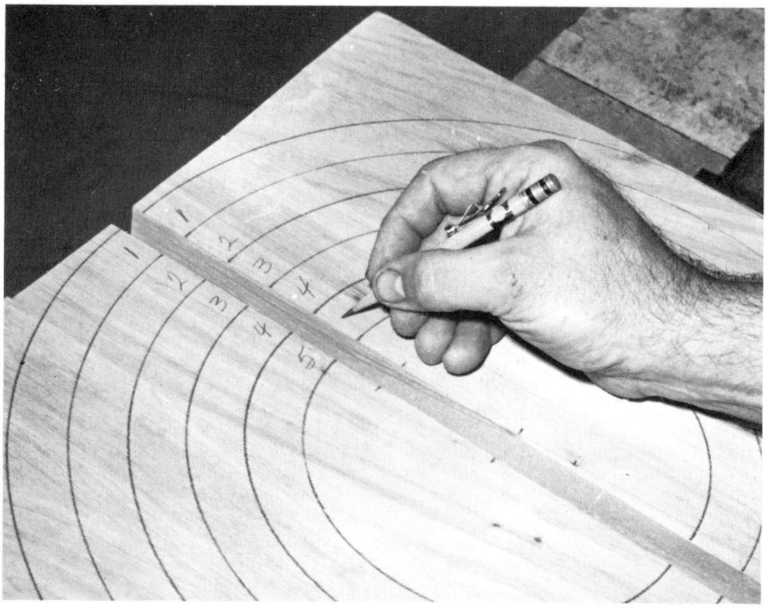

Bild 448

Den Sägetisch auf den entsprechenden Winkel einstellen.

Die Einstellung mit einem Winkelmesser prüfen.

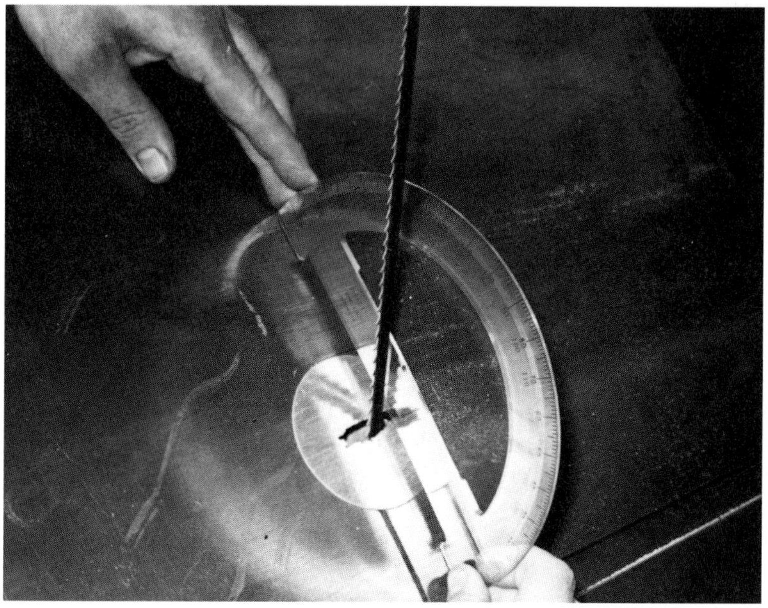

Bild 449

Das Werkstück auf den Sägetisch legen. Den Sägeblattschutz etwa 3 bis 6 mm über dem Holz einstellen.

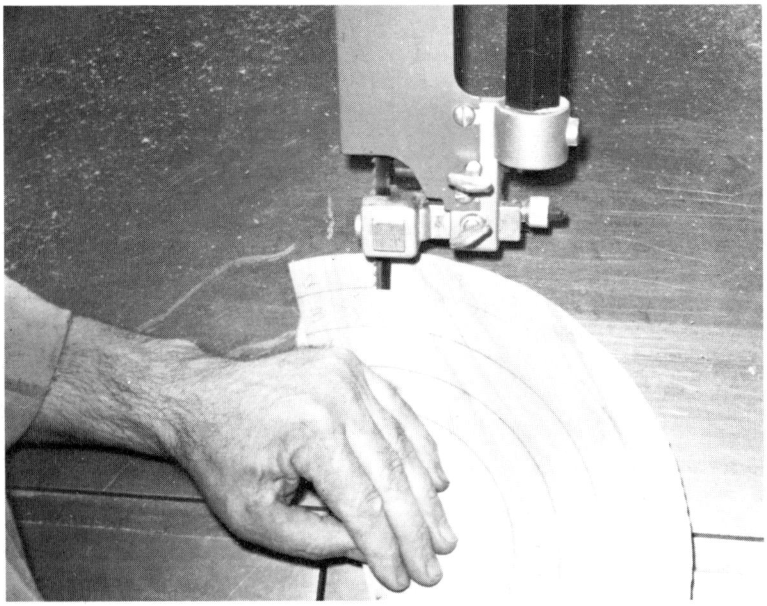

Bild 450

Die einzelnen Segmente aussägen.

Langsam und sorgfältig arbeiten!

Bild 451

Nach dem Aussägen werden die Segmente vorsichtig beiseite gelegt.

Bild 452

Damit man sich ein Bild von der Größe und Form der Schale machen kann, werden die Segmente aufeinandergelegt.

Bild 453

Die Segmente zusammenleimen, so daß Ringe entstehen.

Bis der Leim trocken ist, kann man die Ringe mit Hilfe von Schraubzwingen zusammenhalten.

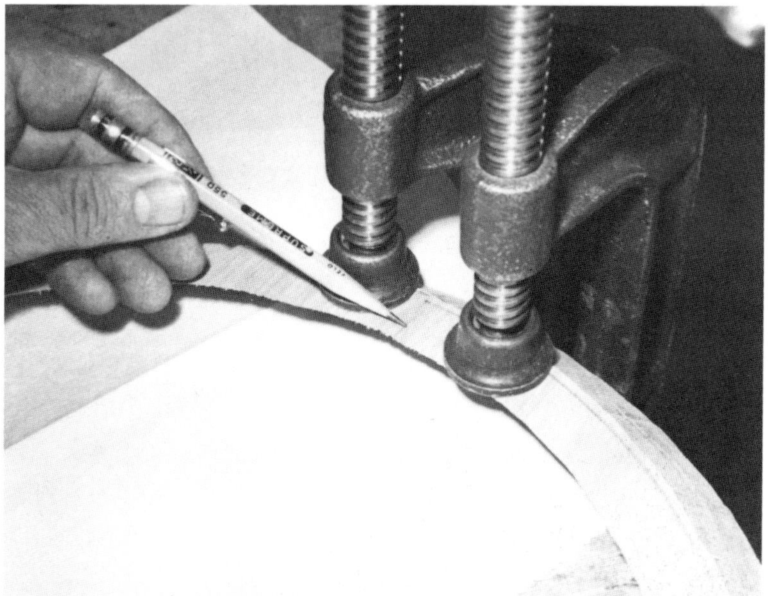

Bild 454

Man kann aber auch einen schnellbindenden Leim benutzen und anstatt der Schraubzwingen die Ringe ein paar Minuten mit den Händen zusammenpressen.

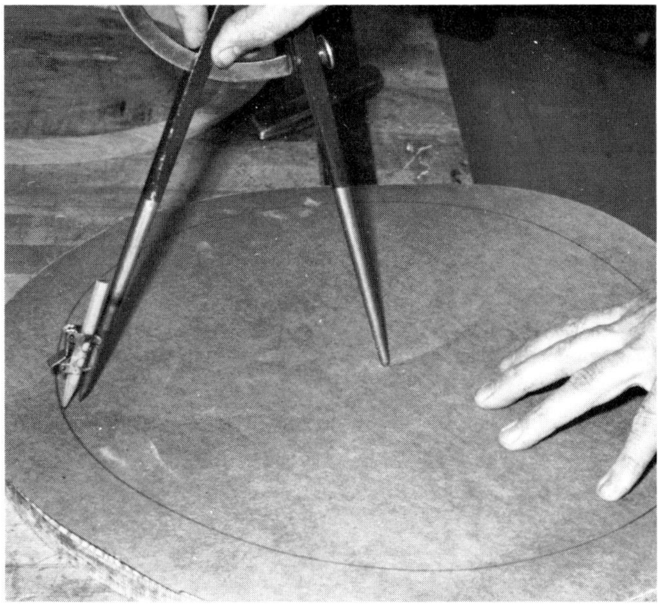

Bild 455

Den Leim 24 Stunden abbinden lassen.

Anschließend jede Leimfuge leicht schleifen, um den herausgetretenen Leim zu entfernen.
Die folgenden Abbildungen zeigen den Gebrauch einer speziellen Spannplatte, die eigens für diese Projektart angefertigt wurde.

Als Spannvorrichtung kann man jedoch auch die Drehmaschine benutzen.

Bild 456

Aus einer 19 mm starken Sperrholzplatte wird eine Scheibe ausgesägt.
Die Scheibe muß im Durchmesser größer sein als die Schale.

In den Mittelpunkt der Scheibe schlägt man einen Nagel und entfernt dessen Kopf.

Bild 457

Auf die Sperrholzscheibe wird eine gleich große Papierscheibe gelegt.

Der Nagel muß sich genau im Mittelpunkt der Papierscheibe befinden.

Das Papier schützt die Sperrholzscheibe vor dem Leim.

Bild 458

Auf dem Papier wird mit einem Zirkel die Schalengröße aufgezeichnet.

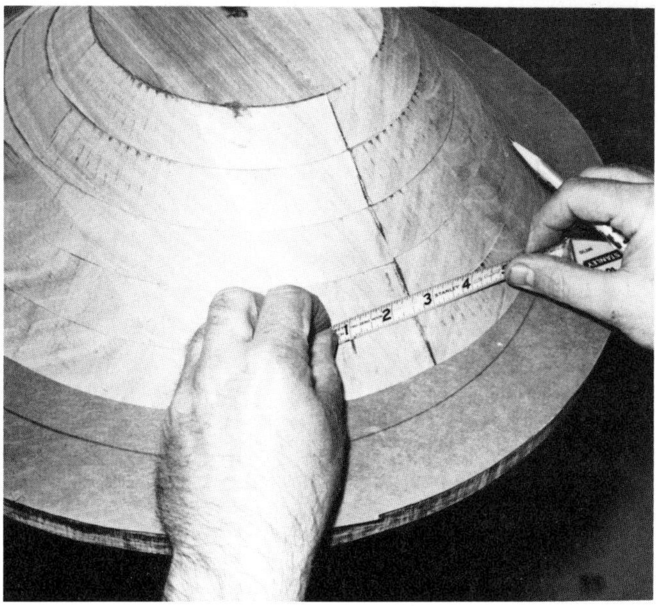

Bild 459

Dann legt man die Sperrholzscheibe auf die Spanplatte und setzt den Nagel in das Führungsloch.

Bild 460

Die Segmente werden aufeinandergelegt.

Man versetzt die Leimfugen der einzelnen Segmente und markiert den entsprechenden Abstand.

Durch das Versetzen wird die Schale verstärkt und ihr Aussehen verbessert.

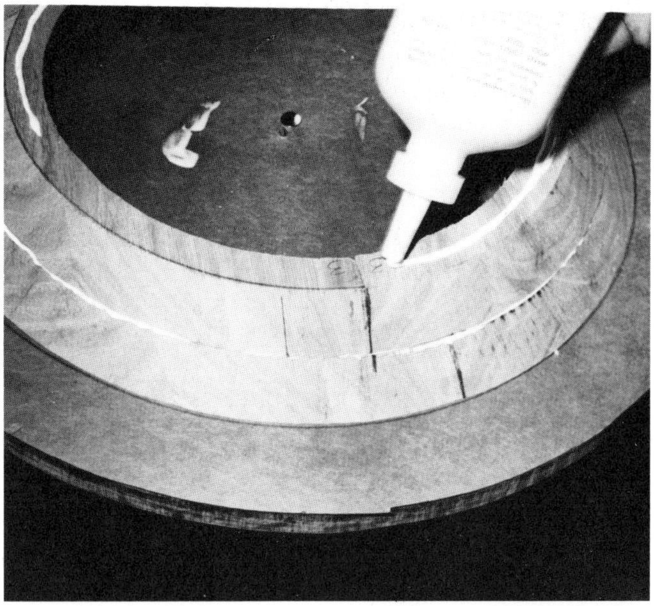

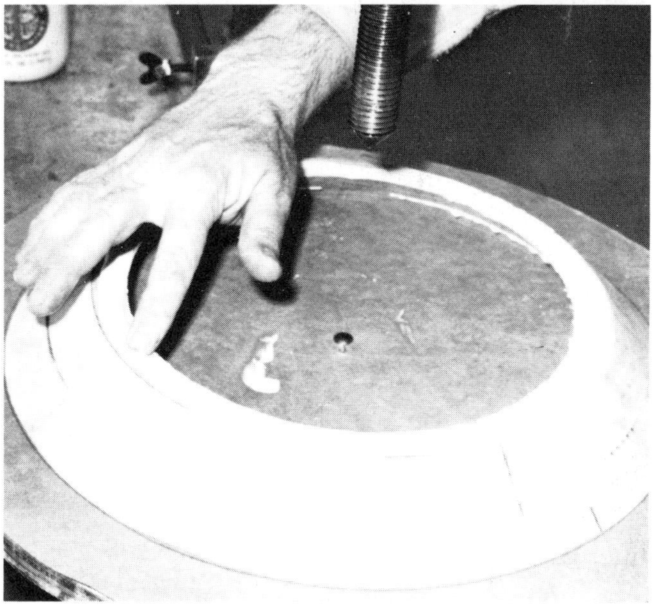

Bild 461

Dann leimt man die einzelnen Segmente, z. B. mit Ponal, aufeinander.

Die meisten Holzleime sind zufriedenstellend. Für einen Anfänger empfiehlt es sich, einen langsam trocknenden Leim zu verwenden. Ein Zweikomponentenkleber (Epoxidharz) eignet sich besonders gut.

Wenn ein Weißleim (Polyvinyl) benutzt wird, muß man schnell arbeiten.

Bild 462

Der Leim wird gleichmäßig verteilt.

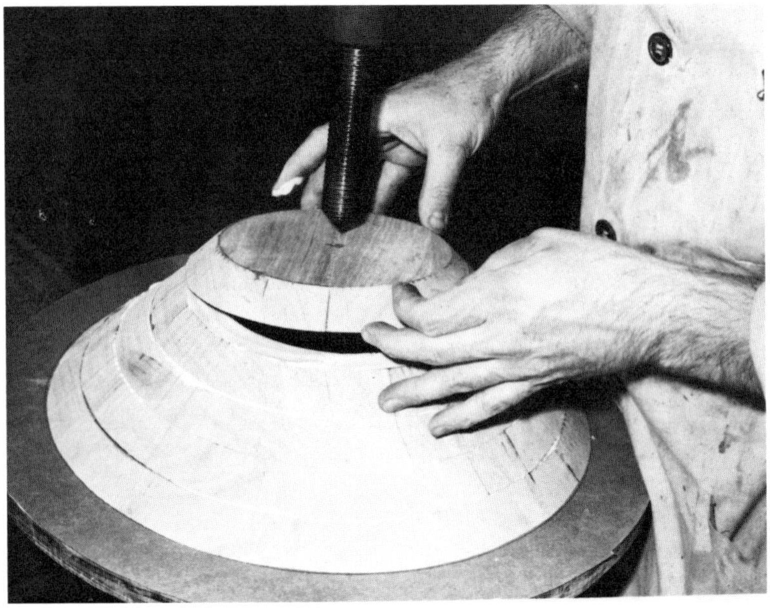

Bild 463

Die restlichen Segmente werden zusammengeleimt.

Bild 464

Mit einem Lineal prüft man, ob die Ringe ausgerichtet sind.

Gegebenenfalls werden einzelne Ringe nachgerichtet.

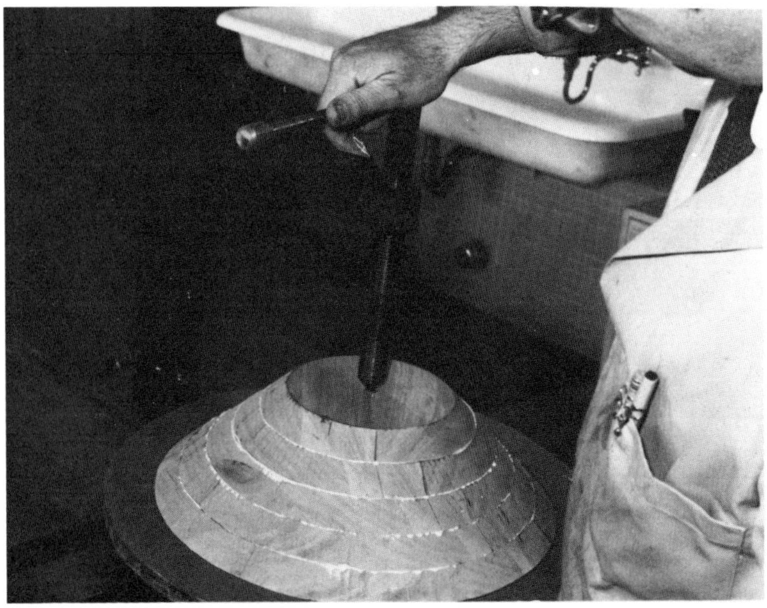

Bild 465

Die Spannvorrichtung wird angezogen.

Bild 466

Der Zeiger der Lehre wird so eingestellt, daß er den untersten Ring leicht berührt.

Dann dreht man die Platte.

Gegebenenfalls wird der Ring ein wenig verschoben, bis er genau zentrisch ist.

Bild 467

Jeder einzelne Ring wird auf diese Weise kontrolliert.

Das ist äußerst wichtig, da sich jeder Fehler in der Ausrichtung beim späteren Drehen der Schale verdoppelt.

Bei einer falsch zentrierten Schale kann die Wandung beim Fertigdrehen zu dünn ausfallen oder (schlimmstenfalls) sogar vom Werkzeug durchstochen werden.

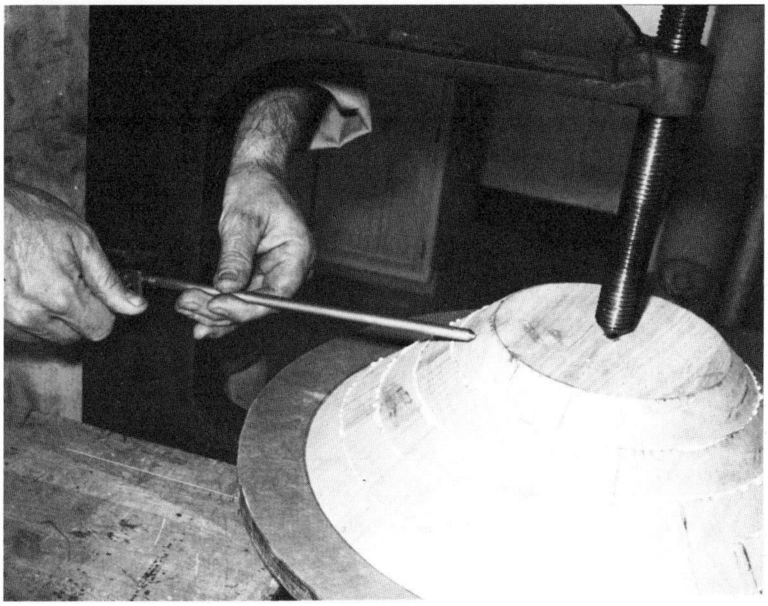

Bild 468

Die Schale wird in der ausgerichteten Position 24 Stunden festgespannt.

Daubenkonstruktion

Die Daubenkonstruktion, die vor allem der Herstellung von Behältern, wie zum Beispiel Fässer und Eimer, diente, ist nicht ungewöhnlich beim Drechseln.

Auch der Modellbau nutzt diese Methode, um Gießformen für Gießereien anzufertigen. Dem Drechsler bietet die Daubenkonstruktion die Möglichkeit, aus kleinen einzelnen Holzstücken formschöne, hirnholzfreie und einheitlich gemaserte oder gar interessant gezeichnete Drehstücke anzufertigen.

Das in den nachfolgenden Abschnitten dargestellte Verfahren ist nur eine Möglichkeit, einen Gegenstand aus Dauben herzustellen. Von diesem Verfahren abzuweichen ist durchaus möglich, das hängt allein vom Talent des Handwerkers und von den verfügbaren Werkzeugen ab.

Bild 469

Die Kompottschale und die beiden anderen Behälter wurden aus zwölf Dauben angefertigt.

Bild 470

Zuerst entwirft man ein genaues Muster des Werkstücks, ermittelt seinen Durchmesser und die erforderliche Anzahl der Seitenteile.

Die Breite der Seitenteile kann anhand der Tabelle ermittelt werden.

Die Stärke des zu verwendenden Materials richtet sich nach der Form des Drehgutes und seiner Wandungsstärke.

Werkstückdurchmesser (mm)			**Anzahl der Seitenteile**		
	8	10	12	14	16
50,8	21,43	16,67	13,49	11,91	10,32
63,5	26,99	20,64	17,46	15,08	12,70
76,2	31,75	25,40	20,64	17,46	15,08
88,9	37,31	29,37	23,81	20,64	18,26
101,6	42,07	33,34	27,78	23,81	20,64
114,3	47,63	37,31	30,96	26,19	23,02
127,0	53,18	41,28	34,13	29,37	25,40
152,4	63,50	49,21	41,28	34,93	30,96
177,8	73,82	57,94	47,63	40,48	35,72
203,2	84,14	66,68	54,77	46,83	40,48
228,6	95,25	74,61	61,91	52,39	46,04
254,0	105,57	82,55	68,26	57,94	50,80
304,8	127,00	99,22	81,76	69,85	61,12
355,6	147,64	115,89	95,25	81,76	70,64
406,4	168,28	132,56	108,74	92,87	80,96

(Alle Maßangaben in mm)

Anzahl der Seitenteile	Neigungswinkel/Sägetisch
6	30,00 Grad
8	22,50 Grad
10	18,00 Grad
12	15,00 Grad
14	12,85 Grad
16	11,25 Grad
18	10,00 Grad
20	9,00 Grad
24	7,50 Grad
30	6,00 Grad

Bild 471

Die Rohlinge für die Seitenteile aussägen. Den Sägetisch einer Kreissäge auf den entsprechenden Winkel einstellen.

Die Seitenteile genau auf Maß zuschneiden.

Bild 472

Die gefasten Kanten der Seitenteile gegebenenfalls glatthobeln oder glattschleifen.

Achtung: Dabei den Winkel der Fase nicht verändern!

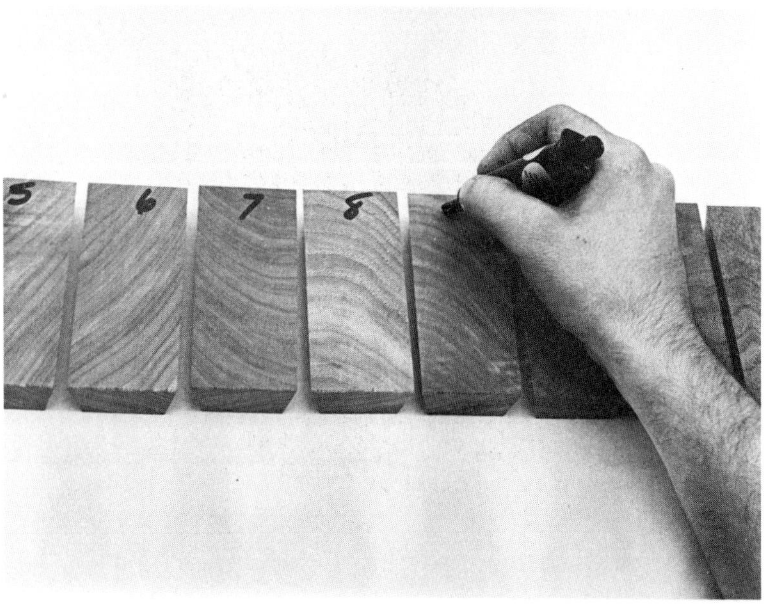

Bild 473

Die Teile nach Farbe, Maserung oder individuellen Kriterien ordnen und zum gewünschten Muster zusammenlegen.

Die Teile durchnumerieren.

Bild 474

Zum Verleimen der Teile benutzt man einen hochwertigen PVAC-Leim (Weißleim). Die Kanten der ersten beiden Teile dünn und gleichmäßig mit Leim bestreichen.

Beide Teile zusammensetzen und leicht hin und her schieben, bis ein dünner Leimwulst aus der Fuge tritt.

Die Teile dann etwa eine Minute mit den Händen zusammenpressen und dann vorsichtig beiseite stellen.

Bild 475

Auch die restlichen Teile paarweise zusammenleimen. Den Leim mindestens eine Stunde, am besten noch länger, trocknen lassen.

Bild 476

Die Paare zu Doppelpaaren verleimen (siehe Bild 474).

Anschließend zwei der Doppelpaare zu einem achtteiligen Stück zusammenleimen. Den Leim einige Minuten trocknen lassen.

Bild 477

Das übriggebliebene Doppelpaar an das achtteilige Stück anpassen.

Es ist sehr wichtig, daß dieser Abschnitt wie angegossen sitzt.

Bild 478

Die beiden Abschnitte mit Leim bestreichen und zusammenpressen.

Den Leim mindestens acht Stunden, am besten noch länger, trocknen lassen.

Bild 479

Das Oberteil der Schale festlegen.

Mit Hilfe einer Schleifscheibe die Oberkante maßgerecht planschleifen. Dazu kann auch ein Hobel benutzt werden.

Bild 480

Eine 19 mm starke Sperrholzscheibe aussägen. Die Scheibe hat den gleichen Durchmesser wie der Zylinder.

Die Scheibe auf das Oberteil leimen und festspannen.

Den Leim mindestens acht Stunden trocknen lassen.

Bild 481

Eine Planscheibe auf dem Sperrholz zentrieren und sicher befestigen.

Die Planscheibe auf die Drehspindel setzen. Den Zylinder auf eine runde Form schruppen.

Bild 482

Die Unterkante des Zylinders genau auf Maß drehen.

An der Innenkante einen Falz drehen.

Die Falzgröße richtet sich nach der gewünschten Endform des Drehstücks. Der Falz sollte jedoch so breit wie möglich sein, damit der Boden der Schale sicher anliegen kann.

Bild 483

Den Schalenboden aussägen.

Der Boden sollte mit Durchmesser mindestens 13 mm größer als die Falzöffnung sein.

Den Boden entweder mit Schrauben oder durch Papierverleimung auf einer Planscheibe befestigen.

Bild 484

Die Planscheibe auf die Drehspindel setzen. Den Boden auf die entsprechende Größe drehen.

Mehrmals prüfen, da ein genauer Paßsitz erforderlich ist!

Bild 485

Die Planscheibe vom Zylinder abnehmen.

Die Falzflächen gleichmäßig mit Leim bestreichen.

Den Boden einsetzen.

Bild 486

Den Reitstock vor dem Werkstück einstellen. Den Reitstock als Spannvorrichtung einsetzen.

Den Leim vollständig trocknen lassen. Anschließend mit einem Abstechstahl die Sperrholzscheibe von der Oberkante halb abstechen.

Den Motor ausschalten und die Sperrholzscheibe mit einer Handsäge ganz entfernen.

Bild 487

Das Werkstück auf die übliche Weise drehen und fertig bearbeiten.

Das Drehen von Pokalen

Bild 488

Pokale lassen sich in den verschiedensten Formen und Größen drechseln.

Bild 489

Das Design ist eine Sache des Geschmacks.

Bild 490

Hartholz eignet sich am besten für ihre Herstellung.

Bild 491

Die Auswahl des Holzes sollte nach den Kriterien Makellosigkeit, Maserung und Farbe erfolgen.

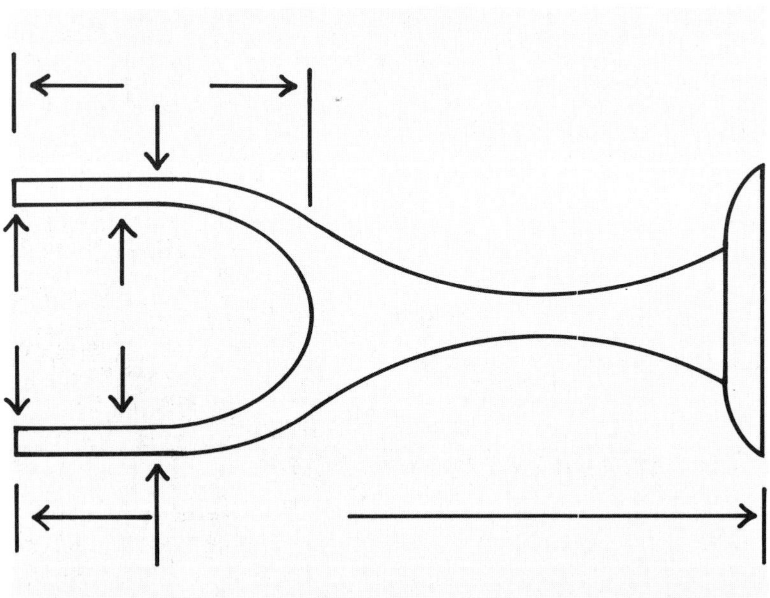

Bild 492

Für einen Anfänger empfiehlt es sich, vor dem Drehen eine Längsschnittzeichnung in voller Größe (1 : 1) des Pokals anzufertigen.

Die Zeichnung sollte alle wichtigen Abmessungen enthalten, die für die Fertigstellung notwendig sind.

Bild 493

Für den Pokal einen quadratischen Massivholzblock wählen. Der Rohling sollte mindestens 38 mm länger als der fertige Pokal sein.

Bild 494

Zur Festlegung des Mittelpunktes an beiden Hirnholzkanten die Diagonalen ziehen. Eine Hirnholzkante als Pokaloberteil festlegen.

Den Mittelpunkt mit einem Durchschläger oder Bohrer etwas anbohren.

Die mitdrehende Körnerspitze in den Mittelpunkt einschlagen.

Bild 495

Den Rohling in die Drechselbank spannen und auf zylindrische Form schruppen.

Dabei nicht mehr Material als notwendig abtragen.

Bild 496

An der Spindelstockseite des Zylinders einen Zapfen drehen.

Der Zapfen hat etwa einen Durchmesser von 31 mm und ist ungefähr 19 mm lang.

Bild 497

Auf einem Stück Abfallholz einen Kreis von etwa 125 mm Durchmesser anreißen. Der Durchmesser richtet sich nach der Planscheibengröße und nach dem Rohling.

Den Mittelpunkt markieren und die Scheibe aussägen.

Bild 498

Den Sockel auf einer Planscheibe befestigen. Mit einem Drehwerkzeug die Sockelkante abfasen.

Bild 499

In den Sockel ein Loch bohren.

Der Zapfen am Zylinder muß genau in dieses Loch passen.

Das Loch kann entweder mit einem schrägen Flachmeißel oder mit einem Bohrer im Reitstock gebohrt werden.

Bild 500

Dann prüft man, ob der Zapfen stramm im Zapfenloch sitzt.

Bild 501

In das Zapfenloch Leim, z. B. Ponal, geben.

Bild 502

Die Werkstückunterseite und den Zapfen ebenfalls mit Leim bestreichen.

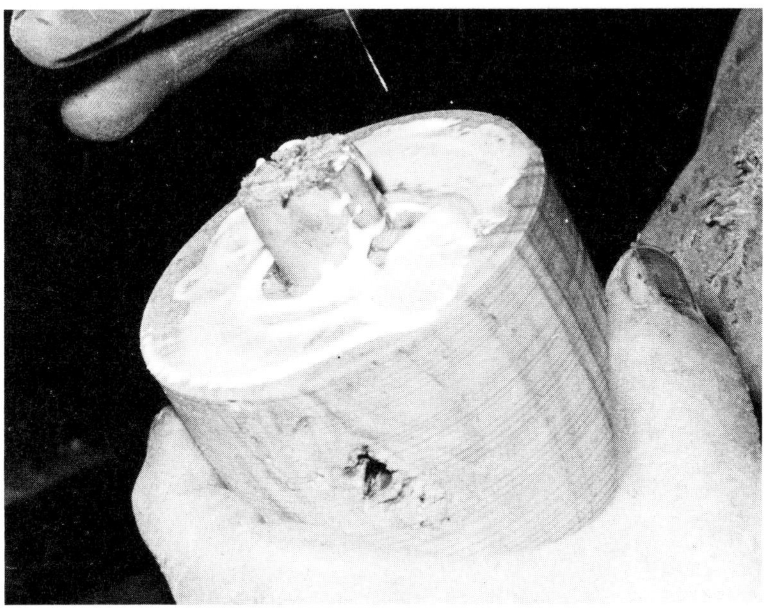

Bild 503

Beide Teile zusammensetzen; die Planscheibe auf der Drehspindel befestigen.

Den Reitstock, mit einer starren Körnerspitze versehen, vor dem Werkstück einstellen.

Die Körnerspitze in das Holz drehen.

Während der Leim trocknet, bleibt das Werkstück durch den Druck der Körnerspitze zentrisch.

Das Werkstück am besten 24 Stunden oder länger eingespannt lassen.

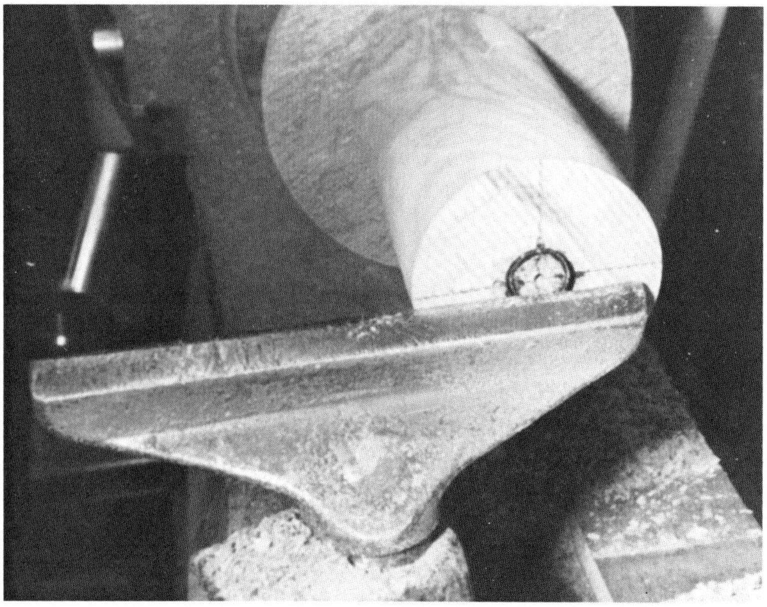

Bild 504

Die Werkzeugauflage so vor dem Werkstück einstellen, daß der Flachmeißel genau im Mittelpunkt schneiden kann.

Bild 505

Vom Mittelpunkt zur Außenkante arbeiten.

Bild 506

Mit einem ständig scharfen Meißel kleine Späne abtragen.

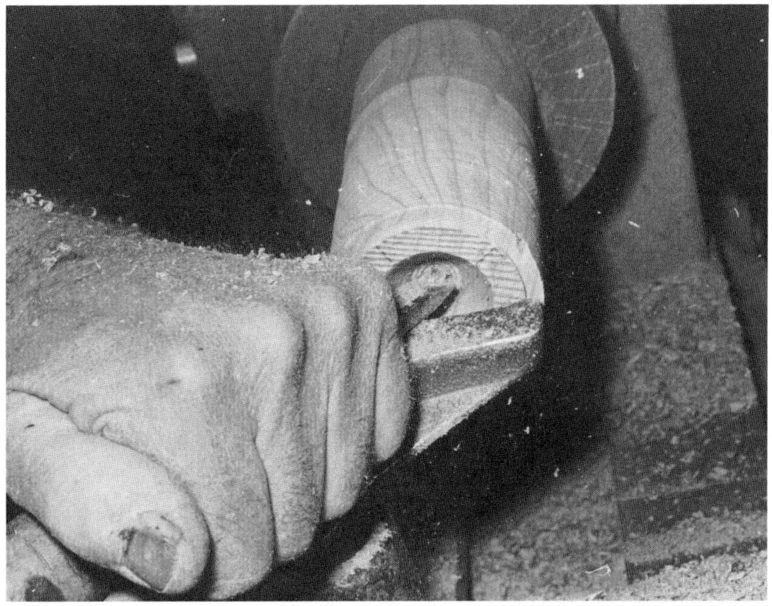

Bild 507

Mit dem Flachmeißel die Öffnung so lange vordrehen, bis der richtige Durchmesser erreicht ist.

Dann den Meißel wieder am Mittelpunkt ansetzen und zur Außenkante führen.

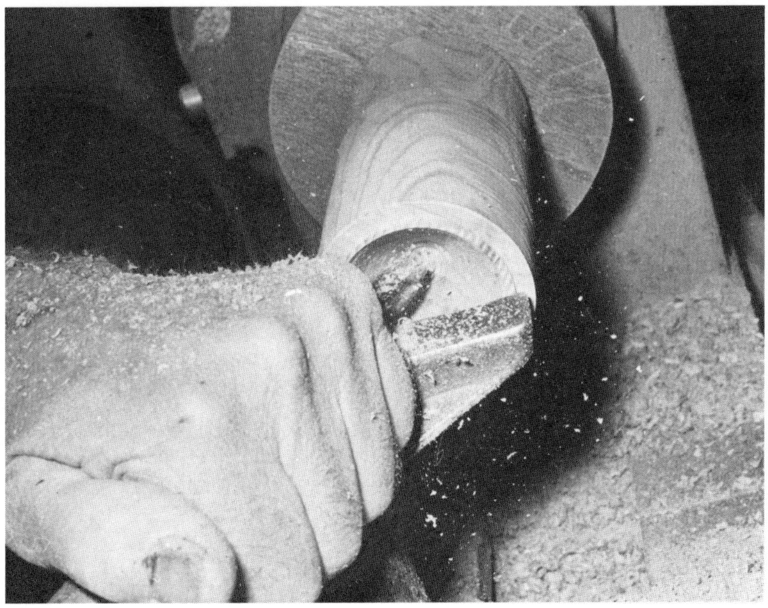

Bild 508

Auf dem Zylinder wird eine Linie angerissen, welche die genaue Tiefe der Öffnung anzeigt.

Die Öffnung weiter vertiefen.

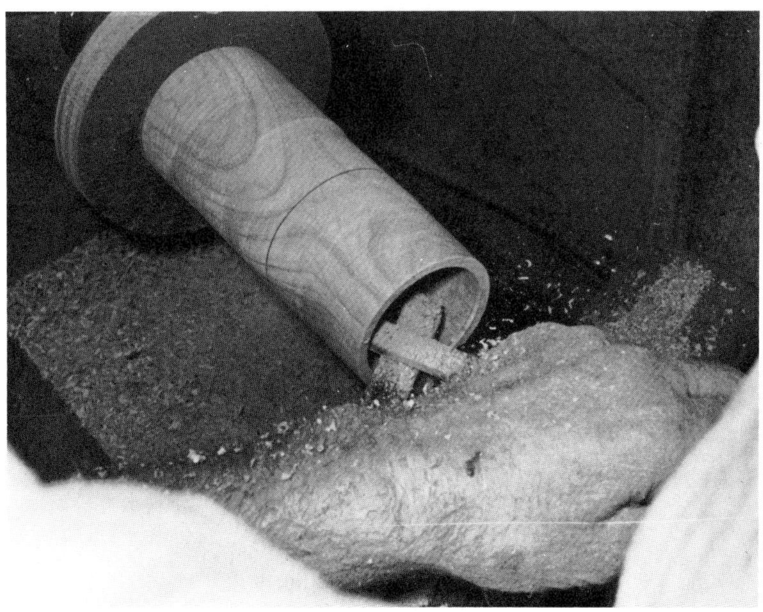

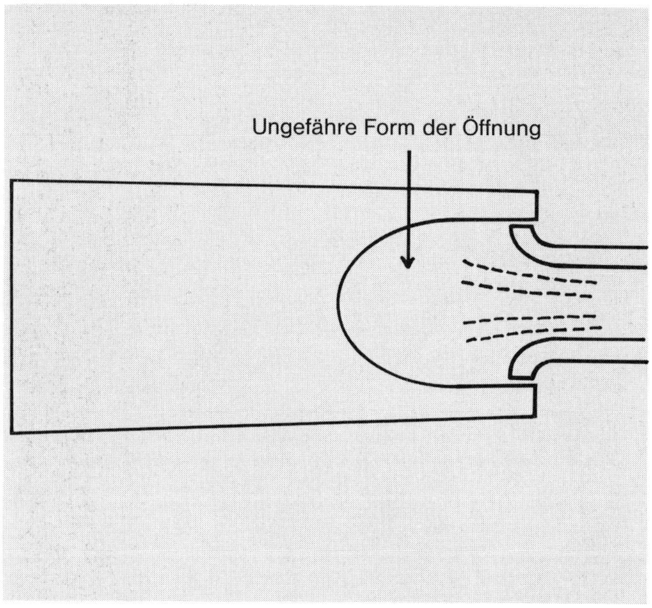

Bild 509

Nach Erreichen der gewünschten Tiefe das Drehen einstellen.

Bild 510

Einen Innentaster auf den genauen Durchmesser der Öffnung einstellen.

Den Durchmesser der Öffnung prüfen.

Bild 511

Das Prüfen mit dem Innentaster muß sehr sorgfältig erfolgen, da die Innenform der Öffnung die Außenfläche des Pokals bestimmt.

Bild 512

Die Werkzeugauflage verdrehen, bis sich ein Ende in der Öffnung befindet.

Das erleichtert das Sauberdrehen der Öffnung.

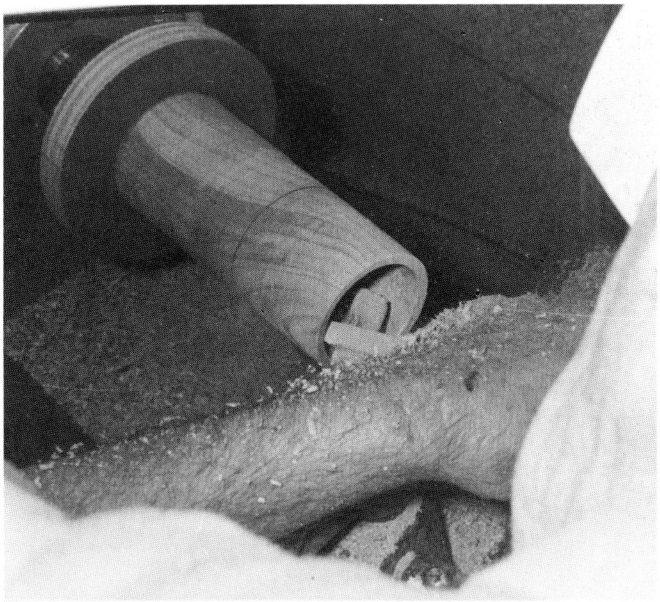

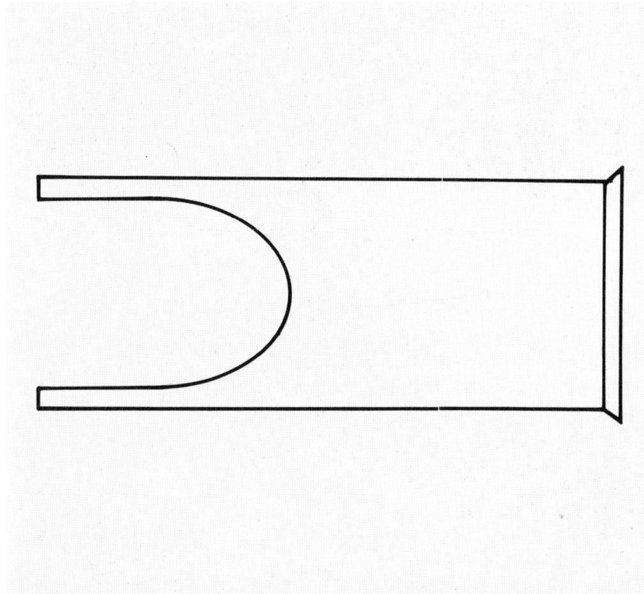

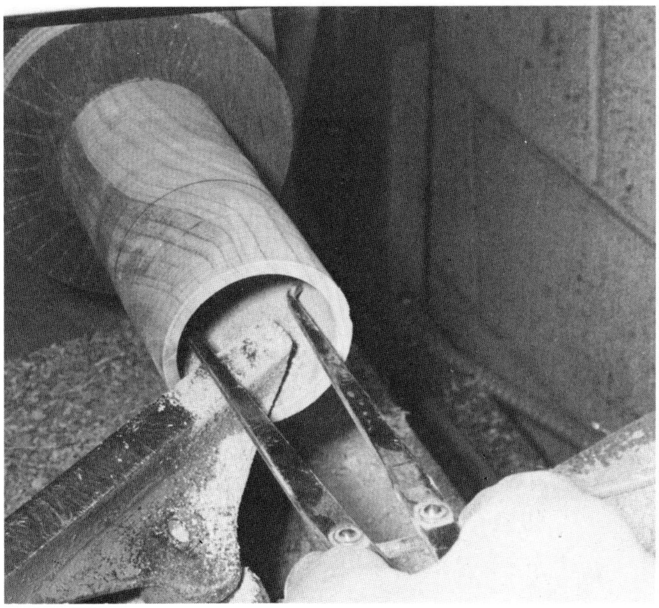

Bild 513

Mit einem Schrotstahl die Öffnung sauberdrehen.

Bild 514

Die Abmessungen und die Form der Vertiefung sorgfältig prüfen.

Bild 515

Innenwand und Boden sollten wohlgeformt und glatt sein.

Bild 516

Den Pokal innen vorsichtig schleifen.

Dabei verschiedene Körnungen verwenden, den Schleifvorgang mit 220er- oder 280er-Schleifpapoer abschließen.

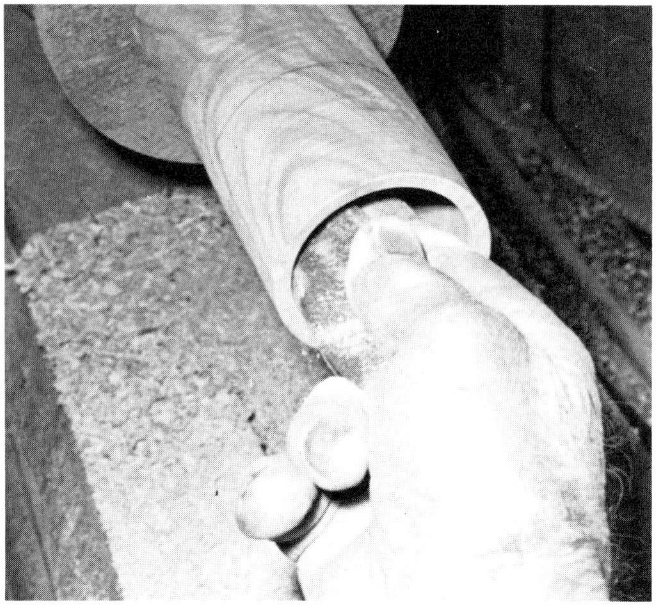

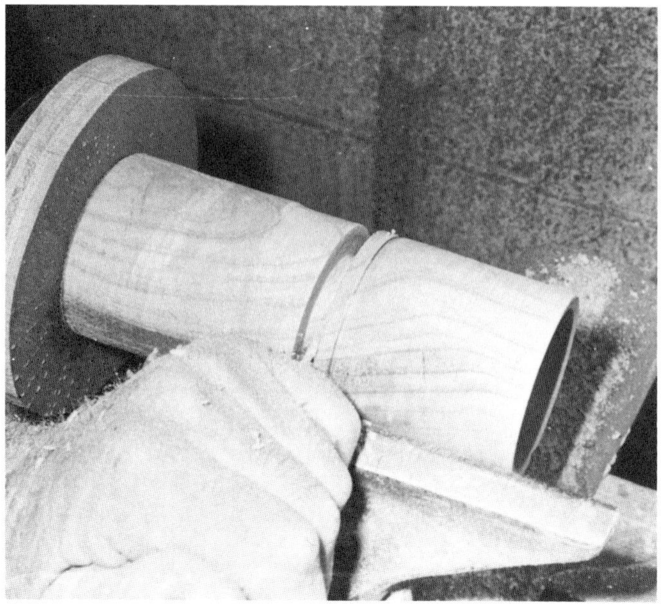

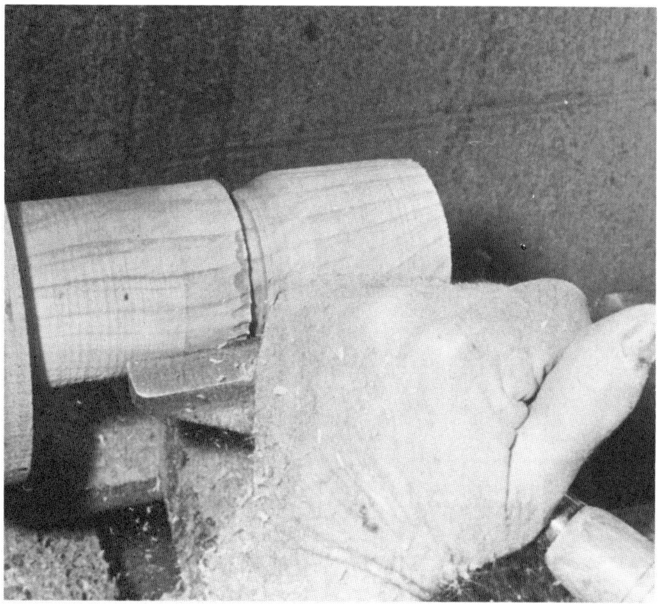

Bild 517

Den Innenflächen mit feiner Stahlwolle den letzten Schliff geben.

Bild 518

Die Stärke des Pokalbodens festlegen.

Bild 519

Mit einem Abstechstahl am Ansatz des Stiels einstechen.

Achtung: Ein falscher Schnitt beendet das Projekt!

Bild 520

Mit einer Formröhre oder einem Schrotstahl das Formen der Außenfläche beginnen.

Bild 521

Das Oberteil auf Rohform drehen.

Bild 522

Langsam und sorgfältig arbeiten; das Werkzeug immer vom Boden zur Oberkante des Pokals führen.

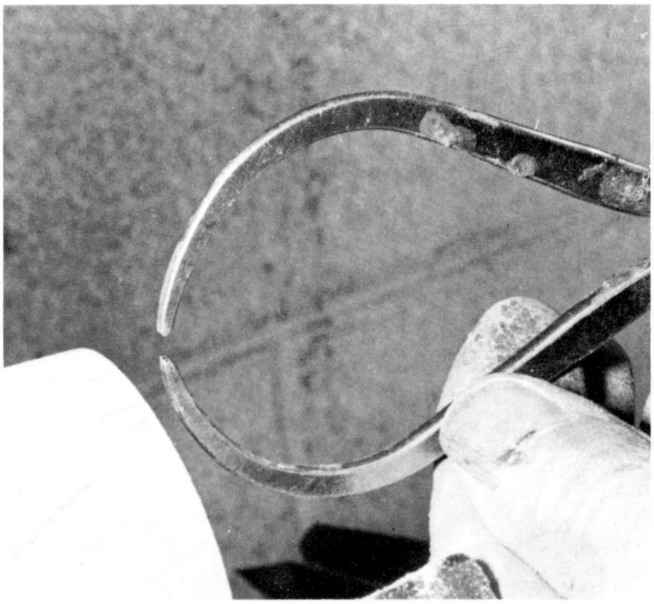

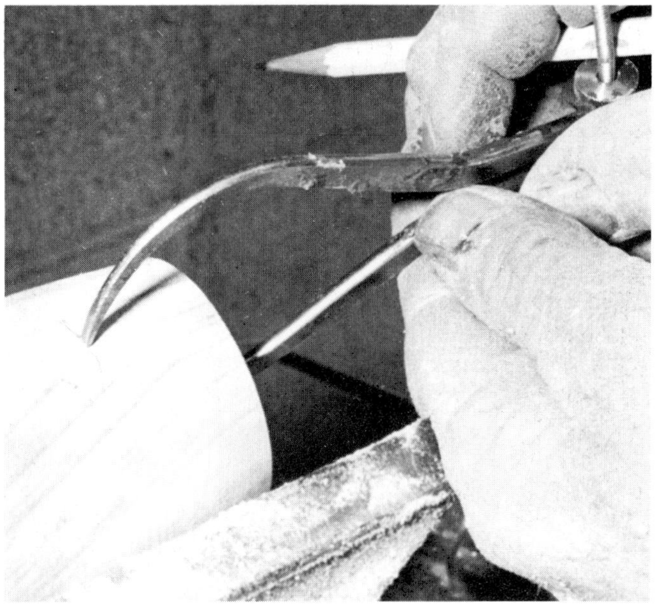

Bild 523

Einen Außentaster auf die gewünschte Wandstärke einstellen.

Bild 524

Den Taster über die Wandung schieben, bis er auf Widerstand stößt.

Diesen Punkt mit einer Linie markieren.

Bild 525

Von dieser Linie an weiteres Material vom Unterteil abtragen. Das Werkzeug dabei von der Linie zum Unterteil führen.

Bild 526

Dann wieder mit dem Taster prüfen, den Punkt markieren und weitere Späne abnehmen.

Bild 527

Am Stielansatz genügend Material entfernen, um den Boden bearbeiten zu können.

Bild 528

Bis zum Boden weiterarbeiten, dabei immer sorgfältig mit dem Taster die Wandungsstärke prüfen.

Bild 529

Mit einem Flachmeißel die Außenfläche sauberschlichten.

Das läßt sich auch durch die Schabmethode bewerkstelligen, doch dann ist anschließend wieder mehr Schleifarbeit erforderlich.

Bild 530

Das fertiggeformte Oberteil kann geschliffen werden.

Bild 531

Die Außenfläche des Pokals schleifen, dazu werden die gleichen Schleifpapierkörnungen benutzt wie schon beim Schleifen der Innenflächen.

Bild 532

Alle Abschnitte müssen schon jetzt sorgfältig geschliffen werden, da dazu später keine Möglichkeit mehr besteht.

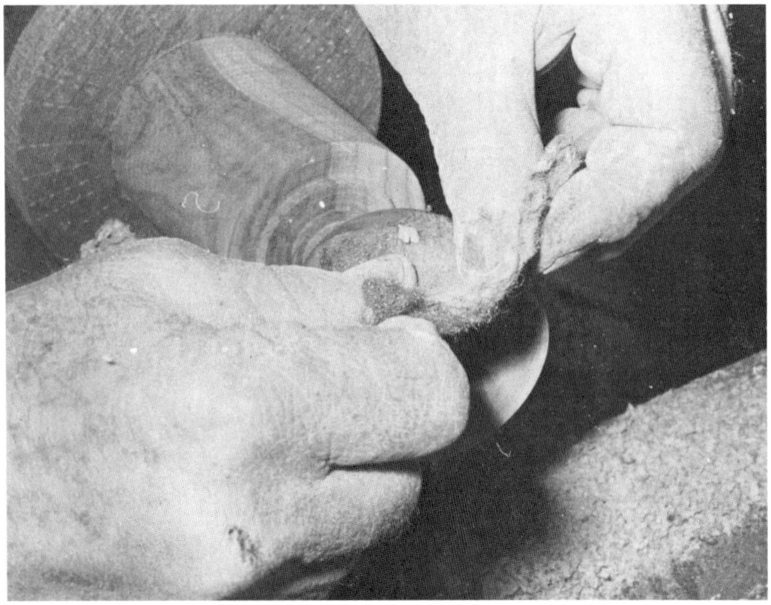

Bild 533

Mit Stahlwolle (fein oder sehr fein) der Außenfläche den letzten Schliff geben.

Bild 534

Den Sockel und den Stiel vordrehen.

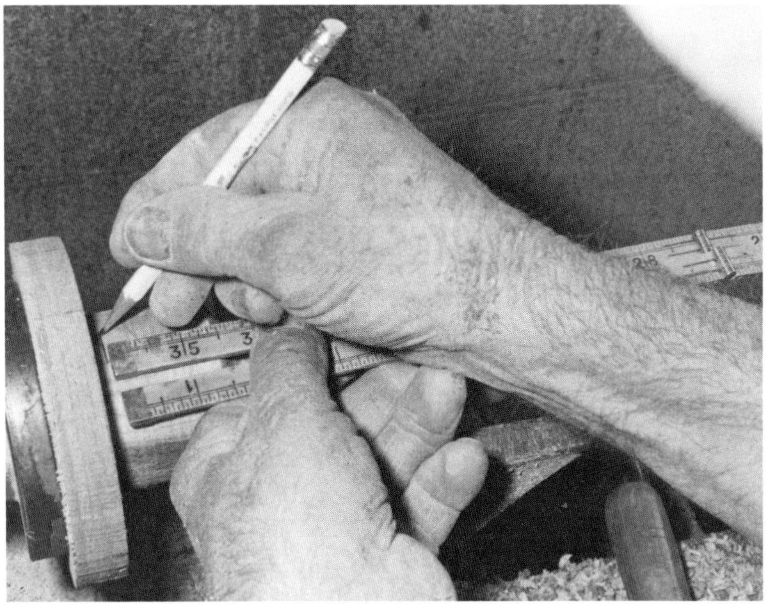

Bild 535

Die Länge des Pokals festlegen und anreißen.

Bild 536

Die Linie um den Sockel ziehen.

Bild 537

Am Riß (in das Abfallholz) den gewünschten Sockeldurchmesser einstechen.

Bild 538

Den Sockel auf den festgelegten Durchmesser drehen.

Die angerissene Linie darf dabei nicht verlorengehen.

Wenn der gewünschte Durchmesser erreicht ist, sticht man mit einem Abstechstahl ein und vertieft die Trennlinie zwischen Sockel und Abfallholz.

Mit einem Schrotstahl wird dann der Stiel und der Sockel weiter herausgedreht.

Bild 539

Mit einem Flachmeißel wird die Sockelkante etwas abgerundet.

Bild 540

Erst die groben und dann sorgfältig die feinen Schnitte am Sockel vornehmen. Den Sockel leicht konisch in den Stiel überlaufen lassen.

Bild 541

Anschließend Sockel und Stiel sauberdrehen.

Bild 542

Am Stiel den letzten Schnitt beim Sauberdrehen mit einem Flachmeißel vollziehen.

Achtung: Es erfordert gewisse Geschicklichkeit, diesen Schlichtschnitt mit einem schrägen Flachmeißel durchzuführen. Im Zweifelsfalle sollte dieser Schnitt unterbleiben!

Bild 543

Mit den gleichen Körnungen, die schon zuvor benutzt wurden, Stiel und Sockel schleifen.

Da der Pokal an dieser Stelle leicht brechen kann, sollte man keinen Druck beim Schleifen ausüben.

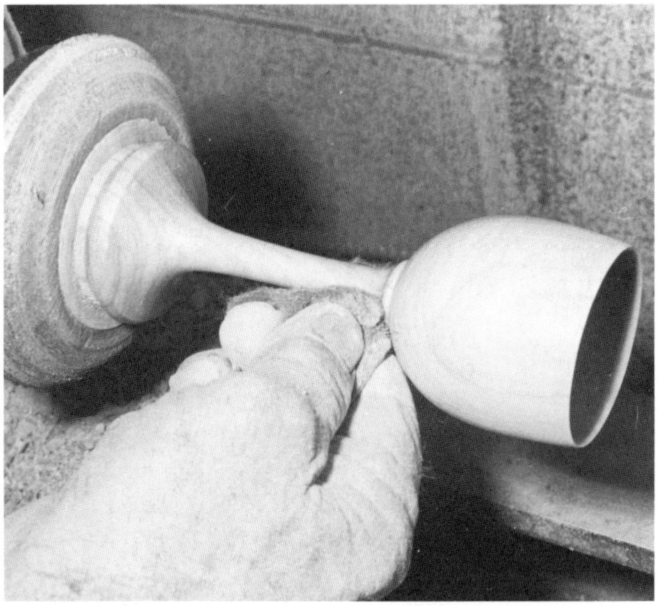

Bild 544

Auch diesen Abschnitt zum Schluß noch mit Stahlwolle schleifen.

Bild 545

Der fertige Pokal kann oberflächenbehandelt werden.

Bild 546

Der Pokal bleibt so lange auf der Planscheibe, bis die Oberflächenbehandlung abgeschlossen ist.

Das Schleifen zwischen den einzelnen Überzügen und das Fertigpolieren erfolgt auf der Drehmaschine.

Bild 547

Mit einer Bandsäge den Pokal nach der Behandlung von der Planscheibe absägen.

Dann schleift man den Sockel noch von unten und beklebt ihn mit einer Filzscheibe.

Kerzenleuchter

Bild 548

Kerzenleuchter lassen sich in den verschiedensten Formen und Größen herstellen.

Einige von ihnen sind mit einer Standardglaskuppel versehen, die man in einem Bastelfachgeschäft kaufen kann.

Bild 549

Andere wiederum sind mit Lampenkuppeln ausgestattet, welche man im Elektrofachgeschäft erhält.

Bild 550

Den Kerzenleuchter entwerfen.

Das kann geschehen, indem man das Muster des Leuchters im Halbprofil auf ein gefaltetes Blatt Papier aufzeichnet und ausschneidet. Verschiedene Formen ausprobieren bis zur vollen Zufriedenheit.

Die Grundmaße aufzeichnen. Dabei ist zu beachten, daß sich der Durchmesser am oberen Teil des Leuchters nach dem Sockeldurchmesser der Kuppel richtet.

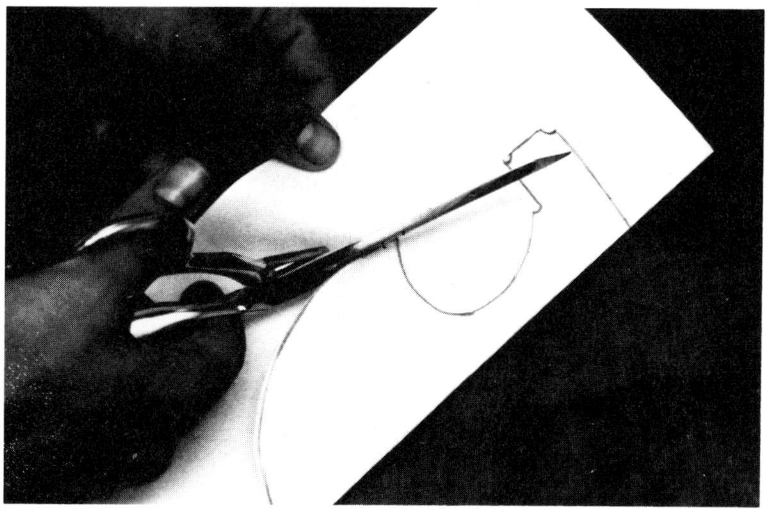

Bild 551

Material in der entsprechenden Stärke für den Leuchter auswählen.

Manchmal ist es notwendig, zwei Rohlinge zusammenzuleimen, um die gewünschte Materialstärke für die Drechselarbeit zu erhalten.

Die Diagonalen an beiden Hirnholzkanten ziehen, den Mittelpunkt versenken.

Bild 552

Mit dem Oberteil zur Reitstockseite den Rohling in die Drehmaschine spannen.

Das Material auf Rohmaß drehen.

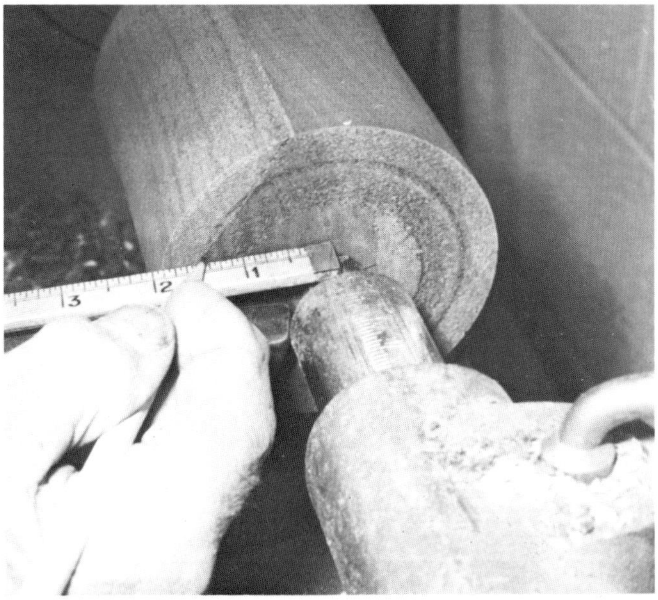

Bild 553

Mit einem Abstechstahl die Stirnfläche des Materials plandrehen.

Bild 554

Den Kuppeldurchmeser ermitteln und auf die Stirnfläche übertragen.

Dazu einen Bleistift an das drehende Werkstück halten und die Nut markieren.

Bild 555

Die Werkzeugauflage vor der Stirnfläche einstellen.

Mit einem 4-mm-Abstechstahl eine flache Nut einstechen.

Bild 556

An der Spindelstockseite vom Werkstück den Sitz des Mitnehmers markieren.

Dadurch läßt sich das Werkstück nach dem Ausspannen wieder problemlos in die alte Position bringen.

Bild 557

Das Werkstück ausspannen und den Sitz der Kuppel in der Nut prüfen.

Das Werkstück wieder einspannen, gegebenenfalls die Nut nacharbeiten, bis die Kuppel einwandfrei sitzt.

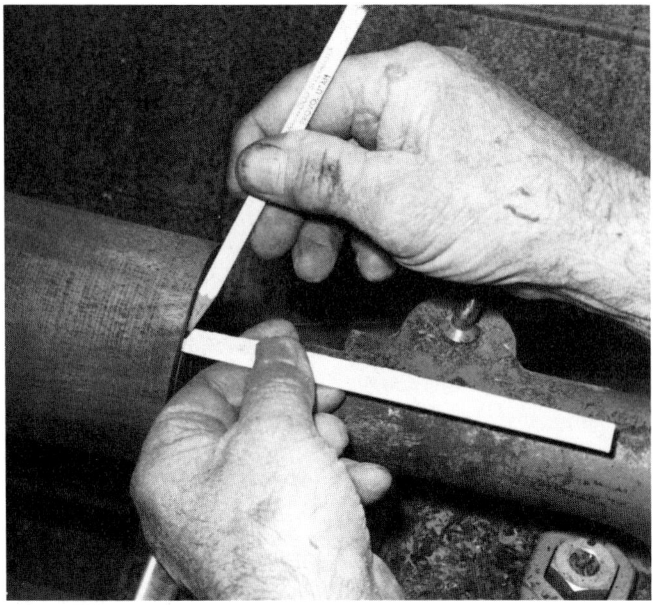

Bild 558

Von der Kante eines dünnen Holzstreifens (max. 3 mm stark) 19 mm abmessen und den Punkt markieren.

Mit Hilfe dieser Markierung prüft man die Tiefe der Nut.

Die Nut auf 19 mm vertiefen.

Bild 559

Die Kuppel muß stramm in der Nut sitzen.

Bild 560

Mit einem Abstechstahl den größten Teil der Mitte herausdrehen.

Zwischen der Öffnung und der Nut eine 3 bis 4,5 mm starke Wand stehenlassen.

In der Mitte der Öffnung läßt man für die Körnerspitze einen Zapfen mit 19 bis 21 mm Durchmesser stehen.

Die Öffnung muß ebenfalls 19 mm tief sein.

Bild 561

Die Grundmaße für das Oberteil entwerfen.

Bild 562

Mit einem Abstechstahl die gewünschte Tiefe einstechen und mit einem Taster prüfen.

Bild 563

Die Spitze eines schrägen Flachmeißels wird benutzt, um eine Kerbe am Beginn der Hohlkehle einzustechen.

Bild 564

Eine Röhre hochkant auf die Auflage legen, die richtigen Schnittwinkel einhalten (siehe Kapitel „Langholzdrehen: Das Drehen von flachen und tiefen Hohlkehlen mit der Röhre“, Seite 50).

Dem Anfänger wird empfohlen, die Hohlkehle mit einem Schrotstahl zu drehen.

Wird eine Röhre benutzt, so setzt man ihre Schneidfase in die Kerbe und beginnt mit dem Schneiden.

Bild 565

Die Hohlkehle auf ihre Endform drehen, etwas Material für das Schlichten berücksichtigen.

Bild 566

Mit einer Röhre das Oberteil auf den gewünschten Durchmesser bringen.
Die Wandstärke zwischen Nut und Außenfläche richtet sich nach der gewählten Leuchterform.

Bild 567

Die Breite der beiden Rundstäbe entwerfen und je eine Kerbe einstechen.

Bild 568

Mit einem schrägen Flachmeißel in der Schneidhaltung die beiden Rundstäbe drehen (siehe Kapitel „Langholzdrehen: Das Drehen von Rundstäben mit dem Flachmeißel/Schneidmethode", Seite 54).

Bild 569

Mit einem scharfabgezogenen Schrotstahl die Hohlkehle fertigdrehen.

Alle noch vorhandenen Unebenheiten in der Oberfläche durch einen feinen Schlichtschnitt beseitigen.

Bild 570

In der Mitte des Werkstücks eine Rundform entwerfen und auf ihre Rohform drehen.

Dazu verwendet man eine Formröhre und schlichtet die Rundform.

Bild 571

Mit einem Flachmeißel das Unterteil der Rundform absetzen.

Der Flachmeißel wird dabei ebenso wie beim Drehen eines Rundstabs geführt.

Bild 572

Am Fuß des Leuchters einen Zapfen drehen.

Der Zapfen ist etwa 19 mm lang und hat 31 mm Durchmesser.

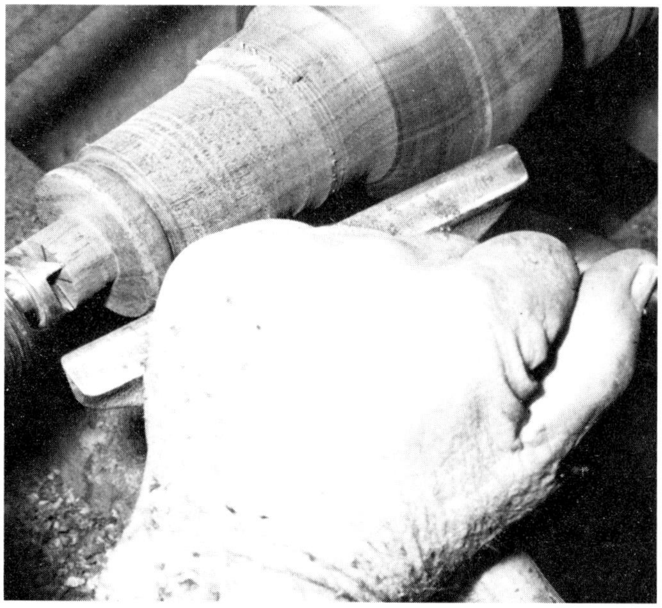

Bild 573

Den größten Durchmesser am Fuß des Leuchters einstechen. Dazu einen Abstechstahl und einen Taster benutzen.

Bild 574

Den verbleibenden Abschnitt vorschruppen, dann mit einer Formröhre sauberdrehen.

Bild 575

Den Zylinder glattdrehen und die restlichen Schnitte durchführen.

Bild 576

Ganz unten am Fuß dreht man gewöhnlich einen Viertelstab.

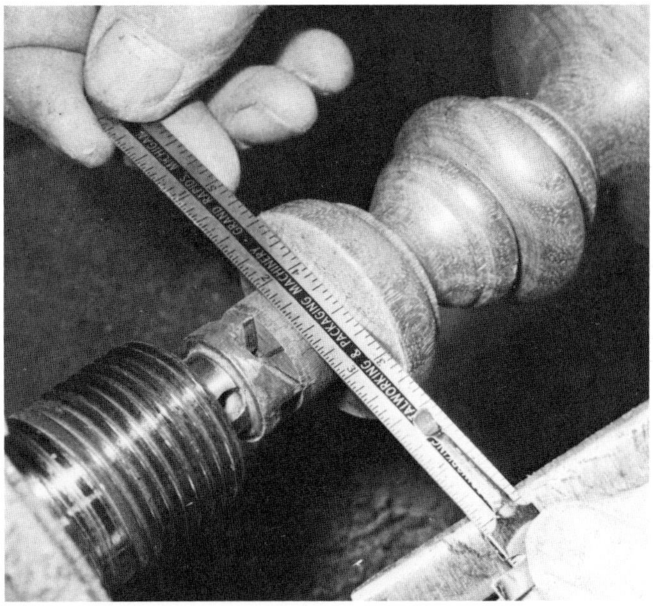

Bild 577

Die anderen Formen sind freigestellt.

Mit den entsprechenden Werkzeugen die Formen drehen.

Bild 578

Die Hohlkehlen mit einer scharfen Formröhre vorschneiden und mit einem Schrotstahl fertigdrehen.

Bild 579

Mit einem Lineal die Abstufung über dem Zapfen prüfen. Sie sollte flach oder leicht gewölbt sein.

Bild 580

Das Drehstück gründlich schleifen. Dazu verschiedene Körnungen benutzen, den Schleifvorgang mit 220er- oder 280er-Schleifpapier abschließen.

Es muß sehr vorsichtig geschliffen werden, damit die scharfen Kanten der Abstufungen und die Formen der Rundstäbe erhalten bleiben.

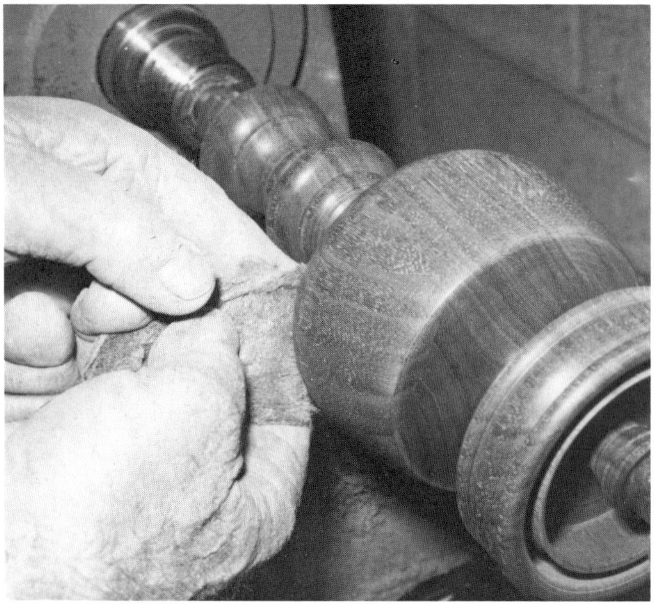

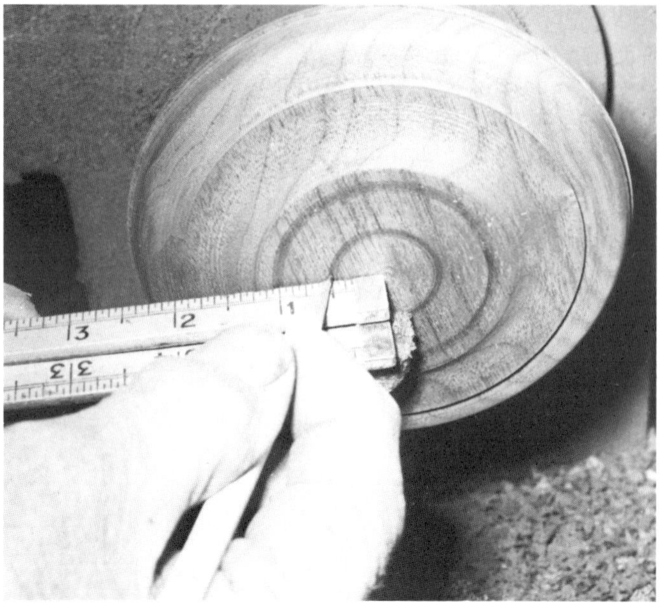

Bild 581

Mit Stahlwolle (fein oder sehr fein) die Oberflächen noch verfeinern.

Bild 582

Durch Schleifen in Richtung der Maserung alle noch vorhandenen Schleifkratzer entfernen. Dazu benutzt man Schleifpapier mit der Körnung 280.

Bild 583

Den Sockel entwerfen und mit einer Bandsäge aussägen.

Den Sockel auf einer Planscheibe befestigen und auf die gewünschte Form drehen.

Das Zapfenloch anreißen.

Bild 584

Das Zapfenloch bohren.

Den Sockel plandrehen, so daß die Abstufung flach aufliegt.

Bild 585

Den Sockel glattschleifen.

Schleifvorgang mit Stahlwolle abschließen.

Bild 586

Etwas Leim in das Zapfenloch geben.

Die Abstufung am Leuchter ebenfalls dünn mit Leim bestreichen.

Beide Teile zusammensetzen und nach der Maserung ausrichten.

Bild 587

Den Reitstock als Spannvorrichtung benutzen.

Beispielhafte Arbeiten

Bild 588

Behälter für Trockenblumen (Deanna Nish); 44,5 mm x 88,9 mm; Nußbaumholz; außermittig gedreht.

Bild 589

Kerzenhalter (Dale L. Nish); 127,0 mm x 114,3 mm; Nußbaum.

Bild 590

Kerzenhalter (Dale L. Nish); 127,0 mm x 101,6 mm; Nußbaumholz.

Bild 591

Pokal (Dale L. Nish); 82,6 mm x 57,2 mm; Kirschbaumholz.

Bild 592

Vasen (Randy Nish); 76,2 mm x 101,6 mm; Nußbaum.

Bild 593

Dose in Nußbaum (Dale L. Nish); 82,6 mm x 101,6 mm; aus einem Stück gedreht.

Bild 594

Schale mit Deckel (Dale L. Nish); 76,2 mm x 177,8 mm; Pau Ferro.

Bild 595

Kerzenhalter aus Nußbaumholz (Dale L. Nish); 63,5 mm x 209,6 mm.

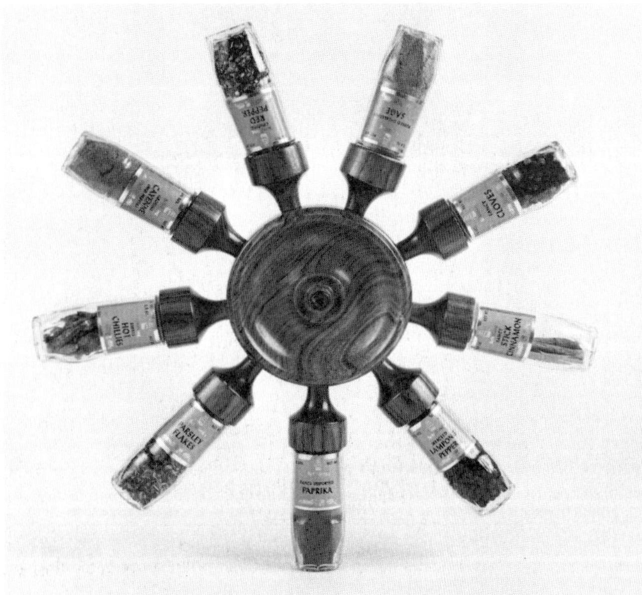

Bild 596

Pflanzentopf (Dale L. Nish); 241,3 mm x 279,4 mm; Nußbaumholz.

Bild 597

Gewürzrad (Dale L. Nish); 431, 8 mm Durchmesser; Sheduaholz.

Bild 598

Kerzenleuchter in Nußbaum (Dale L. Nish); 457,2 mm x 330,2 mm.

Bild 599

Schalen mit Deckel (Dale L. Nish); links: 101,6 mm x 190,5 mm; rechts: 95,3 mm x 241,3 mm; Nußbaumholz.

Bild 600

Eisbehälter in Nußbaum (Dale L. Nish); 127,0 mm x 184,2 mm; Daubenkonstruktion.

Bild 601

Fruchtschale (E. N. Pearson); 158,8 x 215,9 mm; Nußbaumholz.

Bild 602

Schale für Nüsse (Dale L. Nish); 184,2 mm x 152,4 mm; Nußbaumholz; aus zwei Stücken gedreht.

Bild 603

Behälter (Dale L. Nish); 165,1 mm x 76,2 mm; Metallverschluß in Padoukholz gefaßt.

Bild 604

Pokal (E. N. Pearson); 69,9 mm x 177,8 mm; Sockel aus Nußbaumholz; gedreht für den beschädigten Stiel.

Bild 605

Salz- und Pfefferstreuer (E. N. Pearson); 63,5 mm x 114,3 mm; Ebenholz und Ahorn.

Bild 606

Pokal (E. N. Pearson); 76,2 mm x 190,5 mm; Nußbaumholz.

Bild 607

Tischlampen (E. N. Pearson); 457,2 mm x 203,2 mm; aus verschiedenen Hölzern zusammengeleimt.

Bild 608

Schale (Dale L. Nish); 50,8 mm x 152,4 mm; aus grünem Nußbaumholz gedreht und anschließend getrocknet.

Bild 609

Schalen (Randy Nish); vorn: 127,0 x 330,2 mm; hinten: 177,8 mm x 457,2 mm; Nußbaumholz; Segment-Ring-Konstruktion.

(Bilder auf Seite 215 von oben nach unten):

Bild 610

Dip-Teller (Dale L. Nish); Nußbaumholz; Keramikschüssel.

Bild 611

Fußbank (Don Nish); 152,4 mm x 355,6 mm; Pinienholz.

Bild 612

Vase (Dale L. Nish); 57,2 mm x 152,4 mm; Englischer Walnußbaum, ovalgedreht.

Bild 613

Salzstreuer und Pfeffermühle (Dale L. Nish); 127,0 x 60,3 mm; helles Nußbaumholz; auf einem Spanndorn gedreht.

Bild 614

Salz- und Pfefferstreuer (Randy Nish); 57,2 mm x 76,2 mm; Nußbaumholz

Bild 615

Salz- und Pfefferstreuer (E. N. Pearson); 127,0 mm x 38,1 mm; Nußbaumholz; aus zwei Stücken gedreht und anschließend zusammengebaut.

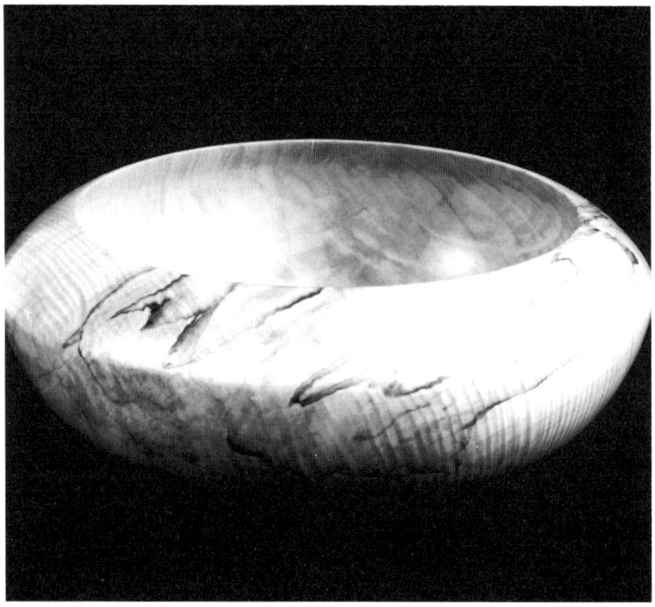

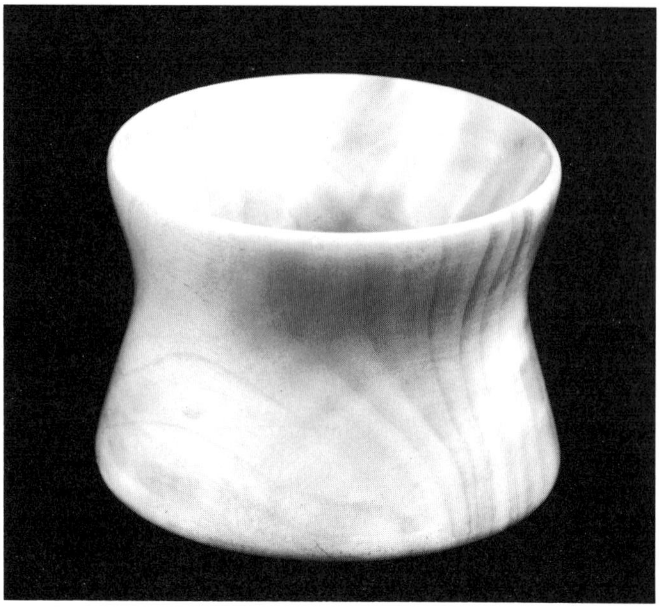

Bild 616

Schale aus Silberahorn (Dale L. Nish); 139,7 mm x 304,8 mm.

Bild 617

Schalen (Brian Nish); vorn: 31,8 mm x 152,4 mm;
hinten: 50,8 mm x 152,4 mm; Silberahorn.

Bild 618

Eierbecher (Brian Nish); 88,9 x 76,2 mm; Pappel.

Bild 619

Vase (Dale L. Nish); 196,9 mm x 82,6 mm;
Pappel; ovalgedreht.

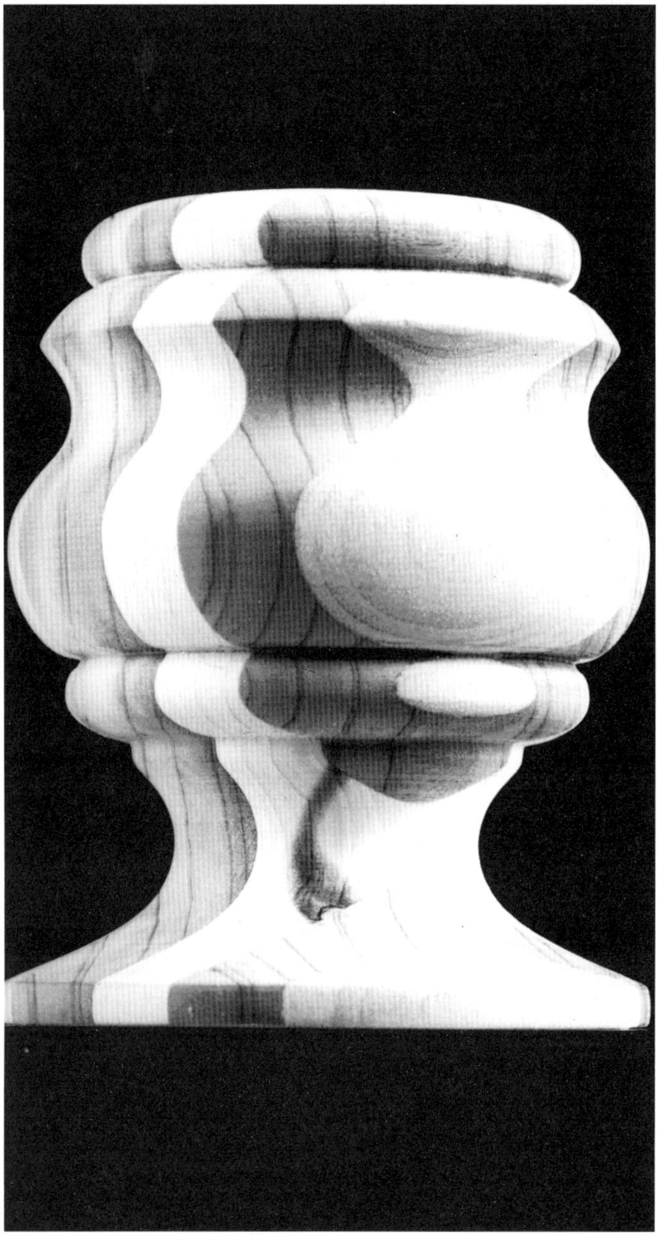

Bild 620

Behälter für Zahnstocher (E. N. Pearson); 63,5 mm x 95,3 mm; verleimte Hölzer.

Bild 621

Vase (Dale L. Nish); 158,8 mm x 82,6 mm; Kirschbaumholz; außermittig gedreht, Körnerspitze am Vasenboden an drei Punkten angesetzt, am Oberteil an einem Punkt.

Bild 622

Etagere, zweiteilig (Dale L. Nish); 241,3 mm x 279,4 mm; Sheduaholz.

Bild 623

Etagere, zweiteilig (Dale L. Nish); 152,4 mm x 254,0 mm; Nußbaumholz; aus drei Stücken gedreht.

Bild 624

Schale (Dale L. Nish); 76,2 mm x 190,5 mm; Nußbaum; außermittig gedreht, Werkstück auf der Planscheibe versetzt.

Bild 625

Schalenset (Dale L. Nish); 114,3 mm x 279,4 mm; Nußbaumholz. Der Griff wurde aus Teilen der Wandung beider Schalen gefertigt. Die Schalen sind mit dem Griff verleimt.

Bild 626

Mörser mit Pistill (Randy Nish); 63,5 mm x 101,6 mm; Nußbaumholz.

Bild 627

Schalen (Dale L. Nish); vorn: 82,6 mm x 228,6 mm (außermittig gedreht); hinten: 88,9 mm x 241,3 mm.

Bild 628

Büchse (Dale L. Nish); 101,6 mm x 114,3 mm; Nußbaumholz.

Bild 629

Büchse (Dale L. Nish); 95,3 mm x 114,3 mm; Makassar-Ebenholz; Daubenkonstruktion.

Bild 632

Dose mit Deckel (Dale L. Nish); 114,3 mm x 139,7 mm; Nußbaumholz; Daubenkonstruktion.

Bild 633

Stachelschweinfamilie (Nadelhalter) (Dale L. Nish); Mutter: 114,3 mm x 177,8 mm; Kinder: 63,5 mm x 114,3 mm; Korkstamm mit Stirnflächen aus Nußbaumholz.

Bild 634

Deckelbüchse in Nußbaum (Dale L. Nish); 101,6 mm x 114,3 mm.

(Bilder auf Seite 220):

Bild 630

Dose für Spielsteine (Dale L. Nish); 82,9 mm x 76,2 mm; Esche; aus einem Stück gedreht.

Bild 631

Vase (Dale L. Nish); 127,0 mm x 69,9 mm; Akazie.

Bild 635

Vase aus Eschenahorn (Dale L. Nish);
127,0 mm x 76,2 mm; altroter Anstrich.

Bild 636

Salz- und Pfefferstreuer (E. N. Pearson);
44,5 mm x 127,0 mm; Nußbaumholz; aus zwei Stücken gedreht, am Messingring zusammengefügt.

Bild 637

Pokale aus Nußbaumholz (E. N. Pearson);
82,6 mm x 190,5 mm.

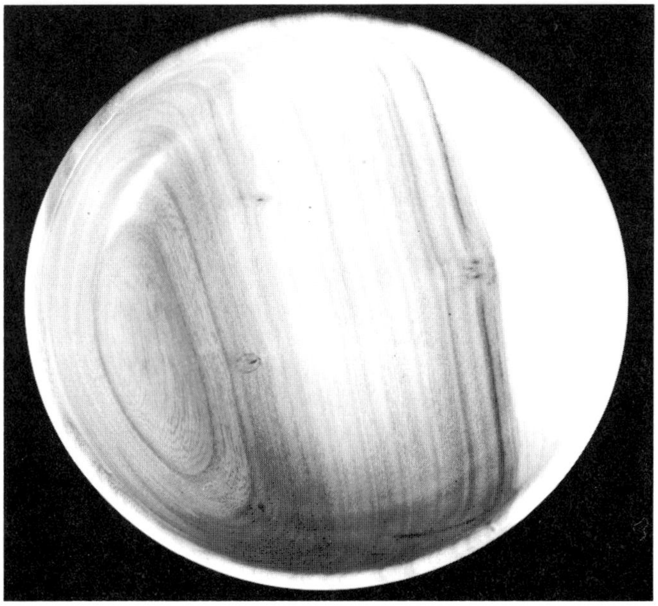

Bild 638

Serviertablett (Dale L. Nish); 38,1 mm x 273,1 mm; Zebraholz; Kantenformung nach dem Drehen.

Bild 639

Schale (Dale L. Nish); 76,2 mm x 241,3 mm; Chinesische Ulme.

Bild 640

Teller aus Nußbaumholz (Dale L. Nish); 31,8 mm x 254,0 mm.

Bild 641

Wandteller (Dale L. Nish); 44,5 mm x 254,0 mm; dekorative Porzellanteller; in Nußbaumholz gefaßt.

Bild 642

Salz- und Pfefferstreuer (E. N. Pearson); 38,1 mm x 120,7 mm; Nußbaumholz; aus zwei Stücken gedreht.

Bild 643

Zuckerdose (Dale L. Nish); 152,4 mm x 184,2 mm; Eschenahorn; Anstrich: altblau (Rekonstruktion einer alten amerikanischen Zuckerdose aus der Pionierzeit).

Bild 644

Kreisel aus Ahornholz (Dale L. Nish); 50,8 mm x 127,0 mm.

Bild 645

Schmuckdose (Dale L. Nish); 88,9 mm x 117,8 mm; Angico.

Bild 646

Pokale (E. N. Pearson); Myrte.

Bild 647

Schalen (Dale L. Nish); große Schale: 114,3 mm x 254,0 mm; Silberahorn.

Bild 648

Tablett (Dale L. Nish); 38,1 mm x 279,4 mm; Pappel mit Zwiesel.

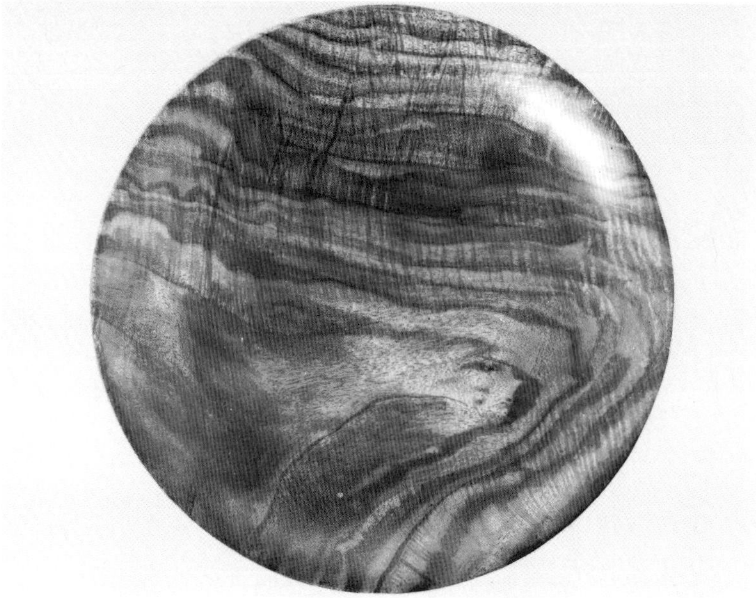

Bild 649

Teller (Dale L. Nish); 57,2 mm x 457,2 mm; helles Nußbaumholz.

Bild 650

Serviertablett aus Teakholz (Dale L. Nish); 241,3 x 406,4 mm.

Bild 651

Serviertablett (Dale L. Nish); 273,1 mm x 355,6 mm; Nußbaum mit Zwiesel; Formgebung nach dem Drehen.

Bild 652

Windlicht (Dale L. Nish); 279,4 mm x 152,4 mm; Sockel aus hellem Nußbaumholz.

Bild 653

Parfümbehälter (Dale L. Nish); 63,5 mm x 95,3 mm und 101,6 mm x 57,2 mm; Nußbaum und Pau Ferro.

Bild 654

Vase (Dale L. Nish); 292,1 mm x 139,7 mm; Nußbaumholz; aus Astholz gedreht, Form innen und außen gleich, Wandstärke etwa 6,0 mm.

Bild 656

Schale (Robert Stocksdale); 101,6 mm x 190,5 mm; Englischer Walnußbaum.

Bild 657

Salatschüssel (Robert Stocksdale); 279,4 mm x 584,2 mm; Honduras-Mahagoni.

Bild 658

Schale (Robert Stocksdale); 76,2 mm x 190,5 mm; Mexikanisches Eisenholz.

Bild 655 (Bild auf Seite 228):

Schale (Robert Stocksdale); 101,6 mm x 215,9 mm; Esche (gegenüberliegende Seite).

Bild 659

Fruchtschalen (Dale L. Nish); groß: 241,3 mm x 203,2 mm; klein: 184,2 mm x 152,4 mm; Nußbaumholz; Daubenkonstruktion.

Bild 660

Tisch (Paul N. Pearson); Nußbaum- und Kirschbaumholz; Tischplatte aus beiden Hölzern verleimt, Tischbeine massiv.

Bild 661

Eckregal (E. N. Pearson); 127,0 mm x 558,8 mm; Nußbaumholz; Regal völlig zerlegbar – die einzelnen Verbindungen sind nicht verleimt, sie halten selbständig.

Bild 662

Tischlampe (Dale L. Nish); 508,0 mm x 215,9 mm; Nußbaummastholz.

Bild 663

Spiegelrahmen (E. N. Pearson); 609,6 mm x 609,6 mm; Nußbaumholz; Material für je zwei Rahmenteile wurde mit Papier verleimt, fertiggedreht und wieder getrennt.

Bild 664

Schale (Dale L. Nish); 127,0 mm x 279,4 mm; Silberahorn.

Bild 665

Schale aus verleimtem Nußbaumholz (Edwin C. Hinckley); 152,4 mm x 279,4 mm.

Bild 666

Schale aus verleimtem Nußbaumholz (Dale L. Nish); 101,6 mm x 215,9 mm.

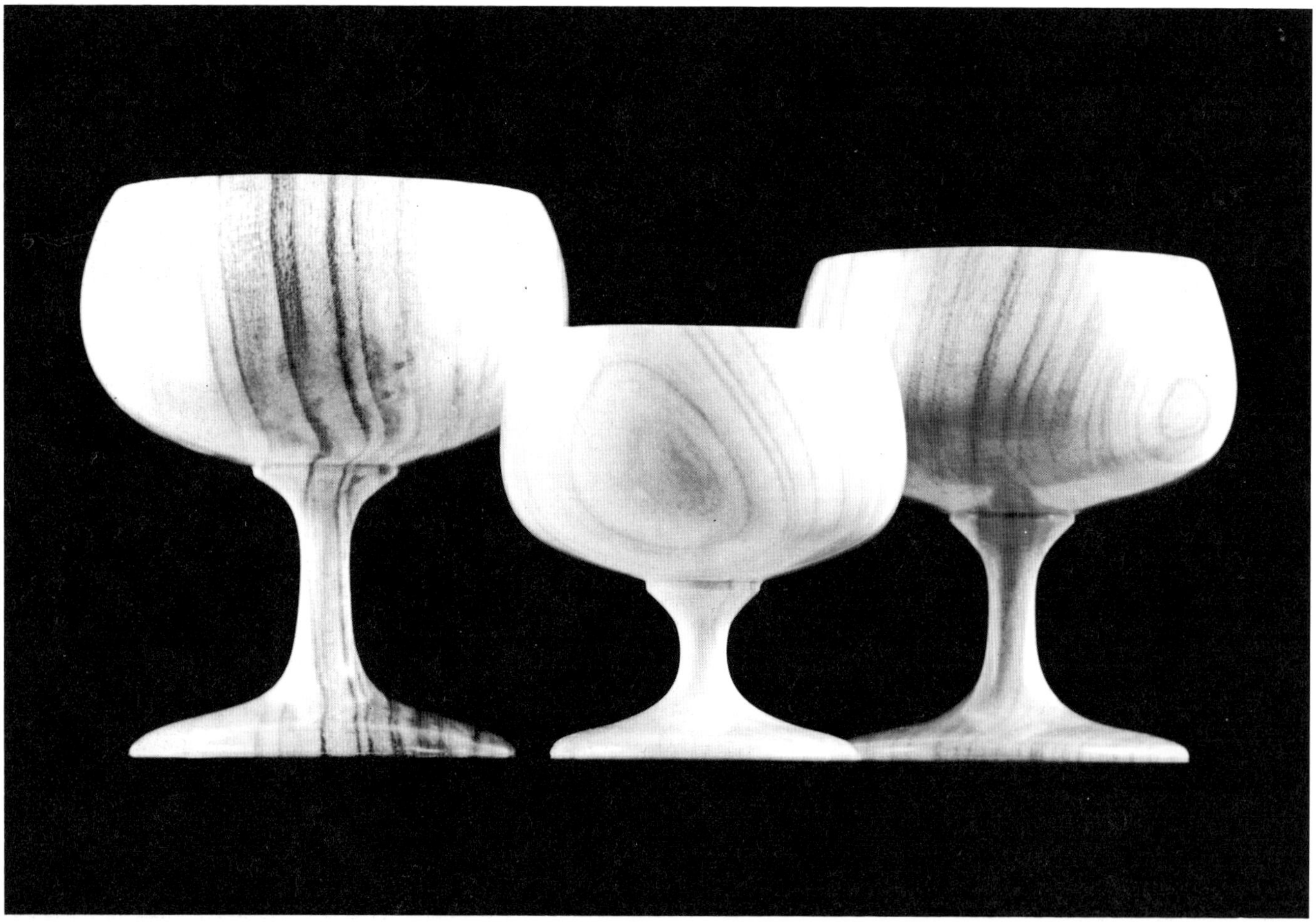

Bild 669

Schale (Dale L. Nish); 88,9 mm x 241,3 mm; Chinesische Ulme; grün gedreht und mit PEG 1000 behandelt.

Bild 670

Schale (Joe B. Pearson); 38,1 mm x 139,7 mm; Platane.

Bild 671

Schale (Craig Hinckley); 38,1 mm x 101,6 mm; Birke.

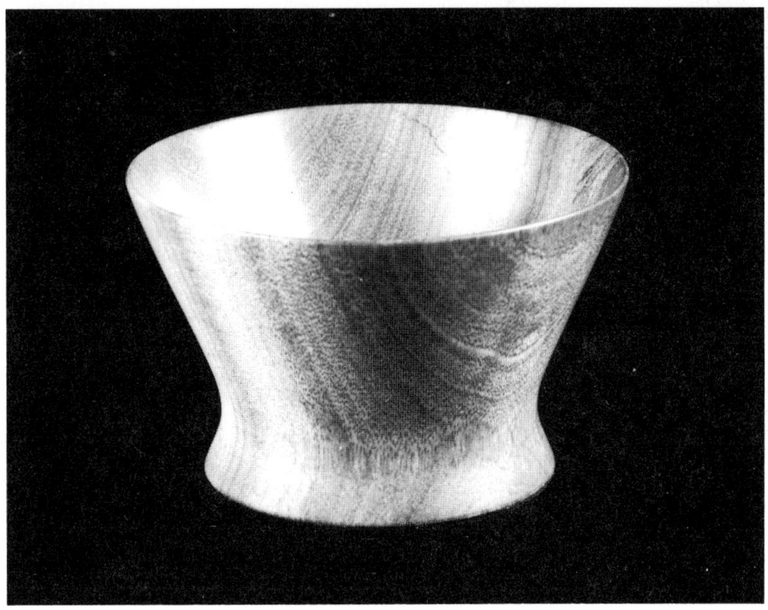

(Bilder auf Seite 234):

Bild 667

Schalen (Dale L. Nish); vorn: 76,2 mm x 152,4 mm; Nußbaumholz; hinten: 127,0 mm x 139,7 mm, verleimtes Nußbaumholz; bei beiden Schalen wurde der Rand nach dem Drehen geformt.

Bild 668

Pokale aus Kirschbaumholz (Dale L. Nish); Größe des mittleren Pokals: 82,6 mm x 63,5 mm.

Bild 672

Schale mit handgeschnitzter Außenfläche (Robert G. Trout);
152,4 mm x 304,8 mm; Teakholz.

Bild 673

Nußbaumschale (Robert G. Trout);
177,8 mm x 127,0 mm.

Bild 674

Schale aus verleimtem Olivenholz (Robert G. Trout);
152,4 mm x 152,4 mm.

Bild 675

Schale (Robert G. Trout); 76,2 mm x 101,6 mm,
Cocobolo.

Bild 676

Schale (Dale L. Nish); 127,0 mm x 292,1 mm; Nußbaumholz.

Bild 677

Schmuckdose (Scott Hinckley); 44,5 mm x 139,7 mm; Afrikanisches Mahagoni.

Bild 678

Holzplatte (Dale L. Nish); 31,75 mm x 304,8 mm; Nußbaumholz; außermittig gedreht.

Bild 679

Kerzenleuchter in Nußbaum (Dale L. Nish); 215,9 mm x 101,6 mm; Reproduktionen nach dem Original von E. N. Pearson.

Bild 680

Schalen mit Henkel (Dale L. Nish);
große: 152,4 mm x 139,7 mm; kleine:
101,6 mm x 177,8 mm; Öffnungen wurden nach dem Drehen herausgeschnitten.

Bild 681

Kerzenhalter (Scott Hinckley);
152,4 mm x 127,0 mm; Nußbaumholz.

Bild 682

Schale aus Olivenholz (Scott Hinckley);
57,2 mm x 152,4 mm.

Bild 683

Schale mit Deckel (E. N. Pearson); 127,0 mm x 228,6 mm; Nußbaumholz.

Bild 684

Schale (Dale L. Nish); 114,3 mm x 336,6 mm;
Urunday (Goncalo Alves);
Segment-Ring-Konstruktion.

Bild 685

Schale aus Sheduaholz (Dale L. Nish);
133,4 mm x 279,4 mm; Segment-Ring-Konstruktion.

Bild 686

Bleistifthalter (Darrel Nish); 76,2 mm x 114,3 mm;
Nußbaum und Esche.

Bild 687

Schalen (Robert G. Trout); kleine Schale: 57,2 mm x 101,6 mm; Tulpenbaum; Foto mit freundlicher Genehmigung des Künstlers.

Bild 688

Schale (Edwin C. Hinckley); 101,6 mm x 215,9 mm; Nußbaumholz.

Bild 689

Salz- und Pfefferstreuer (Dale L. Nish); 92,1 mm x 57,2 mm; Ahorn und Ebenholz.

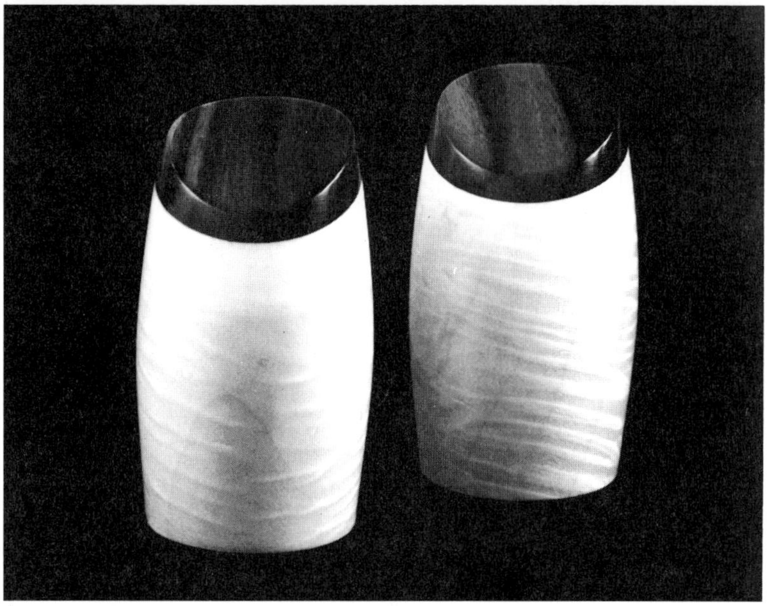

Bild 690

Schale (Robert G. Trout); 114,3 mm x 254,0 mm; Teakholz; Foto mit freundlicher Genehmigung des Künstlers.

Bild 691

Behälter mit Zinndeckel (Robert G. Trout);
177,8 mm x 101,6 mm, Nußbaumholz; Foto mit freundlicher
Genehmigung des Künstlers.

Bild 692

Kerzenleuchter (Dale L. Nish); 254,0 mm x 190,5 mm; Kirschbaumholz.

Bild 693

Verschiedene Miniaturarbeiten (R. Ladell Harston); Nußbaumholz; größte Miniatur ist 139,7 mm hoch.

Bild 694

Pokal aus Nußbaumholz (R. Ladell Harston); 50,8 mm x 139,7 mm.

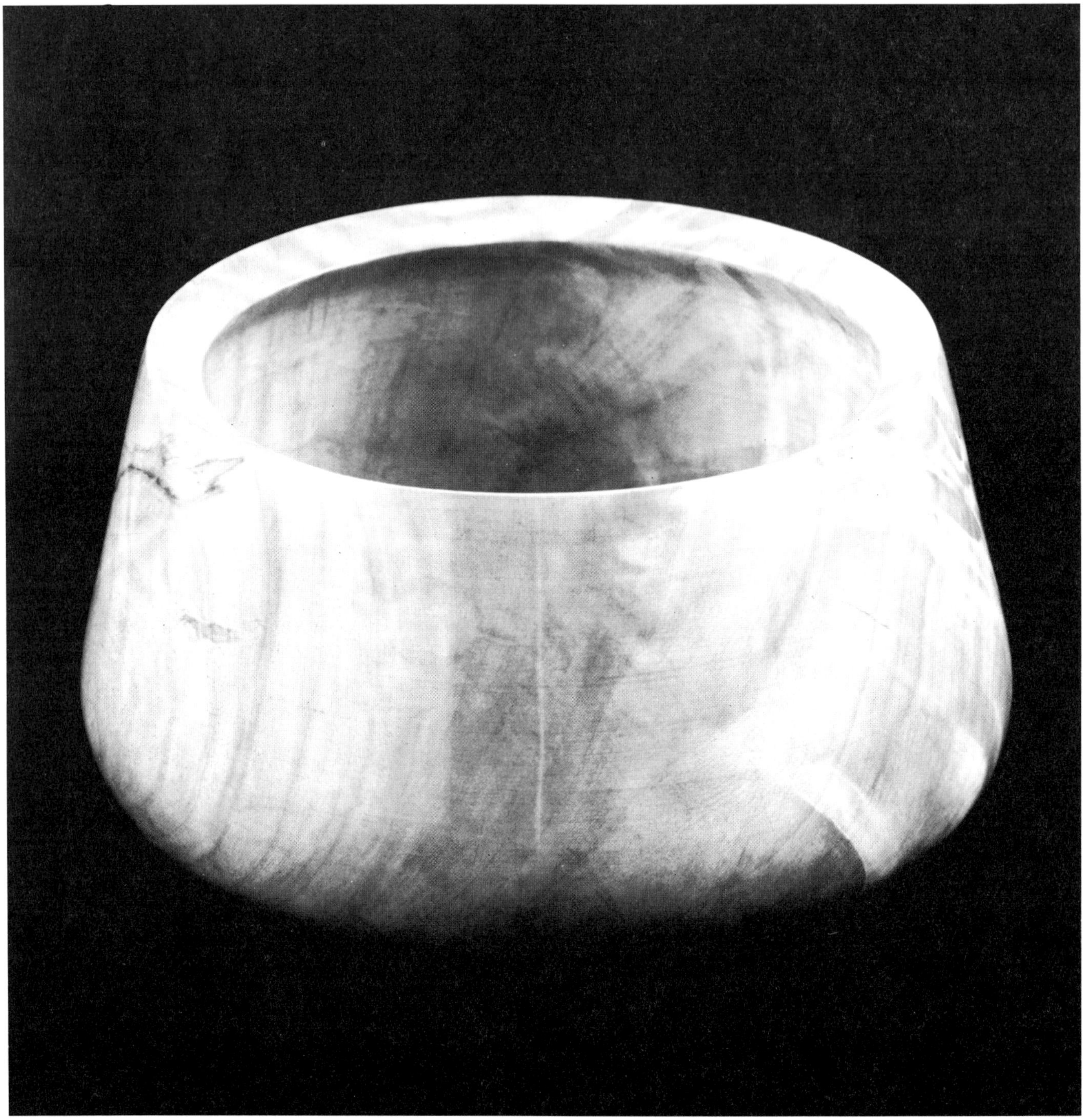

Bild 695

Schale (Dale L. Nish); 114,3 mm x 215,9 mm; Pappel.

Bild 696

Schale (Robert G. Trout); 127,0 mm x 254,0 mm; Teakholz; Foto mit freundlicher Genehmigung des Künstlers.

Bild 697

Schale (Robert G. Trout); 76,2 mm x 152,4 mm; Nußbaumholz; Foto mit freundlicher Genehmigung des Künstlers.

Bild 698

Dose mit Fuß (Robert G. Trout); 127,0 mm x 203,2 mm; Nußbaumholz; Foto mit freundlicher Genehmigung des Künstlers.

Stichwortverzeichnis